투자자산
운용사

5

금융투자협회
Korea Financial Investment Association

자격시험 안내

1. 투자자산운용사의 정의

집합투자재산, 신탁재산 또는 투자일임재산을 운용하는 업무를 수행하는 인력

2. 응시자격

금융회사 종사자, 학생, 일반인 등

3. 시험과목 및 문항수

시험과목		세부 교과목	문항수
제1과목	**금융상품 및 세제**	세제관련 법규 · 세무전략	7
		금융상품	8
		부동산관련 상품	5
소 계			20
제2과목	**투자운용 및 전략 Ⅱ**	대안투자운용 · 투자전략	5
		해외증권투자운용 · 투자전략	5
	투자분석	투자분석기법	12
		리스크관리	8
소 계			30
제3과목	**직무윤리 및 법규**	직무윤리	5
		자본시장 관련 법규	11
		한국금융투자협회규정	3
	투자운용 및 전략 Ⅰ	주식투자운용 · 투자전략	6
		채권투자운용 · 투자전략	6
		파생상품투자운용 · 투자전략	6
		투자운용결과분석	4
	거시경제 및 분산투자	거시경제	4
		분산투자기법	5
소 계			50
시험시간		120분	100 문항

* 종전의 일임투자자산운용사(금융자산관리사)의 자격요건을 갖춘 자는 제1, 3과목 면제
* 종전의 집합투자자산운용사의 자격요건을 갖춘 자는 제2, 3과목 면제

4. 시험 합격기준

70% 이상(과목별 40점 미만 과락)

■ 한국금융투자협회는 금융투자전문인력의 자격시험을 관리 · 운영하고 있습니다.
금융투자전문인력 자격은 「자본시장과 금융투자업에 관한 법률」 등에 근거하고 있으며,
「자격기본법」에 따른 민간자격입니다.

■ 자격시험 안내, 자격시험접수, 응시료 및 환불 규정 등에 관한 자세한 사항은
한국금융투자협회 자격시험접수센터 홈페이지(https://license.kofia.or.kr)를 참조해
주시기 바랍니다.

(자격시험 관련 고객만족센터: 02-1644-9427, 한국금융투자협회: 02-2003-9000)

contents

part 02

분산투자기법

part 01

거시경제분석

certified investment manager

chapter 01

경제모형과 경제정책의 분석 : IS-LM모형

1   5단계 경제분석의 방법

경제학은 첫째, 개별 경제변수의 크기를 정하는 문제와 둘째, 경제변수 간의 관계를 파악하는 문제를 중요하게 다루고 있다.

첫 번째 문제를 해결하기 위해 경제변수 크기의 구성요소인 양과 가격에 대해 그래프를 그리면 〈그림 1−1〉의 수요곡선과 공급곡선이 도출된다. 일반적으로 가격의 상승에 따라 수요량이 감소하는 것을 의미하는 수요곡선은 음(−)의 기울기를 갖고, 가격의 상승에 따라 공급량이 증가하는 것을 의미하는 공급곡선은 양(+)의 기울기를 갖는다. 수요곡선과 공급곡선이 만나는 점 E를 균형(equilibrium)이라 하고 이 균형점에서 균형 가격과 균형량이 결정된다.

두 번째 문제를 해결하기 위해 균형 가격으로부터 가격이 이탈하는 경우를 살펴보자. 균형 가격으로부터 가격이 상승하면 공급량이 수요량을 초과하는 초과공급(excess supply)이 발생한다. 초과공급은 생산된 상품의 일부가 팔리지 않는다는 것을 의미하기 때문에 가격은 하락 압력을 받게 되어 다시 균형 가격으로 복귀하게 된다. 한편 균형 가격으로부터 가격이 하락하면 수요량이

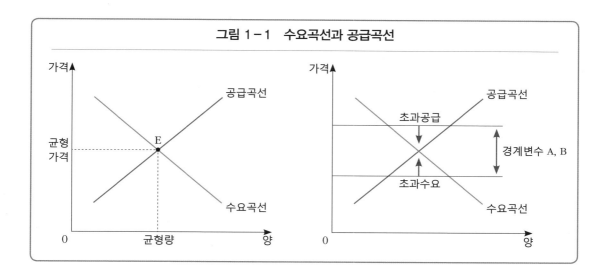

그림 1-1 수요곡선과 공급곡선

공급량을 초과하는 초과수요(excess demand)가 발생한다. 초과수요는 생산된 상품보다 사려는 양이 더 많다는 것을 의미하기 때문에 가격은 상승 압력을 받게 되어 다시 균형 가격으로 복귀하게 된다. 균형으로 복귀하는 이런 시장의 힘을 안정성(stability)이라 한다. 경제가 안정적이라면 경제변수 간의 관계를 예측할 수 있다.

이와 같은 과정에서 경제변수 A의 변동으로 균형이 이탈되면, 이에 대응하여 경제변수 B가 변동하여 새로운 균형을 찾아가게 된다고 할 수 있다. 이때 A의 증가(또는 감소)로 이탈된 균형이 B의 증가(또는 감소)로 새로운 균형을 찾아가면 A와 B는 같은 방향으로 움직인다고 하며 이를 정(+)의 관계로 규정한다. 반면에 A의 증가(또는 감소)로 이탈된 균형이 B의 감소(또는 상승)로 새로운 균형을 찾아가면 A와 B는 반대 방향으로 움직인다고 하며 이를 부(-)의 관계로 규정한다.

경제변수 간의 관계는 경제학의 지식을 구성하는데, 이를 파악하기 위한 5단계 분석방법을 요약하면 다음과 같다.

❶ 공급곡선의 수식을 규정한다.
❷ 수요곡선의 수식을 규정한다.
❸ 공급＝수요의 균형식을 도출한다.
❹ 균형 하에서 어떤 변수가 변동하면 균형이 이탈된다.
❺ 새로운 균형을 회복하기 위한 어떤 대응변수의 변동 방향을 파악한다.

❶, ❷, ❸의 단계에서 첫 번째 질문인 개별 경제변수의 크기인 양과 가격을 결정할 수 있다. 그리고 ❹, ❺의 단계에서 두 번째 질문인 경제변수 간의 관계를 파악할 수 있다. 이러한 분석방법은 경제변수의 크기를 균형에서 파악한다는 의미에서 균형 분석(equilibrium analysis)이라 하고, 수요와 공급이 만나는 추상적인 공간인 시장에서 분석이 이루어진다는 의미에서 시장분석(market analysis)이라 한다.

2 시장의 분류와 균형 분석

경제에 존재하는 수많은 시장을 크게 대분류하여 분석을 용이하게 한다. 첫째는 상품과 서비스가 거래되는 시장으로 이를 재화시장(goods market)[1]이라 한다. 1년 동안 국민경제에서 생산된 상품과 서비스의 최종 거래의 합계를 통상 국민소득(Y : yield)이라 한다. 상품과 서비스인 실물이 거래되기 위해서는 화폐와 교환되어야 하는데 화폐가 거래되는 시장을 화폐시장(market for money)이라 한다. 여기서 화폐란 이자율이 0%인 금융자산을 가리킨다. 이와 같이 실물과 화폐의 거래가 증가하면 경기가 좋아진다고 하고 이의 크기를 총수요(aggregate demand)라 한다.

총수요에 대응하여 생산을 담당하는 부문을 총공급(aggregate supply)이라 하고 이는 생산의 2대 요소인 노동과 자본의 투입으로 이루어진다. 생산함수란 산출량(Y)이 노동(L)과 자본(K)에 의해 규정되는 것을 수식으로 표시한 것이다. 자본이 변동할 수 없는 기간인 단기(short-run)분석에 국한하면 총공급을 규정하는 시장은 노동시장(labor market)과 생산함수가 된다. 그 밖에 채권시장(bond market)과 외환시장(foreign exchange market)이 있다. 균형 분석하에서 폐쇄경제(closed economy)를 가정하면 채권시장과 외환시장은 분석 대상에서 제외시킬 수 있다. 여기서 n개의 시장 중 $(n-1)$개의 시장이 균형이면 나머지 하나의 시장도 균형이 된다는 것을 왈라스의 법칙(Walras' law)이라 한다.

이를 종합하면 재화시장, 화폐시장, 노동시장 등 개별 시장에 대한 분석은 앞에서 설명한 5단계 경제분석의 방법을 이용하여 분석할 수 있다. 재화시장에 대한 5단계 분석방법을 통해 *IS*곡선이 도출되며, 화폐시장에 대한 5단계 분석방법을 통해 *LM*곡선이 도출된다. 그리고 재화시장과 화폐시장의 동시 균형에서 총수요의 크기가 결정된다. 한편 노동시장과 생산함수를

---

1 실물시장, 생산물시장, 상품시장이라고도 한다.

통해 총공급의 크기를 결정할 수 있다. 그런데 현대 선진국형 경제의 특징은 수요가 공급보다 적은 수요 부족 경제이기 때문에 균형의 크기는 수요의 크기가 결정하게 된다.

결국 *IS-LM*모형에서 결정되는 총수요의 크기가 수요 부족 경제에서는 균형의 크기와 같기 때문에, *IS-LM*모형을 이용하여 균형 국민소득의 크기를 파악할 수 있게 된다. 수요 부족 하에서는 일반적으로 물가가 상승하지 않기 때문에 물가 불변의 가정하에서 총수요 모형인 *IS-LM*모형만으로 균형 국민소득을 분석할 수 있다. 그리고 물가가 변동한다고 가정하면 총수요-총공급모형을 통해 균형 국민소득을 분석할 수 있다. 이하에서는 물가 불변 하의 선진국형 수요 부족 경제를 대상으로 한 *IS-LM*모형의 분석에 치중하기로 한다.

section 02 재화시장의 균형 : *IS*곡선

재화시장의 균형을 이루는 이자율과 국민소득의 조합인 *IS*곡선을 도출하기 위해 5단계 경제분석의 방법을 적용한다.

1단계에서 국민소득의 공급(Y^s)은 대량생산 등으로 충분히 이루어진다고 보기 때문에 제약이 없다고 가정한다.

$$Y^s = Y$$

2단계에서 국민소득의 수요(Y^d)는 경제의 3대 주체인 가계의 소비지출수요(C : consumption), 기업의 투자지출수요(I : investment), 정부의 정부지출수요(G : government expenditure)의 합계이다. 소비지출에 필요한 돈은 일하여 버는 소득(income)과 모아둔 재산(wealth)으로부터 얻을 수 있다. 대부분의 사람은 소득으로 소비하기 때문에 모형의 단순화를 위해 우선 소비를 소득에서 조세(T : tax)를 공제한 가처분소득(disposable income : $Y-T$)의 함수로만 규정한다. 다음으로 기업이 투자를 하기 위해 금융기관으로부터 대출을 받을 경우 지불해야 할 이자(R : interest rate)에 따라 투자규모가 달라진다고 할 수 있다. 마지막으로 정부는 정부지출을 위한 재원으로 조세(T : tax)를 징수하는데 조세를 초과하여 지출을 할 경우에는 정부의 빚으로서 국채를 발행하거나 화폐를 발행한다. 따라서 정부가 지출을 하는 데는 특별한 제약이 없다고 규정할 수 있다. 지금까지의 논의를 바탕으로 국민소득의 수요(Y^d)는 다음과 같다.

$$Y^d = C(Y-T) + I(R) + G$$

3단계에서 재화시장의 균형식은 공급＝수요로부터 도출된다.

$$Y = C(Y-T) + I(R) + G$$

여기서 소비는 가처분소득의 증가함수이며 한계소비성향(MPC : marginal propensity to consume)은 0보다 크고 1보다 작다. 따라서 Y의 1단위 증가는 공급을 1단위 증가시키지만 수요는 1단위보다 작게 증가시키기 때문에 Y의 증가(또는 감소)는 공급의 증가(또는 감소)로 간주해도 무방하다. 그리고 이자비용이 커지면 투자가 위축되기 때문에 투자는 이자율에 감소함수이다. 균형식에서 국민소득(Y)과 이자율(R)은 그 크기가 경제활동의 결과로서 정해지는 내생변수(endogenous variable)이고, 정부지출(G)과 조세(T)는 정부가 그 크기를 모형 밖에서 독자적으로 정하는 외생변수(exogenous variable)로 규정할 수 있다.

경제변수 간의 관계를 파악하기 위해서 4, 5단계에서 논의한 안정성의 개념을 활용한다. 재화시장은 (Y, R, G, T)의 4개의 변수가 상호 연관되어 있는 복잡한 4차원의 세계이다. 이와 같은 복잡한 4차원의 현실 경제를 쉽게 이해하는 위해서는 4개의 변수 중 2개의 변수를 추출하여 상호 간의 관계를 파악하는 방법이 사용된다. 즉 국민소득을 중심으로 한 3쌍의 관계를 각각 파악하는 것이다.

Y와 R의 관계
Y와 G의 관계
Y와 T의 관계

첫째, R이 상승하면 재화시장의 균형식에서 투자가 감소하여 수요가 감소하게 된다. 안정성 하에서 균형을 회복하려면 Y의 감소로 공급이 감소해야 한다. 따라서 Y와 R은 반대 방향으로 움직인다.

둘째, G가 증가하면 재화시장의 균형식에서 정부지출이 증가하여 수요가 증가하게 된다. 안정성 하에서 균형을 회복하려면 Y의 증가로 공급이 증가해야 한다. 따라서 Y와 G는 같은 방향으로 움직인다.

셋째, T가 증가하면 재화시장의 균형식에서 가처분소득의 감소로 인해 소비가 감소함으로써 수요가 감소하게 된다. 안정성 하에서 균형을 회복하려면 Y의 감소로 공급이 감소해야 한다. 따라서 Y와 T는 반대 방향으로 움직인다.

$$Y \ominus R$$
$$Y \oplus G$$
$$Y \ominus T$$

재화시장에서 이자율의 상승은 경기(Y)를 침체시키고 이자율의 하락은 경기를 활성화시킨다고 할 수 있다. 그리고 정부지출의 증가는 경기를 활성화시키고 조세의 증가는 경기를 침체시킨다고 할 수 있다.

복잡한 현실 경제에 대한 우리의 이해를 돕는 또 하나의 방법은 2차원의 그래프를 이용하는 것이다. 그래프를 이용하려면 우선 그래프의 작동원리를 알아야 한다. 여기에는 2가지 그래프의 원리가 있다.

❶ 그래프의 양축에 오는 변수 간의 관계는 곡선의 기울기(slope)를 규정한다.
❷ 그 밖의 변수는 곡선을 이동(shift)시킨다.

재화시장에서 우리가 그 크기에 관심을 갖는 내생변수 Y와 R을 그래프의 양축에 놓으면 $Y \ominus R$로부터 기울기가 음인 곡선이 그려지는데 이를 IS곡선이라 한다. 그리고 G와 T는 IS곡선의 이동 변수가 되는데, $Y \oplus G$로부터 G의 증가는 Y를 증가시키기 때문에 IS곡선을 오른쪽으로 이동시키고, $Y \ominus T$로부터 T의 증가는 Y를 감소시키기 때문에 IS곡선을 왼쪽으로 이동시킨다.

〈그림 1−2〉는 정부지출이 G_0에서 G_1으로 증가하면 IS곡선이 오른쪽으로 이동하고, 조세가 T_0에서 T_1으로 증가하면 IS곡선이 왼쪽으로 이동하는 것을 나타내고 있다. 반대로 정부지출이 감소하면 IS곡선은 왼쪽으로 이동하고, 조세가 감소하면 IS곡선은 오른쪽으로 이동한다.

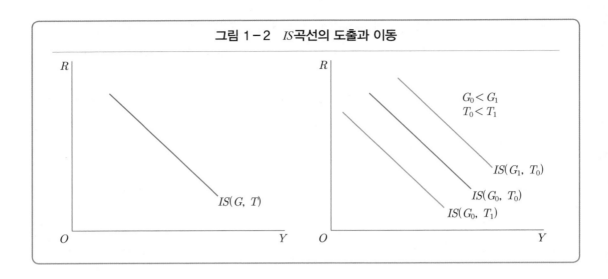

그림 1-2   *IS*곡선의 도출과 이동

section 03 화폐시장의 균형:*LM*곡선

화폐시장의 균형을 이루는 이자율과 국민소득의 조합인 *LM*곡선을 도출하기 위해 5단계 경제분석의 방법을 적용한다. 1단계에서 화폐의 공급$\left(\dfrac{M^s}{P}\right)$은 충분히 이루어지고 있기 때문에 제약에 없다고 가정한다. 즉 화폐공급은 다른 변수에 의해 영향을 받지 않고 중앙은행이 화폐공급의 크기를 독자적으로 결정한다고 가정한다. 이를 화폐공급의 외생성이라 한다. 참고로 화폐공급이 내생적이라면 화폐공급은 이자율의 증가함수가 된다.

$$\frac{M^s}{P} = \frac{M}{P}$$

2단계에서 화폐의 수요$\left(\dfrac{M^d}{P}\right)$는 소득이 늘면 화폐보유가 증가하는 거래적 화폐수요와 재산 중에서 무수익 자산인 화폐의 비중을 고려하는 투기적 화폐수요로 구성된다고 볼 수 있다. 수익자산인 채권, 주식, 부동산 등의 평균 수익률을 R이라 한다면 화폐수요의 기회비용은 $(R-0)$가 된다. 기회비용이 커질수록 화폐보유에 따르는 이자손실이 커지기 때문에 화폐수요는 감소하게 된다. 따라서 화폐수요는 다음과 같이 규정할 수 있다.

$$\frac{M^d}{P} = L(Y, R)$$

여기서 화폐수요는 소득의 증가함수이고 이자율의 감소함수이다.

3단계에서 화폐시장의 균형식은 공급＝수요로부터 도출된다.

$$\frac{M}{P} = L(Y, R)$$

균형식에서 국민소득(Y)과 이자율(R)은 그 크기가 경제활동의 결과로서 정해지는 내생변수(endogenous variable)이고 실질화폐공급$\left(\frac{M}{P}\right)$에서 명목화폐공급(M)은 중앙은행이 그 크기를 모형 밖에서 독자적으로 정하는 외생변수(exogenous variable)이다.

경제변수 간의 관계를 파악하기 위해서 4, 5단계에서 논의한 안정성의 개념을 활용한다. 화폐시장은 $\left(Y, R, \frac{M}{P}\right)$의 3개의 변수(또는 (Y, R, M, P)의 4개의 변수)가 상호 연관되어 있는 복잡한 세계이다. 이와 같은 복잡한 현실 경제를 쉽게 이해하기 위해서는 차원을 낮춰서 2개의 변수를 추출하여 상호 간의 관계를 파악하는 방법이 사용된다. 즉 국민소득을 중심으로 한 3쌍의 관계를 각각 파악하는 것이다.

Y와 R의 관계
Y와 M의 관계
Y와 P의 관계

첫째, R이 상승하면 화폐시장의 균형식에서 화폐수요가 감소하게 된다. 안정성 하에서 균형을 회복하려면 Y의 증가로 화폐수요가 증가해야 한다. 따라서 Y와 R은 같은 방향으로 움직인다. 둘째, M이 증가하면 화폐시장의 균형식에서 화폐공급이 증가하게 된다. 안정성 하에서 균형을 회복하려면 Y의 증가로 화폐수요가 증가해야 한다. 따라서 Y와 M은 같은 방향으로 움직인다. 셋째, P가 증가하면 화폐시장의 균형식에서 화폐공급이 감소하게 된다. 안정성

하에서 균형을 회복하려면 Y의 감소로 화폐수요가 감소해야 한다. 따라서 Y와 P는 반대 방향으로 움직인다.

$$Y \;\oplus\; R$$
$$Y \;\oplus\; M$$
$$Y \;\ominus\; P$$

복잡한 현실 경제에 대한 우리의 이해를 돕는 또 하나의 방법인 2차원의 그래프를 이용하면 화폐시장에서 우리가 그 크기에 관심을 가지는 내생변수인 Y와 R을 그래프의 양축에 놓으면 $Y \oplus R$로부터 기울기가 양인 곡선이 그려지는데 이를 LM곡선이라 한다. 그리고 M과 P는 LM곡선의 이동 변수가 되는데, $Y \oplus M$으로부터 M의 증가는 Y를 증가시키기 때문에 LM곡선을 오른쪽으로 이동시키고, $Y \ominus P$로부터 P의 증가는 Y를 감소시키기 때문에 LM곡선을 왼쪽으로 이동시킨다.

〈그림 1−3〉은 명목화폐공급이 M_0에서 M_1으로 증가하면 LM곡선이 오른쪽으로 이동하고, 물가가 P_0에서 P_1으로 상승하면 LM곡선이 왼쪽으로 이동하는 것을 나타내고 있다. 반대로 화폐공급이 감소하면 LM곡선은 왼쪽으로 이동하고, 물가가 하락하면 LM곡선은 오른쪽으로 이동한다.

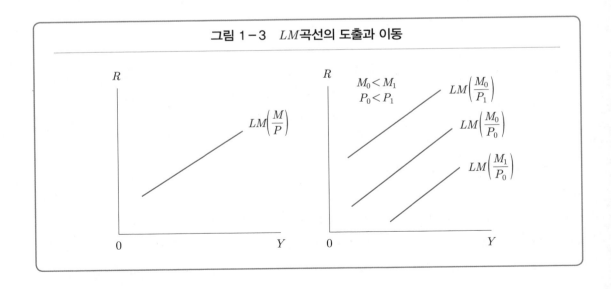

그림 1−3 LM곡선의 도출과 이동

재화시장과 화폐시장의 균형:$IS$$-$$LM$모형

시장 전체의 균형은 재화시장과 화폐시장이 동시에 균형을 이룰 때 달성된다. 그러므로 재화시장의 균형을 나타내는 IS곡선과 화폐시장의 균형을 나타내는 LM곡선을 동시에 분석함으로써 시장 전체의 균형을 찾을 수 있다. 즉 IS곡선과 LM곡선의 교점 a가 시장 균형이며, 이때의 국민소득과 이자율을 각각 균형국민소득 Y^*와 균형 이자율 R^*라고 한다.

〈그림 1−4〉에서 G의 증가는 IS곡선을 오른쪽으로 이동시키며, T의 증가는 IS곡선을 왼쪽으로 이동시킨다. 그리고 M의 증가나 P의 하락은 $\frac{M}{P}$을 증가시켜 LM곡선을 오른쪽으로 이동시킨다.

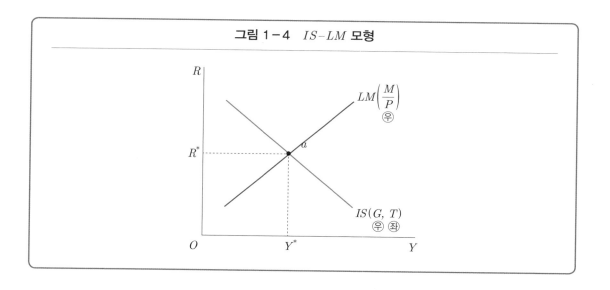

그림 1−4 $IS$$-$$LM$ 모형

거시경제정책의 효과

재정정책은 IS곡선을 이동시키고, 통화정책은 LM곡선을 이동시킨다. 따라서 IS곡선과 LM곡선의 이동경로를 통해 재정정책과 통화정책의 효과를 살펴볼 수 있다.

1   재정정책

재정정책은 경기침체 상황에서 사용하는 확대재정정책과 경기과열 상황에서 사용하는 긴축재정정책으로 구분될 수 있다. 확대재정정책 즉, 세율의 인하 또는 정부지출의 증가 ($G_0 \rightarrow G_1$)가 이루어지면 IS곡선이 우측으로 이동한다. 따라서 균형은 점 a에서 점 b로 이동하며 그 결과 국민소득과 이자율이 모두 증가한다. 〈그림 1−5〉는 확대재정정책의 효과를 보여주고 있다.

확대재정정책을 사용하는 경우 〈그림 1−5〉에서 균형은 점 a → c → b의 순서로 이동하게 된다. 확대재정정책은 총수요를 증가시켜 IS곡선이 우측으로 이동하는데, 국민소득의 증가와 함께 이자율이 상승하기 때문에 투자가 위축된다. 따라서 확대재정정책의 효과는 국민소득의

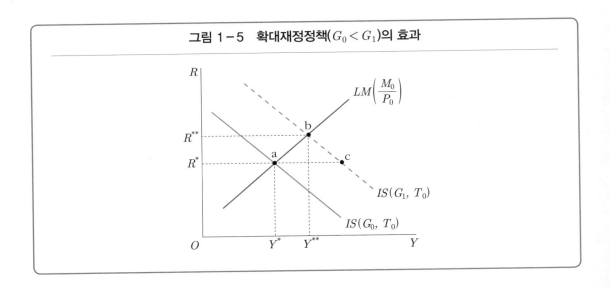

그림 1−5 **확대재정정책($G_0 < G_1$)의 효과**

증가가 a → c에 이르지 못하고 a → b에 그치게 되는데, 이를 구축효과(crowding-out effect)라 부른다. 이러한 구축효과에 대해서는 다음 절에서 보다 자세히 설명할 것이다. 반대로 세율의 인상 또는 정부지출의 감소 등 긴축재정정책을 시행하게 되면 IS곡선이 좌측으로 이동하게 되고, 이에 따라 국민소득은 감소하고 이자율은 하락하게 된다.

2 통화정책

재정정책이 IS곡선을 이동시킨다면, 통화정책은 LM곡선을 이동시킨다. 확대통화정책, 즉 화폐공급을 증대($M_0 \rightarrow M_1$)시키는 경우에는 LM곡선이 우측으로 이동한다. 〈그림 1-6〉은 확대통화정책의 효과를 보여주고 있다. 이러한 결과는 어떠한 이유에 의해 물가 수준(P)이 하락하는 경우에도 동일하게 나타난다. 확대통화정책을 시행하면 균형이 점 a에서 점 b로 이동하며, 그 결과 국민소득은 증가하고 이자율은 하락한다. 반대로 긴축통화정책을 시행하면 LM곡선은 좌측으로 이동하게 되어, 국민소득은 감소하고 이자율은 상승한다.

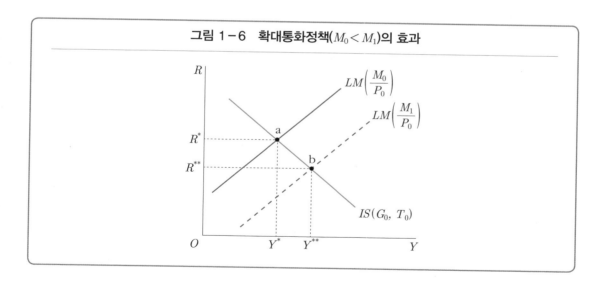

그림 1-6 **확대통화정책($M_0 < M_1$)의 효과**

1 구축효과

　확대재정정책을 시행하면, $IS-LM$모형에서 IS곡선이 우측으로 이동하여 국민소득이 증가하고 이자율은 상승한다. 여기서 유의해야 할 사실은 이자율이 상승함에 따라 투자가 감소한다는 것이다.

　앞에서 봤듯이 투자는 이자율에 대한 감소함수이다. 이자율 상승에 의해 민간투자가 감소하면 국민소득이 감소하게 된다. 이처럼 확대재정정책은 한편으로는 국민소득을 증가시키지만 다른 한편으로는 이자율 상승으로 인한 민간투자의 위축으로 국민소득이 감소하게 된다. 이처럼 확대재정정책이 이자율을 상승시켜 민간투자를 위축시키는 현상을 구축효과라고 한다.

　그러므로 이러한 구축효과에 의해 재정정책의 효과는 반감하게 된다. 예를 들어 정부지출의 경우, 만약 '완전한 구축효과'가 발생한다면 국민소득 항등식($Y=C+I+G$)에서 정부지출(G)의 증가만큼 민간투자(I)가 감소하므로, 국민소득(Y)은 아무런 변화가 없게 되어 정부지출 증가에 의한 국민소득 증가 효과는 없게 된다. 구축효과는 크기 정도에 따라 완전 구축효과, 부분 구축효과, 무 구축효과로 나눌 수 있고, 부분 구축효과와 무 구축효과의 경우에는 재정정책에 의한 국민소득 증가를 기대할 수 있게 된다. 특히 무 구축효과는 LM곡선이 수평일 경우에 나타난다.

2 유동성 함정

　케인즈는 이자율이 임계이자율(R_c) 이하로 하락하면, 사람들은 더 이상 이자율이 내려가지는 않을 것으로 판단하게 되어 채권 보유를 포기하고 모두 화폐로 보유함으로써 화폐수요가 폭발적으로 증가한다고 봤다. 경제가 이런 상태에 있는 경우, '유동성 함정(liquidity trap)'이라고 부른다. 화폐수요의 폭발적 증가로 인해 화폐수요의 이자율 탄력성이 무한대가 되고, 이 경우

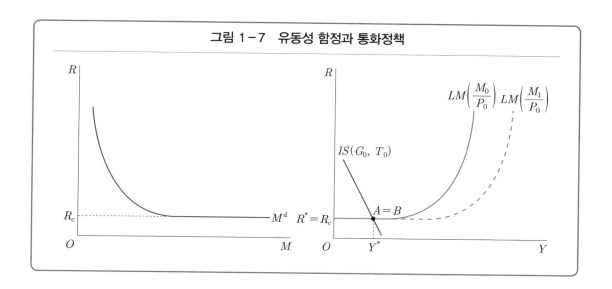

그림 1-7 유동성 함정과 통화정책

에 LM곡선이 수평이 되므로 확대통화정책($M_0 < M_1$)을 통해 〈그림 1-7〉과 같이 LM곡선을 우측으로 이동시켜도 효과가 없게 된다(수평인 LM곡선을 좌우로 이동시켜도 균형 Y^*와 R^*가 변하지 않음). 따라서 이때는 통화정책 자체가 무력해지는 반면에 재정정책을 시행하면 구축효과가 전혀 나타나지 않으므로 큰 효과를 볼 수 있다.

일반적으로 유동성 함정은 경제가 극심한 불황 상태에 있을 때 발생한다. 그 결과 통화정책은 아무 효과가 없게 되고, 재정정책의 효과가 극대화된다. 이 경우 경기확대정책으로서 정부지출을 늘리거나 세금(세율)을 낮추는 등 확대재정정책을 시행하게 되면, 유동성 함정하에서 IS곡선이 우측으로 이동하여 이자율은 불변인 채로 국민소득을 크게 증가시킬 수 있다.

3 **피구 효과**

피구 효과(Pigou effect)란 경기불황이 심해짐에 따라 물가가 급속히 하락하고 경제주체들이 보유한 화폐량의 실질가치가 증가하게 되어 민간의 부(wealth)가 증가하고 그에 따라 소비 및 총수요가 증대되는 것을 말한다. 파틴킨(Patinkin)은 이를 피구 효과 또는 실질 잔액 효과라고 불렀다. 먼저 물가가 신축적이라고 할 때, 경제주체의 부는 실질 잔액(M/P), 채권(B), 자본

(K)의 합이다$\left(\text{즉 } W = \dfrac{M}{P} + B + K\right)$. 그리고 소비함수는 가처분소득뿐 아니라 부의 함수로 볼 수 있다.

$$C = C(Y,\ W) \text{ 또는 } C = C\left(Y,\ \frac{M}{P} + B + K\right)$$

이러한 가정하에서 이제 극심한 불황에 의해 어느 한 경제가 유동성 함정에 빠져 있다고 해 보자. 경기불황이 심하게 되면 물가가 하락하는 현상이 나타난다. 물가가 하락하면 실질 잔액 (real balance)의 가치가 상승하여 〈그림 1-8〉과 같이 IS곡선과 LM곡선이 모두 우측으로 이동한다. 즉 민간의 소비가 증가하여 IS곡선을 우측으로 이동시킴과 동시에 실질 화폐량이 증가하여 LM곡선을 우측으로 이동시켜 경제는 유동성 함정으로부터 탈출이 가능해진다. 결국 이것은 재정정책을 취하지 않더라도 실질 잔액 효과에 의해 유동성 함정을 벗어날 수 있음을 보여주며, 재정정책은 독자적인 유효성을 상실하게 된다.

피구 효과는 케인즈학파의 유동성 함정 논리에 대항하기 위해 일부 고전학파가 사용하는 논리이다. 즉 유동성 함정이 존재한다고 해도 물가가 신축적이라면 극심한 불황에서 자동적으로 탈출하여 완전고용을 이룩할 수 있다는 논거이다. 그러나 경기침체 시의 물가하락이 반드시 바람직한 결과를 낳지 못할 때도 있다. 경기불황 시에 물가가 하락하여 실물자산의 가치가 떨어지게 되면 경제주체들의 실질부채 부담액이 늘어나게 된다. 따라서 경제주체들의 소

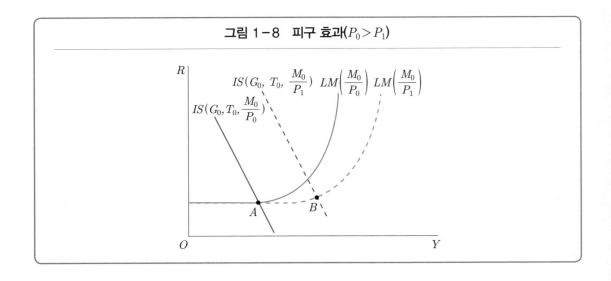

그림 1-8 피구 효과$(P_0 > P_1)$

비가 위축될 수 있고 그 결과로 경기불황과 디플레이션이 지속될 수 있다. 이를 '부채−디플레이션 이론(Debt−Deflation theory)'이라고 부르며, 피셔(Fisher) 등의 학자들이 주장했다.

4   리카르도 불변 정리

세금(세율)을 감소시키는 경우도 정부지출의 증가 효과와 거의 동일한 것처럼 보이지만 실제로는 중요한 차이점이 있다. 정부지출의 증가는 총수요에 대해 직접적으로 영향을 미친다. 그러나 세금 감소의 효과는 간접적이며, 총소비가 증가하는지의 여부가 중요하다. 케인즈학파(절대 소득 가설)는 소비가 당기 가처분소득에 의존하므로 세금 감면이 일시적이든 영구적이든 총수요에 영향을 주게 된다.

반면에 통화주의자(항상 소득 가설)는 소비가 항상 소득(permanent income)에만 의존하므로 세금 감소가 일시적이냐 영구적이냐에 따라 효과가 달라진다. 즉 일시적 세금 감소는 항상 소득(영구 소득이라고도 함)을 변동시키지 못해 소비에는 변동이 없으나, 영구적 세금 감소는 항상 소득을 변동시켜 소비에 영향을 주게 된다. 결국 케인즈학파의 확대재정정책은 일시적 세금 변동이므로 총수요에는 아무런 변동이 없게 된다. 한편 합리적 기대학파는 '리카르도 불변 정리(RET : Ricardian Equivalence Theorem)'를 주장했다.

RET의 주요 결론은 다음과 같다. 합리적 경제주체는 현재 세금의 감소를 미래 세금의 증가로 인식하기 때문에, 세금 감소는 민간의 저축을 증가시킬 뿐 총수요에는 변동이 없다는 것이다. 즉 합리적 기대학파는 정부 공채를 부(wealth)로 간주하지 않음으로써, 소비가 증가하지 않아 총수요가 변동하지 않게 된다고 주장했다.

5   통화량 정책 무용성의 정리

케인즈학파는 통화량을 증가시키는 경우, 이자율이 하락하고 투자가 증가하여 결과적으로 국민소득을 증가시킬 수 있다고 주장했다. 그러나 루카스(Lucas), 사전트(Sargent), 왈라스(Wallace) 등 합리적 기대학파는 정부의 통화정책이 예측된 것인가 아니면 예측되지 못한 것인가에 따라 거시정책의 효과가 상이하다고 주장했다. 그들의 결론은 다음과 같다. '예상된 화폐공급

(anticipated money supply)의 증가는 물가만을 상승시킬 뿐 국민소득에 영향을 미칠 수 없으며, 예상치 못한 화폐공급(unanticipated money supply)의 증가는 국민소득에 영향을 미칠 수 있다.' 통화정책이 민간경제주체들의 예상과 다르게 수행되어 사람들이 일반물가 수준의 상승을 자기 상품의 가격 상승으로 착각할 경우에는 화폐공급의 증가가 생산을 촉진시킬 수 있다.

따라서 정부가 통화정책으로 국민소득을 증가시키기 위해서는 사람들의 예상을 벗어나는 정책, 즉 화폐 충격(monetary shock)을 사용해야 한다. 그러나 정부가 이러한 충격요법을 자꾸 사용하면 사람들은 점점 재화 가격의 변동이 정부의 통화정책에 의한 것임을 깨닫고 재화 가격이 변하더라도 생산량을 증가시키지 않게 된다. 따라서 생산량 증가를 위해 시행된 정부의 정책은 결국 물가만 상승시킬 뿐이다. 이와 같이 합리적인 경제주체들이 화폐공급의 변동을 예측할 수 있다면 국민소득이나 고용 등 실물변수는 경제정책의 영향을 받지 않는다는 합리적 기대학파의 주장을 '정책 무용성의 정리(policy ineffectiveness proposition)'라고 부른다.

section 07 통화정책의 중간 목표

1 통화량 목표와 이자율 목표 정책의 우월성 비교

❶ 통화정책의 최종 목표 : 물가안정, 경제성장 및 고용확대
⇒ 통화정책은 재정정책에 비해 집행 시차가 상대적으로 짧기 때문에 많이 사용됨.
그러나 화폐공급이라는 개념이 상당히 불명확
❷ 통화정책의 중간 목표 : 통화량과 이자율
❸ 통화량 목표 정책 : 통화량을 일정 수준에서 유지하고 시장이자율의 변동을 수용
→ 통화량이 $\overline{M}$로 고정되면 LM곡선은 양(+)의 기울기를 가짐
❹ 이자율 목표 정책 : 필요할 때마다 공개시장조작을 행하여 이자율 수준을 안정시킴
→ 이자율을 $\overline{R}$로 고정시키면 LM곡선은 수평으로 나타남
⇒ M목표와 R목표의 타당성은 경제 충격의 종류에 따라 결론이 상이

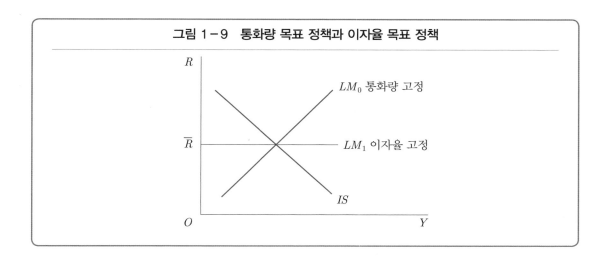

그림 1-9 통화량 목표 정책과 이자율 목표 정책

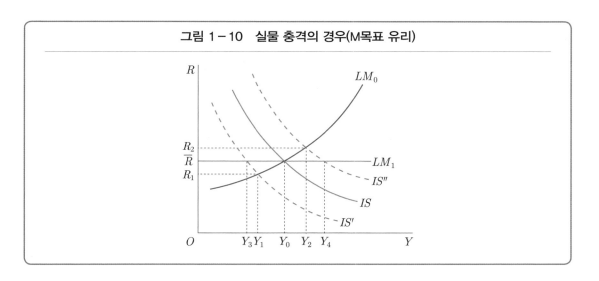

그림 1-10 실물 충격의 경우(M목표 유리)

ㄱ. 실물 충격 : 〈그림 1-10〉 참조

   a. 실물 충격이 발생 : IS곡선의 이동

   b. 통화량 목표(통화량이 고정) : 국민소득은 $Y_1 \sim Y_2$만큼 변화, 이자율은 $R_1 \sim R_2$만큼 변동

   c. 이자율 목표(이자율이 고정) : 국민소득은 $Y_3 \sim Y_4$만큼 크게 변동

   ⇒ 이자율 고정정책은 통화량의 경기순응적인 움직임을 초래하여 실물 충격의 효

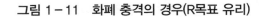

그림 1-11　화폐 충격의 경우(R목표 유리)

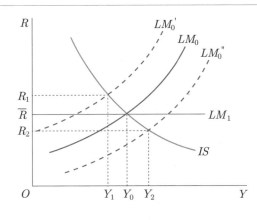

　　　　과를 더욱 악화시킴. 따라서 국민소득의 변동을 최소화하는 것이 통화정책의 최
　　　　종 목표라면 실물 충격의 경우 통화량 목표가 더욱 타당함

　　ㄴ. 화폐 충격 : 〈그림 1-11〉 참조

　　　　a. 화폐수요충격이 발생 : LM곡선의 이동

　　　　b. 이자율 목표 : 통화량을 적절히 조정하여 LM을 원상태로 복귀시키는 것

　　　　　　　　→ 이자율이 $\overline{R}$로서 고정, 국민소득도 Y_0로 고정

　　　　c. 통화량 목표 : LM곡선은 화폐수요충격에 의해 $LM'{\sim}LM''$로 이동

　　　　　　　　→ 국민소득은 $Y_1{\sim}Y_2$, 이자율은 $R_1{\sim}R_2$의 범위로 변동

　　　　⇒ 화폐수요충격의 경우 이자율 목표가 더욱 타당함

❺ 결론

통화정책의 중간 목표

⇒ 경제 충격의 종류에 따라 적절히 선택돼야 함
- 실물 충격의 경우에는 통화량 목표 정책이 적절함
- 화폐 충격의 경우에는 이자율 목표 정책이 적절함

2 실물 및 화폐수요충격

❶ 통화량 목표 정책 : 이자율의 변동이 실물 충격이 총수요에 미치는 효과를 상쇄
  → 투자를 구축시키며 원래 발생했던 양(+)의 충격의 효과를 상쇄시킴
  → 이 경우에 이자율을 고정시키는 이자율 목표 정책을 시행하려면 통화량을 증가시켜 LM을 우측으로 이동시켜야 하는데, 이는 원래의 실물 충격이 국민소득 변동을 초래한 것을 더욱 악화시키는 결과를 가져옴
❷ 이자율 목표 정책 : 통화량의 변화를 통해 LM곡선은 원래 상태로 고정
  → 원래의 균형 유지
  → 통화량 목표와 이자율 목표 간의 선택은 $IS-LM$모형 방정식의 모수값 크기와 재화시장과 화폐시장에서 발생한 충격에 대한 분산값의 상대적 크기에 의존함

chapter 02

이자율의 결정과 기간구조

이자율의 개념과 성격

1 이자율의 정의

일반적으로 이자율은 화폐서비스(money service)의 가격 또는 신용(credit)이나 대출(loan)의 가격으로 정의된다. 이자율 결정이론은 금융시장에서 여러 종류로 존재하는 많은 이자율 중에서 완전 무위험기업(completely riskless enterprise)을 운영하기 위해 자금을 빌리는 경우에 지급해야 할 가격으로서의 순수 이자율(pure rate of interest)이 어떠한 요인에 의해 설명되는가를 규명하려는 것이다. 이자율은 다른 많은 경제변수들에 영향을 주는 가장 중요한 경제변수이며, 또한 다른 경제변수들로부터 영향을 받아 결정된다. 결국 이자율은 한 나라의 경제적인 특징을 잘 나타내주는 대표적인 경제지표이고, 정책당국이 경제 체질을 인위적으로 쉽게 조작할 수 없는 한 인위적으로 쉽사리 통제되기 어려운 대표적인 시장변수인 것이다.

케인즈(Keynes) 이론에서는 이자율이 화폐의 수요와 공급을 반영하는 화폐적 현상(monetary phenomenon)이라고 설명한다. 화폐의 공급은 외생적으로 주어지며, 화폐의 수요는 거래적 수요, 투기적 수요, 예비적 수요로 구성된다. 화폐는 부의 저장 수단의 기능을 가지며 화폐보유의 기회비용은 화폐를 금융자산에 투자했을 때의 수익률이다. 이러한 금융자산에 대한 수익률은 금융시장에서의 재정거래(arbitrage)에 의해 서로 일치하는 경향을 갖게 되며, 결국 '시장이자율(market rate of interest)'이 결정된다.

케인즈학파와는 달리 고전학파는 이자율을 실물적 현상(real phenomenon)으로 간주해왔다. 즉 이자율은 생산성과 검약 등 실물적 요인에 의해 결정된다. 생산성은 투자를 위한 자금수요를 결정하며, 검약은 저축에 의한 자금공급을 결정한다. 정(正)의 시간선호율은 자금공급곡선이 우상향하게 만들고, 체감하는 자본의 한계생산성은 자금수요곡선을 우하향하게 만든다. 이 같은 수요·공급곡선의 일치에 의해 이자율이 결정되므로 이를 실물 현상으로 간주하며 '자연이자율(natural rate of interest)'이라 한다.

그에 비해 케인즈는 채권시장에서의 투기(speculation)에 의해 금융시장에서의 이자율이 안정되지만 이는 실물자산의 수익률과는 상이할 수 있다고 본다. 그 결과로 투자 감소와 그에 따른 총수요 부족이 발생할 수 있다. 케인즈는 이러한 방식으로 경제의 실물부문과 화폐부문을 연결했으며, 이는 '고전적 이분성(Classical dichotomy)'에 상반되는 견해이다. 나중에 힉스(Hicks)는 $IS-LM$ 분석모형에 의해 이자율이 실물적이며 동시에 화폐적 현상임을 보였다. 비교적 최근의 통화주의자(Monetarist)들은 이자율이 고전학파의 주장과 같이 실물적 현상이며, 실물자산과 금융자산의 수익률은 장기적으로 일치하는 경향을 갖는다고 설명했다.

2 이자율의 역할

이자율의 결정이론을 살펴보기 전에 독립변수로서의 이자율의 역할을 간단히 살펴보기로 한다. 이자율은 소비(저축), 투자, 노동공급 등과 같은 실물부문의 총수요·총공급 부문에 영향을 미칠 뿐 아니라 화폐수요, 심지어는 화폐공급에도 영향을 미친다. 유의해야 할 점은 소비, 투자, 노동공급 등에 영향을 미치는 이자율은 주로 실질이자율을 의미하고, 화폐의 수요·공급에 영향을 미치는 이자율은 주로 명목이자율을 의미한다는 것이다. 실질이자율은 화폐 도입을 가정하지 않을 때, 현재 생산물의 기회비용 ─ 저축 대신 현재 소비를 선택했을 때 포기하게 되는 미래 수입의 현재가치 ─ 을 의미한다.

따라서 현재 생산물을 소비할 것인지 아니면 저축할 것인지를 결정하는 데 있어서 실질이자율 수준이 변수가 될 것이다. 실질이자율이 높다면, 즉 현재 소비를 선택한 경우 포기하게 되는 미래 수입의 현재가치가 커진다면, 사람들은 현재 소비를 줄이고 저축을 늘리게 되므로 미래 소비는 증가하게 되는 것이다.

투자자나 현재 생산물의 수요자 입장에서도 실질이자율은 중요하다. 투자로부터 얻을 수 있는 수익이 확실하게 결정되어 있다면 투자비용에 해당하는 실질이자율의 상승(하락)은 투자를 위축(증가)시키게 될 것이다. 노동공급자의 입장에서도 실질이자율이 높아진다면 미래 노동공급을 줄이는 대신 현재 노동공급을 늘려 상대적으로 많은 현재 생산물을 획득하고 이를 저축하여 미래 노동공급의 감소로 인해 줄어드는 수익을 보충하는 것이, 현재와 미래에 걸쳐 똑같이 노동공급을 하고 저축하는 것보다 상대적으로 유리하게 된다. 이 경우 이자율은 현재와 미래 노동의 상대적 가치를 결정해 주는 역할을 하게 된다.

결국 시간선호율 등 다른 조건이 일정할 때 농업국가의 경우 토지로부터, 제조업국가의 경우 자본으로부터 일정한 한계수익률이 결정된다고 가정하면 이는 곧 현재 생산물의 기회비용이 되며 이러한 실질이자율 수준에 의해 한 국가의 소비, 투자, 노동공급 등의 수준이 결정됨을 알 수 있는 것이다.

한편 화폐를 고려하면 문제는 상당히 복잡해진다. 화폐의 가치는 물가의 역수에 비례하며 화폐는 반드시 물가의 문제를 수반하게 된다. 화폐가 단지 교환의 수단으로만 사용되고 물가가 완전히 신축적이라면 위에서 설명한 이자율의 역할로서 현실경제를 충분히 설명할 수 있을 것이다.

즉 한 국가의 시간선호율과 생산함수 및 자본축적 정도만 알면 — 일국의 자본의 한계생산성 또는 실질수익률을 알 수 있다면 — 물가가 신축적이고 화폐가 교환의 수단으로만 사용되는 경우 미래를 예측하는 것이 비교적 용이해진다. 물론 장기적인 경우 그리고 민간의 기대가 합리적인 경우에도 마찬가지이다. 그러나 단기적으로 현실경제에서는 화폐가 교환수단뿐 아니라 가치저장 수단으로도 사용되고 있으며 물가의 신축성이 완전히 성립한다고 보기는 어렵다. 따라서 화폐가 도입되면 위에서 설명한 이자율의 역할이 단기적으로 설명력을 상실할 수 있다.

이자율의 성립

위와 같이 경제적 행태에 영향을 미치는 이자율은 어떤 원인에 의해 발생하는가? 경제학이 등장하기 훨씬 이전부터 이자는 존재해 왔다. 이자의 성립 원인을 잘 알지 못했던 고대 및 중세의 사람들은 대체적으로 이자를 부정적인 것으로 봤다. 우리나라의 역사에서도 고리대금업을 억제하기 위한 진대법 등의 시행이 있었으며 서양의 역사에서도 이자를 부당하게 보고 이를 금지하려는 여러 법들이 시행된 바 있다.

한편 마르크스(K. Marx)는 노동착취설을 통해 총자본에 대한 잉여가치비율을 이자라고 보고 이러한 이자는 노동자의 몫을 자본가가 착취하는 것이라고 했다.

1 실물적 측면에서의 이자의 정당성

(1) 생산력설

세이(J. B. Say), 맬더스(T. R. Malthus) 등은 자본재는 생산력을 가지므로 자본재를 구입하는 데 자금을 빌려준 사람이 그에 대한 대가를 받는 것은 당연하다고 주장했다. 즉 자본재 구입자는 자본재로부터 일정한 이득을 취하므로 어느 정도의 이자비용을 부담하고라도 자본재를 구입하는 데 필요한 자금을 원하게 되며 이에 따라 이자가 발생한다고 봤다. 결국 세이와 맬더스에 의하면 생산력을 갖는 자본재가 존재한다면 이자가 발생하게 된다고 볼 수 있다.

(2) 시간선호설

뵘 바베르크(E. Böhm – Bawerk), 피셔(I. Fisher) 등은 사람들이 불확실한 미래재보다는 상대적으로 확실한 현재재를 더 원하며 현재재에 대한 선호가 높으면 높을수록 현재재 소비의 희생에 대한 대가를 지불할 용의를 갖는 사람 수는 점점 늘어나게 될 것이라고 했다. 이러한 견해에 의하면 만일 모든 개인이 현재재나 미래재를 똑같은 정도로 선호한다면 현재재 소비를 희생하는 데에 대한 대가를 지불할 용의를 갖는 사람은 존재하지 않으므로 이자는 성립하지 않게 된다. 한편 모든 사람들이 현재재보다 미래재를 선호하게 된다면 오히려 음(−)의 이자 성립도 가능할 것이다. 실증분석 결과 대체로 사람들은 미래보다 현재를 선호하는 것으로 밝혀졌다.

(3) 인구의 증가

사무엘슨(Samuleson)의 중첩 세대 모형에 의하면 생산된 재화를 현재 모두 소비해 버리는 것보다는 젊은 세대(young generation)가 현재의 노인 세대(old generation)에게 재화 중 일부를 제공하고 근로능력을 상실하는 미래에 되돌려 받을 수 있는 사회계약을 성립시킴으로써 개인들의 효용 수준을 증대시킬 수 있다. 그러나 이런 사회계약은 유지되지 못하거나 존속되지 못할 수 있다.

왜냐하면 젊은 세대가 막상 노인이 됐을 때 차기의 젊은 세대가 재화공급을 거부할 수 있기 때문이다. 만약 화폐가 도입된다면, 그 화폐는 가치저장 수단을 가짐으로 결국 사회계약을 대체하는 기능을 갖게 된다. 인구가 지속적으로 증가하는 경우, 이와 같은 경제행위가 동일하게 일어난다고 가정하면 사회 총생산량이 지속적으로 증가하므로 현재의 노인세대는 인구 증가분만큼의 재화를 더 받을 수 있는데 이를 생물학적 이자율(biological interest rate)이라고 부른다.

따라서 이자의 발생원인을 설명할 수 있게 된다. 기존의 이자이론들이 이자 성립을 자본의 생산력이나 시간선호율 등에 기반을 두고 있는 데 비해 이자발생에 관한 독창적인 이론모형을 제시했다는 데 그 의의가 있다.

2 화폐적 측면에서의 이자의 정당성(유동성 선호설)

저축자들이 저축한 소득을 현금의 형태로 보유하고 있으면, 원하는 때에 원하는 재화와 서비스로 즉시 전환할 수 있다. 이러한 현금이 갖는 매력적인 장점을 유동성이라고 하며, 케인즈는 이를 이자의 발생 원천으로 봤다. 즉 케인즈는 현금이 갖는 유동성은 매우 가치 있는 것인데, 현금을 보유하는 대신에 이를 빌려주면 그러한 유동성을 포기해야만 하므로 그러한 유동성을 포기하는 자금 대여자는 그에 대한 대가를 받는 것이 당연하다는 것이다. 금융적 유통의 비율이 높고 또한 명목이자율의 변화에 따라 경제적 행태에 많은 변화가 발생한다면 유동성을 포기하는 데 일정한 대가가 주어지는 것은 당연할 수 있다.

1 화폐와 실질이자율

이자율은 한 국가의 경제상황을 잘 나타내는 경제변수이며, 기본적으로 시장에서 결정된다. 즉 자금수요자와 공급자가 만나 교환 가격으로서 이자율이 결정되는 것이다. 자금수요자는 대개 시간선호율이 높아 현재 소비를 원하는 사람, 투자로부터 미래 수익을 기대하고 현재 자금을 필요로 하는 사람 등이 될 것이다. 물론 자금공급자는 이자율 수준에 따라 현재 소비를 희생할 수 있는 가계가 될 것이다.

따라서 이자율은 개인 선호체계와 투자 수익률을 결정해 주는 일국의 생산함수 등으로부터 영향을 받음을 직관적으로 생각할 수 있다. 이는 아담 스미스의 '어디에 있어서나 화폐의 사용으로 무엇인가가 만들어질 수 있기 때문에, 어디에 있어서나 그것의 사용에 대해서 무엇인가가 지불되어야 마땅하다'는 견해와도 일치하는 것이다. 뵘 바베르크는 아담 스미스의 위와 같은 사고를 현대적 표현으로 바꾸어 쓴다면 그것은 다음과 같이 된다고 했다. 즉 '본원적 이자가 있기 때문에 대부이자가 있다.' 뵘 바베르크의 이 말을 더욱 현대적인 말로 바꾸면, 아담 스미스의 말은 결국 다음과 같이 될 것이다. '자연적 이자가 있기 때문에 시장이자가 있다.' 또는 '실물이자가 있기 때문에 화폐이자가 있다.'

그러나 화폐가 도입되면 문제가 복잡해진다. 원래 화폐는 가치척도로서 일물일가의 법칙을 잘 반영하고 교환을 용이하도록 하기 위해(즉 거래적 동기에 의해) 도입됐다. 물가가 완전히 신축적이고 고전적 이분성이 성립한다면 그리고 화폐수요가 소득(Y)과 명목이자율(R), 인플레이션(π)의 함수라면, 예컨대 $M^d = L(R, Y, \pi)$와 같다면 화폐의 공급 수준이 주어졌을 때 화폐수요는 실질이자율 – 토지 또는 자본의 한계수익률과 밀접한 관계에 있음 – 에 영향을 미치지 않을 것이다.

그러나 과다한 화폐 발행이 화폐가치의 하락(물가의 상승)을 가져오고 그에 따라 일정한 실질잔고를 보유하려는 경제주체가 화폐수요를 늘릴 때 화폐가치(물가의 역수)를 정확히 예측하지 못한다면 명목이자율과 실질이자율 간에는 괴리가 발생하게 된다. 화폐가 도입되고 물가로 평가한 명목이자율이 실질이자율을 정확히 반영하지 못하여 명목이자율과 실질이자율 간에 괴리가 발생한 경우, 즉 민간경제주체가 단기적으로 합리적이지 못한 경우 이자율에 대한 경제주체의 반응과 그에 따른 행태는 앞에서 설명한 이론적 틀로써 예측하기 어려워진다. 만일 정보가 완전하고 화폐가 거래적 동기에 의해서만 사용된다면 실질이자율의 결정과 그에 따른 민간의 행태는 명목이자율을 둘러싼 민간의 화폐수요 행태 및 화폐공급과 별개로 이루어지므로 화폐는 단지 거래의 기능만을 원활히 수행할 수 있을 것이다. 한편, 현실적으로 화폐가 가치저장의 기능을 수행하는 경우 물가(화폐가치)가 지속적으로 상승(하락)하면, 즉 인플레이션이 발생하면 화폐 보유의 기회비용은 계속적으로 상승하므로 화폐수요가 하락하며 실물자본 등에 대한 수요가 증가한다. 물가가 상승하면 일정한 실질잔고를 보유하려는 민간의 화폐수요가 증가한다는 사고는 화폐의 거래적 동기를 강조하는 전형적인 고전학파적인 사고라고 볼 수 있다. 한편 프리드만은 화폐의 보유적 동기를 강조하여 이른바 다음과 같은 화폐수요 함수를 제시했다.

$$\frac{M^d}{P} = L(r_m, r_b, r_e, \pi) \cdot y = L(r_b - r_m, r_e - r_m, \pi - r_m) \cdot y_p$$

여기서 r_m, r_b, r_e는 각각 화폐수익률, 채권수익률, 주식수익률이고 π는 물가상승률이다. 그리고 y 및 y_p는 각각 소득 및 항상 소득을 나타낸다.

이 함수에 의하면 자산보유자는 금융자산으로부터의 예상 명목 수익률, 실물자산으로부터의 예상 명목 수익률(즉 가격 변화율) 등과 화폐의 수익률을 비교한다는 것이다. 예컨대 물가상승률은 화폐수익률의 역수가 되고 실물자산의 수익률과 같으므로 물가상승률이 증가하면 실물부문에 대한 수요가 증가하고 화폐에 대한 수요가 하락하게 된다는 것이다. 다만, 프리드만은 항상 소득을 제외한 다른 화폐수요 결정요인은 안정적이라고 봤다.

결국 이러한 과정에서 실물부문과의 교란이 발생하게 되는 것이다. 장기적으로는 과다한 화폐가 전부 물가의 상승으로 나타나겠지만 단기적으로는 실물부문에 영향을 미치게 되며 이러한 과정에서 단기적으로 명목이자율은 물론 실질이자율까지 교란시킬 수 있는 것이다. 원칙적으로 실질이자율은 자금에 대한 수요와 공급에 의해 결정된다고 볼 수 있으나 화폐가 도입된 경우 이자율의 결정은 상당히 복잡해짐을 알 수 있다. 즉 이자율의 결정은 화폐수요 함수의 문제와 깊은 관련이 있으며 명목이자율과 실질이자율의 괴리 및 실질이자율의 교란 문제는 이자율 결정이론을 매우 복잡하게 만든다.

2 고전적 이자율 결정이론

(1) 고전학파의 이자율 결정이론

아담 스미스는 이자율이 원칙적으로는 실물적 요인에 의해 결정된다고 봤다. 아담 스미스의 사고를 이어받은 고전학파 이론들도 대체로 이자율에 있어서 저축과 투자의 실물적인 요인을 중요시하고 있다. 따라서 고전학파는 이자율이 궁극적으로 그 사회의 시간적 선호와 자본의 한계생산성에 의해 결정된다고 봤다. 그러므로 고전학파는 이자율이 대부자금시장에서 결정되기는 하지만, 그 근본적인 결정요인이 실물경제적인 요인들이므로 이자율이란 기본적으로 실물적인 현상이라고 인식했던 것이다.

(2) 빅셀의 이자율 결정이론

빅셀(Wicksell)은 이자율을 '시장이자율(market rate of interest)'과 '자연이자율(natural rate of interest)'의 두 가지로 구별했다. 시장이자율은 대부시장에서 실제로 나타나는 화폐적 이자율이고, 자연이자율은 실제로 나타나는 이자율이 아니라 '실물자본이 실물의 형태로 대부되는 경우 수요와 공급에 의해 결정되는 이자율', 다시 말해 실물자본의 수요·공급에 의해 결정되는 이자율인데, 이것은 결국 '생산의 수익성－실물자본의 한계수익률'을 반영하는 실물적 이자율이다.

자연이자율과 시장이자율은 균형에서는 서로 일치하지만 불완전상태에 있어서 양 이자율은 일치할 수 없다. 시장이자율은 항상 자연이자율을 중심으로 움직인다. 따라서 시장이자율은 자연이자율보다 높을 수도 있고 낮을 수도 있다. 자본주의 경제에서 있어서의 경기변동은 이 두 가지 이자율의 관계에서 발생하는 것으로 빅셀은 간주했다. 시장이자율이 자연이자율보다 낮은 한, 기업가들은 투자를 할 것이기 때문에 경제는 누적적인 팽창을 보일 것이며 따라서 물가는 계속 상승할 것이고, 반대로 시장이자율이 자연이자율보다 높으면 경제는 누적적으로 수축되어 물가는 하락한다는 것이 빅셀의 생각이었던 것이다.

빅셀은 시장이자율과 자연이자율을 구별함으로써 비로소 화폐적 요인이 이자율을 통해 실물부문에 영향을 미친다는 것을 인정했다. 시장이자율이 자연이자율을 중심으로 움직인다는 것을 상정함으로써 그는 이자율이 부분적으로는 실물적 현상이라는 것을 인정했으나, 그 반면 시장이자율과 자연이자율에는 화폐적 요인에 의한 괴리가 있다는 것을 인정함으로써 그는 이자율이 부분적으로는 화폐적 현상이라는 것도 인정한 것이다. 빅셀의 이론에 있어서는 실물부문과 화폐부분은 이자율에 의해 연결돼 있다. 고전학파 이론에서 화폐는 실물부문에 대해 중립적인데 비해, 빅셀의 이론에서 화폐부문은 이자율을 통해 실물부문에 영향을 미친다.

(3) 유동성 선호설

고전학파의 이자율이론에 대해 케인즈는 반론을 제기하고, 이자율을 기본적으로 화폐적인 현상으로 봤다. 즉 이자율은 고전학파가 생각했던 것처럼 현재 생산물의 소비를 미래로 연기한 것에 대한 보상이 아니고, 현재 혹은 과거에 소비하지 않고 축적한 소득을 화폐가 아닌 다른 금융자산의 형태로 보유함으로써 유동성을 희생시킨 데에 대한 보상이라고 생각했다. 따라서 이자율 수준은 무엇보다도 사람들의 유동성에 대한 선호가 얼마나 강하냐에 따라 좌우된다고 봤던 것이다. 케인즈는 개인의 화폐 보유의 동기를 거래적 동기, 투기적 동기, 예비적 동기로 구분하고 화폐수요 함수가 소득에 대한 양(+)의 함수, 이자율에 대한 음(−)의 함수임을 밝혔다.

케인즈의 화폐수요 함수를 수식으로 나타내면 다음과 같다.

$$M^d = L_1(Y) + L_2(R)$$

사람들은 소득(Y)이 증가할수록 화폐수요를 늘리게 되며 이를 거래적 수요라고 부른다. 또한 사람들은 채권 가격이 상승할수록(화폐공급자가 화폐수요자보다 상대적으로 많아 이자율(R)이 하락할수록) 보유채권을 화폐로 바꾸려고 하므로 화폐수요가 증가하게 된다. 따라서 소득이 증가할수록 그리고 이자율이 하락할수록 화폐수요는 증가하게 된다. 그리고 불확실성에 대비하여 화폐수요를 증가시키게 되며 이를 예비적 수요라고 부른다. 화폐공급을 M^s, 명목이자율을 R, 소득을 Y로 표시하면 화폐시장의 균형은 다음과 같다.

$$M^s = M^d = L_1(Y) + L_2(R)$$

이를 그림으로 나타내면 다음과 같이 화폐수요는 우하향하며, 화폐공급은 외생적이므로 수직으로 나타난다. 화폐수요와 화폐공급이 일치하는 점 a에서 화폐시장이 균형을 이루며 이때

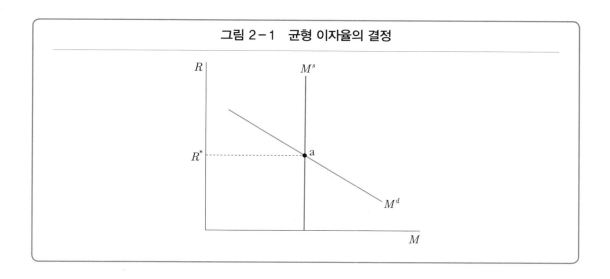

그림 2-1 균형 이자율의 결정

균형 이자율 R^*가 결정된다.

화폐공급이 증가하면 상대적으로 채권수요가 증가하여 채권 가격이 상승하고 이자율이 하락하게 된다. 결국 정부는 화폐공급을 통해 이자율을 하락시킬 수 있게 된다. 케인즈에 의하면 이자율이란 자금의 산업적 유통, 즉 실물부문에 의해 결정되는 것이 아니라 자금의 금융적 유통, 즉 화폐부문에 의해 결정된다. 따라서 명목이자율이라 하더라도 금융적 유통이 차지하는 비중이 큰 경제에서는 명목이자율이 자금흐름에 중요한 변수로 작용할 수 있게 된다. 따라서 자금의 금융적 유통이 차지하는 비중이 커진다면 케인즈의 이론은 어느 정도 현실적 타당성을 갖고 있다고 볼 수 있다.

(4) 고전학파의 이자율이론과 케인즈의 유동성 선호설과의 비교

첫째, 고전학파가 현재 생산물의 소비를 미래로 연기하는 사람을 저축자로 보고 미래수익을 예상하는 투자자를 현재의 자금수요자로 봄으로써 기본적으로 유량(flow)분석을 하고 있는데 반해, 케인즈는 현재 및 과거의 소득을 현재 금융자산의 형태로 보유하는가 아니면 화폐의 형태로 보유하는가를 중심으로 고찰함으로써 저량(stock)분석을 하고 있다.

둘째, 고전학파는 이자율 수준이 재화시장에서 결정된다고 보고 있는 데 반해, 케인즈는 화폐시장에서 결정된다고 보고 있다. 그러나 최근에는 이러한 점에서 두 이론 사이에는 본질적인 차이가 존재하지 않는다는 견해가 지배적이다. 왜냐하면 이자율은 모든 시장이 상호 작용하여 경제가 균형 상태에 도달하도록 움직이는 과정에서 결정되는 것이므로 어느 한 시장에서 이자율이 결정된다고 볼 수는 없기 때문이다. 마지막으로, 케인즈학파는 이자율 수준이 통화량의 영향을 받는다고 보고 있지만 고전학파는 이자율이 통화량과 관계없이 결정된다고 본다.

3   현대적 이자율 결정이론

(1) 현대적 대부자금설

고전학파의 유량분석과 케인즈의 저량분석을 유량분석으로 종합하여 이자율 수준의 결정요인을 설명하는 것이 현대적 대부자금설이다. 대부자금의 공급을 결정하는 요인에는 고전학파의 견해대로 실물부문에서 가계, 기업 및 정부에 의한 저축이 있겠지만 현대적 대부자금설은 화폐공급의 변동(신용창조)과 화폐수요의 변동을 이에 추가하고 있다. 또한 대부자금의 수요를 결정하는 요인으로는 고전학파의 견해대로 개인과 기업에 의한 투자 및 정부예산적자가 있겠지만, 현대적 대부자금설은 통화부문에서의 화폐공급과 화폐수요의 변동을 이에 추가하고 있다.

결국 대부자금의 공급과 수요 균형식은 다음과 같다.

> 저축＋화폐공급의 변동
> ＝투자＋정부예산적자＋화폐수요의 변동

이를 기호로 표시하면 다음과 같다.

$$S + \Delta M^s = I + Def + \Delta M^d$$

또는

$$S(Y, r) + \Delta M^s = I(r) + Def + \Delta M^d(Y, r)$$

결론적으로 현대적 대부자금설에 의하면, 이자율은 대부자금(신용)의 가격이므로 다른 가격과 마찬가지로 대부자금 공급과 수요에 의해 결정된다고 보는 것이다.

(2) 피셔 방정식(물가 예상과 이자율 : 명목금리 결정이론)

자금수요자와 공급자가 실제로 관심을 갖는 것은 계약기간이 만료됐을 때 어느 정도의 실질구매력을 상환받는가에 관한 것이다. 예컨대 실질이자율이 5%, 물가상승률이 10%, 명목이자율이 12%라면 현재의 투자자인 자금수요자는 자금을 상환하는 1년 후에는 15%에서 12%를 뺀 3%만큼의 이득을 볼 것이다. 물론 자금공급자가 10%의 물가상승률을 정확히 예측한다면 명목이자율을 15%로 결정하고 자금공급계약을 체결할 것이다. 결국 자금수요자와 공급자는 모두 앞으로 물가상승률이 어떻게 되겠는가에 관심을 기울일 것이다.

피셔(I. Fisher)는 이러한 관계를 다음과 같이 표시했다.[1]

$$R = r + \pi^e (단\ \pi^e 는\ 기대인플레이션율)$$

기대인플레이션율은 어떻게 결정되는가에 대해 과거에는 적응적 기대모형을 주로 사용했으나 오늘날에는 합리적 기대모형을 이용하여 설명하고 있다. 즉 사람들의 기대가 합리적이라면 통화량 증가는 명목이자율에만 영향을 미칠 뿐 실질이자율에는 영향을 미치지 않는다는 것이다. 그러나 기대인플레이션과 명목이자율과의 관계가 피셔의 견해처럼 1 : 1의 관계(완전한 피셔 효과)에 있는지는 실증분석상 확실하지 않다. 무엇보다도 민간경제주체의 기대인플레이션(π^e)을 실증분석으로 밝혀내기 어렵다는 사실과도 밀접한 관련이 있다. 합리적 기대하에서는 화폐공급이 단지 명목이자율에 영향을 미칠 뿐 실질이자율에는 영향을 미치지 않을 것이다.

그러나 현실적으로 완전한 피셔 효과가 성립하는지에 대해서는 많은 이론적 반박(불완전한 피셔 효과)이 있다. 예컨대 오쿤(Okun)은 한 경제가 기대인플레이션에 적응해 나가는 데에는 오랜 기간이 소요될 뿐 아니라 경우에 따라서는 장기간이 경과할지라도 기대인플레이션에 완전히 적응하지 못하기 때문에 기대인플레이션이 명목이자율에 전부 반영되지 않는다고 했다. 섬머스(Summers)도 시장이 불완전하기 때문에 경제주체가 기대인플레이션의 존재로 포트폴리오를 조정하려 할 경우 위험도 및 유동성이 유사한 대체투자물을 찾기가 어렵고, 포트폴리오

---

1 피셔 방정식에 대한 자세한 유도는 조하현, 거시경제이론, 제2판, 세경사, 1996, pp. 240~243.

조정을 위한 자금 조달상의 제약이 있다는 이유로 기대인플레이션과 명목이자율 간에는 1 : 0.6~0.8 정도의 관계가 있다고 했다. 또한 먼델-토빈(Mundell-Tobin)의 실질 잔액 효과(real balance effect)에 의하면 완전한 피셔 효과는 부정된다. 즉 인플레이션이 발생하면 실질잔고가 감소됨으로써 경제주체는 소비를 감소시키고 저축을 증가시키게 된다. 저축의 증가는 실질금리를 하락시키기 때문에 기대인플레이션과 명목이자율 간에는 1 : 0.6~0.8 정도의 관계가 있다고 했다.

4 (명목)이자율 계산방법

(1) 채권 가격과 이자율(유효이자율)

보몰-토빈(Baumol-Tobin)의 화폐수요이론(재고관리모형)에 의하면, 실질 화폐수요는 소득의 정(+)함수이고 이자율의 역(-)함수이다. 여기서 이자율은 단기금융자산에 대한 명목이자율을 의미한다. 화폐보유의 기회비용이란 금융자산을 보유했더라면 얻을 수 있었던 '잃어버린 이자(foregone interest)'를 의미하는 것이다.

따라서 명목이자율이 상승하는 경우 화폐보유의 기회비용 역시 상승하므로 민간은 저축을 늘리고 화폐수요를 줄이게 된다. 결국 금융자산에 대한 이자율은 그 자산시장에서의 화폐수요와 화폐공급에 의해 결정된다. 한편 자산에 대한 '유효이자율(effective rate of interest)'은 그 자산의 거래 가격에 의해 결정되는 개념이다. 1년 후 1,000원을 상환하는 채권을 생각해 보자. 그러한 채권에 대한 유효이자율 또는 수익률(yield rate)은 〈표 2-1〉에서와 같이 그 채권의 현재 구입 가격에 의해 결정된다.

〈표 2-1〉에서 볼 수 있듯이 채권 가격과 이자율은 역관계를 가지며 이자는 자본이득(capital gain)의 형태로서만 가능하다. 이러한 경우를 '무이표채(zero coupon bond)'라고 부르며, 이는 거

표 2-1 채권 가격과 유효이자율

현재 채권 가격	600원	750원	900원	950원	990원
채권 보유 이익	400원	250원	100원	50원	10원
유효이자율*	66.7%	33.3%	11.1%	5.3%	1%

* 채권 구입 가격에 대한 채권 보유 이익의 비율임.

의 할인된 가격으로 거래되므로 '할인채'라고도 한다(미국의 경우 T-bill이 전형적인 예이다). 실제로 많은 경우에 채권(이표채)은 매 기간마다의 이자를 지급하고 만기가 되면 현금을 상환한다. 이 경우에도 채권 가격과 이자율의 역관계는 성립한다.

(2) 월수익률과 연수익률

만약 3개월짜리 무이표채의 액면 가격이 10,000원이고 할인 가격이 9,765원일 때, 그러한 채권을 구입하게 되면 3개월 동안에 235원의 이익을 얻게 된다. 이 경우의 수익률은?

❶ 3개월 수익률의 계산

$$\left(\frac{10,000-9,765}{9,765}\right)\times100=2.41\%$$

❷ 연수익률의 계산 : 연수익률은 채권투자이득을 동일한 이자율조건에 의해 3개월 만기 채권에 계속 재투자한다고 가정하고 계산한다. 4기간에 대한 3개월 만기 채권의 재투자 가치는 다음과 같다.

$$
\begin{aligned}
1기 &: 9,765\times1.0241=10,000 \\
2기 &: 10,000\times1.0241=10,241 \\
3기 &: 10,241\times1.0241=10,488 \\
4기 &: 10,488\times1.0241=10,741
\end{aligned}
$$

따라서 연간 수익률은 다음과 같이 계산된다.

$$\left(\frac{10,741-9,765}{9,765}\right)\times100=10\%$$

이러한 예에서 볼 수 있듯이, 연율 기준으로 볼 때 3개월 만기 채권의 이자율은 10%이다. 일반적으로 연수익률 i는 3개월 수익률 i_3를 복리계산(compounding)함으로써 쉽게 계산된다.

$$1 + i = (1 + i_3)^4$$
$$i = (1 + i_3)^4 - 1$$

이러한 공식을 위에서 든 예에 적용하면,

$$0.1 = (1.0241)^4 - 1$$

만약 3개월 만기 채권의 할인 가격이 9,765원에서 9,879원으로 상승했다면, 이 경우의 이자율은?

우선 이 경우의 3개월 수익률은 다음과 같다.

$$1 + i_3 = \frac{10,000}{9,879} = 1.0122$$

따라서 연이자율은 다음과 같이 5%로 계산된다.

$$0.05 = (1.0122)^4 - 1$$

이상의 예에서 볼 수 있듯이 채권 가격이 상승(9,765원 → 9,879원)하면 이자율은 하락(10% → 5%)한다.

section 04 이자율의 기간구조

이제까지는 경제에 어느 하나의 이자율이 존재하는 것처럼 가정하고 그 결정에 관해 살펴봤다. 그러나 실제로는 자금시장에 다양한 종류의 이자율이 존재하고 어느 것을 대표적인 이자율로 봐야 할 것인지에 대해 공통된 견해가 없는 실정이다. 더욱이 이자율은 시간에 걸쳐 변동하므로 경제에는 시간에 걸쳐 여러 종류의 이자율이 일정한 흐름을 보이며 변동하고 있는 양상을 띠게 된다. 예상수익의 현재가치가 일정한 상태에서 미래에 이자율이 하락할 것이 예상된다면 기업은 이자비용을 덜 부담하기 위해 잠시 투자를 유보할 것이다.

가계의 측면에서도 향후 이자율 상승이 확실하다면, 즉 자금의 수요증가가 예상된다면 미래의 자금공급을 위해 현재의 채권을 매각하고 자금을 보유하려 할 것이다. 따라서 기업의 재무관리 측면이나 가계의 자산관리 측면에서 이자율의 기간별 구조를 파악하는 것은 매우 중요하다고 볼 수 있다. 이하에서는 이자율의 기간별 구조에 대한 몇 가지 이론과 더불어 이자율의 흐름을 야기하는 주요한 원인 등에 대해 살펴보기로 한다.

1 이자율의 기초개념

(1) 단기이자율과 장기이자율

일반적으로 장기채권의 이자율은 단기채권의 이자율보다 높다. 그 이유는 채권의 만기 (maturity)와 이자율이 관계를 갖기 때문이며 이러한 관계를 '이자율의 기간구조(term structure of interest rate)'라고 부른다. 장·단기이자율의 관계를 이해하는 첫걸음은 장기이자율이 미래의 단기이자율(future short−term rate)에 의존한다는 사실을 이해하는 것이다. 위험이 없는 경우, 1개의 3년 만기 채권을 보유하는 데 따른 수익률은 3개의 1년 만기 채권의 수익률과 일치해야 한다. 만약 그렇지 않다면 투자자들은 수익률이 높은 채권을 구입하려 하고, 수익률이 낮은 채권은 팔기를 원하게 된다.

따라서 고수익률 채권 가격이 상승하고 이자율은 하락하며, 저수익률 채권 가격이 하락하고 이자율이 상승하게 되므로 결국 채권시장에서의 이자율 격차가 감소하여 궁극적으로 '시장이자율'이 결정된다. 이제 예상미래 이자율(expected future interest rate)의 개념을 통해 장·단기 이자율의 관계를 살펴보자. 만약 t기의 1년 만기 채권에 대한 이자율이 올해는 $R_{t,1}=7.2\%$이며, 내년의 예상단기금리는 $r^e_{t+1,1}=7.0\%$, 2년 후의 예상단기금리는 $r^e_{t+2,1}=6.8\%$일 것으로 예측된다고 하자. 이 경우 3번의 1년 만기 채권투자와 동등한 수익을 낳는 한 번의 3년 만기 채권투자의 수익률($R_{t,3}$)은 얼마일까?

이 경우 1,000원의 채권투자를 매년 할 때의 기대수입은 다음과 같다.

$$1,000 \times 1.072 \times 1.070 \times 1.068 = 1,225$$

위의 경우와 동일한 수입을 얻을 수 있는 3년물 채권의 이자율 $R_{t,3}$는 다음과 같다.

$$1,000 \times (1 + R_{t,3})^3 = 1,225$$

이 경우 $R_{t,3} = 7\%$이다. 일반적으로 장기이자율 $R_{t,3}$는 다음과 같이 단기이자율들의 평균, 정확히 말하자면 기하평균(geometric mean)의 관계를 갖는다.

$$(1 + R_{t,3})^3 = (1 + R_{t,1})(1 + r_{t+1,1}^e)(1 + r_{t+2,1}^e)$$

만약 미래의 단기이자율들에 대한 예측이 변하면(비록 현재의 단기이자율이 불변이더라도) 현재의 장기이자율이 변하게 된다. 앞의 예를 다시 이용하여 만약 내후년의 $r_{t+2,1}^e$의 예측치가 6.8%에서 5.3%로 하락했다면 장기이자율는 다음과 같이 7%에서 6.5%로 하락하게 된다.

$$1.072 \times 1.070 \times 1.053 = (1.065)^3$$

이상의 예에서 볼 수 있듯이 현재의 단기이자율은 7.2%로 일정한 반면 현재의 장기이자율은 6.5%로 하락할 것이다. 따라서 미래의 단기이자율에 대한 예측의 변화는 현재의 단기이자율과 장기이자율과의 관계를 변화시키게 되며 이는 결국 이자율의 기간구조의 변화를 초래하게 됨을 알 수 있다. 이상에서는 위험이 없는 상태를 가정하고 장·단기이자율의 관계를 살펴봤다. 이제 이자율 변화에 따른 채권 가격 변화 및 자본손실(capital loss)을 고려해 보도록 한다.

앞의 예에서 봤듯이 액면가 10,000원의 3개월 만기인 단기채권은 이자율이 5%인 경우, 9,879원에 거래된다. 만약 이자율이 10%로 상승하는 경우 그 채권의 가격은 9,765원이 된다. 이자율이 2배 상승하더라도 채권 가격의 약 1% 정도에 불과한 자본손실을 입게 되는 것이다. 한편 장기채권의 경우를 살펴보자. 이른바 영구채(consol 또는 perpetuity)의 경우는 일정 액수를 매년 지급할 뿐이며 원금은 상환되지 않는 채권으로서 상환기간이 무한대(∞)인 장기채권이다. 매년 100원씩 이자지급을 하는 어떤 영구채 가격이 2,000원이면 이자율은 5%인데(100÷2,000) 이 영구채의 가격이 1,000원으로 하락하면 이자율은 10%가 된다(100÷1,000). 장기채권인 영구채의 경우, 앞에서와 같이 이자율이 5%에서 10%로 2배 상승하면 채권 가격은 2,000원에서 1,000원으로 변하여 채권 가격의 50%라는 엄청난 자본손실을 입게 되는 것이다.

이와 같은 예에서 볼 수 있듯이 이자율 변동 위험(interest rate risk)은 단기채권보다 장기채권의 경우가 더 심각하다. 단기채권의 위험이 낮은 이유는 장기채권보다 신속한 판매가 용이하기 때문이며, 이를 '유동성(liquidity)'이라고 부른다. 수익률이 동일하다면 투자가들은 유동성이 높은 자산을 보유하기를 원하며 이를 '유동성 선호(liquidity preference)'라고 한다. 결국 장기채권은 이자율 변동 위험을 상쇄시켜 주기 위해 이른바 '유동성 프리미엄(liquidity premium)'이 추가되므로 단기채권의 이자율보다 높은 수준의 이자율로 귀결된다. 또한 정부채권이 민간채권보다 채무불이행 위험이 낮으므로 정부채권수익률이 민간채권수익률보다 낮은 경향을 보인다.

(2) 수익률 곡선(yield curve)과 통화정책

이자율과 채권의 만기 간의 관계를 나타낸 곡선을 '수익률 곡선'이라고 한다. 일반적인 수익률 곡선의 형태는 대체로 〈그림 2-2〉의 AA' 곡선과 같이 '단저장고(短低長高)'의 형태로서 우상향하며 이를 '정상' 수익률 곡선(normal yield curve)이라고 부른다. 그리고 수익률 곡선은 시기적으로 이동해 왔음을 알 수 있다. 또 다른 특징은 만기가 길수록 수익률 곡선이 평탄화(flatten out)되는 것이다.

이는 일반적으로 만기가 길어질수록 프리미엄이 증가하기는 하지만 중기채권(2~10년)과 장기채권(10~30년)에 대한 유동성의 격차가 그렇게 크지 않기 때문이다. 단기이자율이 미래에도 일정한 수준을 유지할 것으로 예측되는 경우에도 수익률 곡선이 우상향한다면 이는 만기의 증가에 따른 유동성 프리미엄의 증가를 반영하는 것이다. 한편 단기이자율이 미래에 변동할 것으로 예측되는 경우에는 수익률 곡선이 유동성 프리미엄뿐 아니라 예측의 변화(change in expectation)까지 동시에 반영하게 되는 것이다.

유동성 프리미엄이 일정할 때, 단기이자율이 장래에 하락할 것으로 예측되는 경우 이는 앞의 예에서 본 바와 같이 현재의 장기이자율은 하락하는 경향을 갖게 된다. 다만 이전의 예에서는 유동성 프리미엄이 존재하지 않았지만 지금과 같이 유동성 프리미엄이 존재하더라도 현재의 단기이자율에 대한 하락 예측은 장기이자율을 하락시키게 한다. 이와 같은 예측 효과

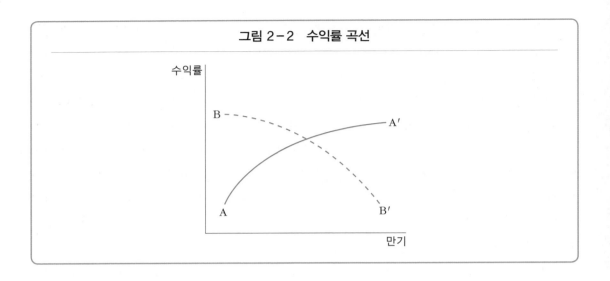

그림 2-2 수익률 곡선

(expectation effect)가 유동성 프리미엄을 능가하는 경우에는 단기이자율이 장기이자율보다 높을 수도 있다. 이 경우에는 〈그림 2-2〉의 곡선 BB'에서와 같이 수익률 곡선이 우하향하게 되며 이를 '전도된 수익률 곡선(inverted yield curve)'이라고 한다.

이와 같은 '전도된 수익률 곡선'은 어떤 경제체제의 소득 수준이 높아서 금융당국이 긴축정책을 시행하는 경우에 발생하게 된다. 즉 고소득 수준에 의해 거래적 화폐수요가 높은 상태이고 금융당국이 경기안정화를 위해 화폐공급을 감소시킬 경우, 단기이자율이 급등하게 된다. 그러나 금융시장에서의 거래자들은 이와 같은 높은 단기이자율은 장래에 하락할 것으로 예측하게 되며 따라서 현재와 미래의 단기이자율의 평균으로 결정되는 장기이자율이 현재의 단기이자율보다 낮아지는 경우가 가능해진다.

따라서 '전도된 수익률 곡선'이 목격되면 총수요가 위축(즉 불황 국면의 도래)될 것이라는 신호(signal)로 간주될 수 있다. 한편 경기불황에 의해 소득감소가 예상되면 자금수요도 감소할 것이므로 수익률 곡선 전체가 하향이동할 수도 있다. 만약 경제가 이미 불황 국면에 있고 금융당국이 화폐공급을 늘리는 경기확장정책을 사용하려는 경우에는, 단기이자율이 장기이자율에 비해 더욱 하락하여 수익률 곡선의 기울기가 더욱 가파르게 된다.

투자가들이 현재의 경기확장정책을 인지하고 단기이자율이 장래에 상승할 것으로 예측하는 경우 장기이자율이 상승하고 수익률 곡선은 더욱 가파른 형태를 나타내게 된다. 이 경우 유동성 프리미엄뿐 아니라 이자율 상승 예측 효과가 커지므로 장기이자율이 단기이자율보다 훨씬 높은 수준에 이르게 된다. 이는 화폐공급확대의 초기효과이다. 현재 경제가 불황 상태에 있게 되면, 현재의 단기이자율은 매우 낮은 수준이지만 경제주체들은 경제가 점차 불황 국면에서 벗어남에 따라 총수요가 증가할 것으로 예상한다.

이와 같이 총수요 증가 예측은 소득과 자금수요가 증가할 것으로 예측하게 하며 따라서 미래의 이자율이 상승할 것으로 예측하게 되는 것이다. 이상에서 살펴본 바와 같이 통화정책은 단기이자율을 변동시키고 이는 수익률 곡선과 장기이자율의 변동을 야기한다. 장기이자율이 어느 정도 변동할 것인가를 결정짓는 가장 중요한 요인은 '예측'이다. 즉 단기이자율의 상승이 지속될 것인가 아니면 금방 끝날 것인가, 경기가 계속 팽창할 것인가 혹은 위축국면으로 접어들 것인가에 대한 예측의 차이는 장래의 화폐수요 및 이자율 변동 방향을 상이하게 만든다.

결과적으로 볼 때 통화정책이 장기이자율을 어떻게 변화시키는가는 경제주체들이 경제상황에 대한 예측을 어떻게 하는가에 달려있다. 그리고 이와 같은 (장기)이자율의 변화는 총지출 수준에 영향을 미치며 결국 재화 시장 균형의 변화를 초래하여 궁극적으로 실물경제에 영향을 미치게 된다.

2 이자율의 기간구조이론

이상에서 살펴본 바와 같이 수익률 곡선은 대체로 우상향하며 시기적으로 이동해왔다. 이와 같은 두 가지 정형화된 사실(stylized facts)에 대한 설명력을 높이기 위해 몇 가지 기간구조 이론들이 제기되어 왔다. 이자율의 기간구조 이론으로서 불편 기대 이론, 시장분할 이론, 유동성 프리미엄 이론, 특정 시장 선호 이론 등이 거론되고 있다.

(1) (불편)기대 이론(unbiased expectations theory)

(불편)기대 이론은 장단기 채권 간의 완전한 대체관계의 가정하에 투자자가 장기채권에 투자할 경우와 단기채권에 투자할 경우, 예상수익률이 동일해야 한다는 이론이다. 경제주체가 내년과 내후년의 단기금리의 수준을 예상하는 데 있어서 최신의 정보를 반영한 합리적 기대를 한다고 보는 입장이다.

기대 이론에 의하면 장단기금리 간의 관계는 다음과 같은 기하평균식으로 나타낼 수 있다.

$$(1+R_{t,3})^3 = (1+R_{t,1})(1+r^e_{t+1,1})(1+r^e_{t+2,1})$$

이 식을 근사식으로 표시하면 산술평균식이 된다.

$$R_{t,3} = \frac{R_{t,1} + r^e_{t+1,1} + r^e_{t+2,1}}{3}$$

이 식에 의하면 장기금리는 단기 예상금리들의 평균으로 결정됨을 알 수 있다. 일단 내년과 내후년의 단기금리의 수준이 예상되면 이는 현재 장기채권의 수익률 수준인 $R_{t,3}$에 평균적으로 영향을 미친다는 것이다.

예컨대 단기채권의 금리가 앞으로 상승할 것으로 예상되면 현재의 장기금리는 현재의 단기금리보다 높게 형성될 것이며, 단기채권의 금리가 앞으로 하락할 것으로 예상되면 현재의 장기금리는 현재의 단기금리보다 낮게 형성될 것이다. 즉 단기금리에 대한 예상에 따라서 수익률 곡선은 우상향할 수도 있고 우하향할 수도 있다. 결국 기대 이론에 의하면 민간 경제주체들의 향후 이자율에 대한 불편 기대인 합리적 예상이 실제의 이자율로 반영된다고 볼 수 있다.

기대 이론은 장단기금리 간의 높은 연계성이 평균식에 의해 확보되기 때문에 수익률 곡선의 이동은 잘 설명하나, 수익률 곡선이 대체로 우상향한다는 사실은 잘 설명하지 못하고 있다.

(2) 시장분할 이론(market segmentation theory)

시장분할 이론은 이와는 전혀 다른 시각에서 장단기 채권 간의 대체관계가 없다는 가정하에, 단기채권을 발행하는 시장과 장기채권을 발행하는 시장 사이에 괴리가 발생한다고 보는 입장이다.

채권시장에서 가계는 위험을 줄이기 위해 단기채권의 구입을 선호하나 기업은 장기자금을 확보하기 위해 장기채권의 발행을 선호한다. 따라서 단기채권시장에서는 수요가 공급보다 많은 초과수요가 발생하여 단기채권의 가격이 상승하고 단기금리가 하락하게 된다. 반면 장기채권시장에서는 공급이 수요보다 많은 초과공급이 발생하여 장기채권의 가격은 하락하고 장기금리가 상승하게 된다.

시장분할 이론은 단기금리 하락−장기금리 상승에 의해 수익률 곡선이 대체로 우상향한다는 사실은 잘 설명하고 있으나, 장단기금리 간의 대체관계가 없다고 가정하기 때문에 장단기 금리 간의 연계성이 없게 되어 수익률 곡선의 이동은 설명하지 못한다.

(3) 유동성 프리미엄 이론(liquidity premium theory)

유동성 프리미엄 이론은 기본적으로 기대 이론에 입각하면서도 장단기 채권 간의 불완전한 대체관계의 가정하에 장기채권을 보유하는 것이 단기채권을 보유하는 것보다 더 높은 위험을 부담하는 것이라는 사실에 주목한다. 따라서 장기채권의 금리는 만기까지의 예상된 평균 단기이자율(기대 이론)과 유동성 프리미엄(liquidity premium)의 합으로 나타낼 수 있다.

$$R_{t,3} = \frac{R_{t,1} + r^e_{t+1,1} + r^e_{t+2,1}}{3} + liquidity\ Pr_t$$

유동성 프리미엄은 장기채권을 보유함으로써 현재 유동성을 장기간 포기하는 것에 대한 대가이므로 항상 양(+)의 값을 갖게 되며 채권의 만기가 길어질수록 유동성 프리미엄의 값은 더욱 커지게 된다.

유동성 프리미엄 이론은 항상 양(+)의 값을 갖는 유동성 프리미엄의 존재로 인해 기대 이론보다 장기금리가 단기금리보다 높을 가능성이 증대됨으로써 수익률 곡선이 대체로 우상향한다는 사실을 잘 설명하고 있으며, 기대 이론과 같이 장단기금리 간의 높은 연계성이 평균식에 의해 확보되기 때문에 수익률 곡선의 이동도 잘 설명하고 있다.

(4) 특정 시장 선호 이론(preferred habitat theory)

특정 시장 선호 이론은 장단기 채권 간의 불완전한 대체관계를 가정하며 앞에서 살펴본 기대 이론과 시장분할 이론을 결합한 형태이다. 이는 투자자가 만기가 서로 상이한 채권들의 기대 수익률들을 동시에 고려하면서도 특별히 선호하는 채권 만기가 존재할 수 있다는 것을 의미한다. 따라서 장기채권의 금리는 만기까지의 예상된 평균 단기이자율(기대 이론)과 기간 프리미엄(term premium)의 합으로 나타낼 수 있다.

$$R_{t,3} = \frac{R_{t,1} + r^e_{t+1,1} + r^e_{t+2,1}}{3} + term\ Pr_t$$

기간 프리미엄은 단기채권을 선호하는 투자자로 하여금 장기채권을 구입토록 하기 위해 그의 효용 감소를 보상해 주는 프리미엄을 의미하는 것으로 단기채권을 선호하는 투자자의 기간 프리미엄은 양(+)의 값을 갖게 되고, 장기채권을 선호하는 투자자의 기간 프리미엄은 음(−)의 값을 갖게 되나 대체로 양(+)의 기간 프리미엄이 일반적이다.

특정 시장 선호 이론은 대체로 양(+)의 값을 갖는 기간 프리미엄의 존재로 인해 기대 이론보다 장기금리가 단기금리보다 높을 가능성이 증대됨으로써 수익률 곡선의 우상향을 어느 정도 설명하고 있으며, 기대 이론과 같이 장단기금리 간의 높은 연계성이 평균식에 의해 확보되기 때문에 수익률 곡선의 이동도 잘 설명하고 있다.

표 2-2 이자율의 기간구조 이론

	기대 이론	시장분할 이론	유동성 프리미엄 이론	특정 시장 선호 이론
채권 간 대체	완전 대체	대체관계 없음	불완전 대체	불완전 대체
우상향의 수익률 곡선	우상/우하 잘 설명 못함(×)	우상 잘 설명함(○)	우상 (유동성 프리미엄) 잘 설명함(○)	우상 (기간 프리미엄) 설명함(△)
수익률 곡선의 이동	잘 설명함(○)	잘 설명 못함(×)	잘 설명함(○)	잘 설명함(○)

chapter 03

이자율의 변동요인 분석

이자율 변동의 기본적 요인

1 　자금수요와 자금공급

경기 상승기에는 기업의 생산 및 투자가 증가함에 따라 자금수요가 증가하여 금리가 상승하고 경기 하락기에는 기업의 생산 및 투자가 감소함에 따라 자금수요가 감소하여 금리가 하락한다.

(1) 자금수요

기업투자 및 운용자금 수요 → 경기변동과 밀접한 관계
계절적 자금수요(세금납부, 설날 · 추석자금수요, 연말자금수요 등)

(2) 자금공급

> 경제성장 → 소득증가
> 소비감소
> 경기상황에 따른 기업내부유보
> 통화신용정책

2 기대인플레이션

> 물가상승 → 상품구매력↓ → 화폐보유의 기회비용↑ → 이자율↑

3 경제외적 요인 : 선거, 파업 등 정치·사회적 변화

> 파업 발생 → 정치·사회 불확실성 증가 → 위험 프리미엄↑ → 이자율↑
> (유동성 프리미엄↑)

4 이자율 변화의 예측방법

❶ 장기 이자율 추세 : 경기상황의 변화
❷ 중기 이자율 예측 : 기대물가상승률, 기업자금수요 변화, 통화신용정책의 변화
❸ 단기 이자율 예측 : 계절적 자금수요, 통화수위, 채권수급상황

section 02 경기변동과 이자율의 변동

1 경기변동국면과 이자율의 변동

이자율은 일반적으로 경기의 변화에 시차를 두고 반응한다. 이는 기업의 생산 및 투자의 의사결정조정이 경기변동에 따라 즉각적으로 이루어지지 않기 때문이다. 더욱 중요한 것은 경기변동의 확장과 수축국면에서 이자율의 움직임은 반드시 한 방향으로만 나타난다고 볼 수 없다는 점이다. 우선 경기 확장국면에서 이자율의 움직임을 살펴보자.

이자율은 일반적으로 경기 확장국면의 초기에는 하락하다가 점차 시간이 지남에 따라 상승하는 모습을 보인다. 경기가 확장국면에 접어들면 기업의 매출이 증가해 기업의 내부유보금이 증가하게 되고 그에 따라 외부자금수요가 감소한다. 따라서 경기확장의 초기에는 이자율이 하락한다. 그러나 기업들이 점차 투자와 생산규모를 확장시키게 됨에 따라 내부적으로 조달되는 투자자금의 비율이 줄게 되고 기업의 외부자금 수요가 증가하게 된다. 그에 따라 이자율이 다시 상승하게 된다. 〈그림 3-1〉은 경기 확장국면에서 시간의 흐름에 따른 이자율의 움직임을 보여준다.

경기 수축국면에서 이자율은 종종 초기에는 상승하다가 시간이 흐르면서 점차 하락하는 모습을 보이곤 한다. 이는 확장국면과 반대의 이유 때문이다. 즉 경기가 수축국면에 접어들면

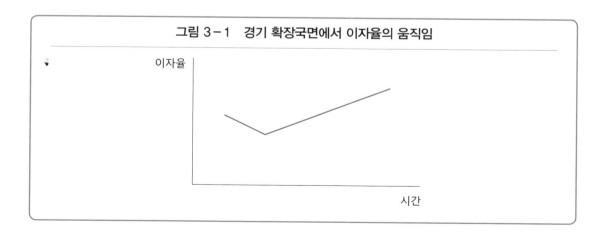

그림 3-1 경기 확장국면에서 이자율의 움직임

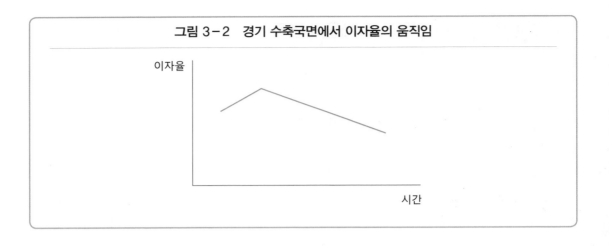

그림 3-2 경기 수축국면에서 이자율의 움직임

이자율

시간

매출이 감소해 내부유보자금이 감소한다. 그러나 투자 프로젝트는 미리 결정되어 추진되고 있으므로 이는 외부자금 수요를 증가시켜 이자율을 상승시킨다. 그러나 시간이 흐르면서 기업이 투자규모를 조정하고 그에 따라 외부자금수요가 감소하면서 금리가 하락하게 된다. 〈그림 3-2〉는 경기 수축국면에서 이자율의 움직임을 보여준다.

2 경기변동상황과 이자율

(1) 경기 상승기

기업자금수요(설비투자자금)↑→ 이자율↑
기업매출 ↑ → 내부유보 ↑ → 외부자금조달 수요 ↓ → 이자율↓

(2) 경기 하강기

기업자금수요↓→ 이자율↓
기업매출 ↓ → 내부유보 ↓ → 외부자금조달 수요 ↑ → 이자율↑

3 경기변동요인과 이자율

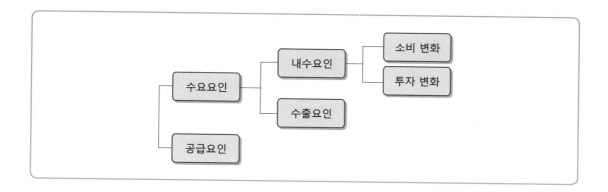

(1) 소비증가에 기인한 경우(수출 증가의 경우와 유사한 결과)

소비(수출)↑ ┬ 기업매출↑ → 기업내부유보↑→ 외부자금수요↓→ 이자율↓
            ├ 물가↑ → 이자율↑
            └ 저축↓ → 자금공급↓ → 이자율↑

(2) 투자증가에 기인한 경우

투자↑ ┬ 기업투자자금수요↑→ 이자율↑
        └ 물가↑ → 이자율↑

거시경제변수와 이자율의 변동

1 물가와 이자율

어떤 이유로 인해 경제주체들이 예상하는 기대인플레이션이 높아질 경우 일정 수준의 실질금리하에서 명목금리가 상승하게 된다. 이와 같은 현상은 피셔 방정식에 의해 설명될 수 있다. 따라서 금리와 인플레이션은 대체로 같은 방향으로 움직인다.

경기변동과 마찬가지로 인플레이션이 예상되면 명목금리가 서서히 반응하기 때문에 금리는 인플레이션에 후행(lag)한다.

> 물가상승 ─┬─ 실질소득↓ → 구매력↓ → 기업수지 악화 → 명목이자율↑
>   ├─ 원자재 및 임금 ↑ → 기업수지 악화 → 명목이자율↑
>   └─ 실물자산수요↑ → 자금흐름 왜곡 → 명목이자율↑

2 통화량과 이자율

정책당국이 이자율을 일정한 수준으로 조절하기 위해 통화량(M^s)을 증가시키면 단기적으로 명목이자율(R)은 하락하게 된다. 이를 유동성 효과(liquidity effect)라 한다. 그러나 이자율 하락은 투자를 증가시키므로 경제 전체의 국민소득(Y)이 증대되고 이는 화폐수요(M^d)를 증가시키므로 명목이자율은 다시 상승하게 된다. 이를 소득효과(income effect)라고 한다. 또한 통화량이 증가하여 기대인플레이션율(π^e)이 상승하고 물가(P)가 상승하면 피셔 방정식 $R = r + \pi^e$에서 명목이자율이 상승하는데, 이를 피셔 효과(Fisher effect) 또는 기대인플레이션효과라 한다.

〈그림 3−3〉에서 볼 수 있듯이 통화량이 증가하면 화폐공급곡선이 M_0^s에서 M_1^s으로 우측으로 이동함으로써 단기적으로 명목이자율이 하락하는 유동성 효과($a \rightarrow b$)가 발생한다.

얼마 후 명목이자율의 하락으로 인해 투자가 증가하고 국민소득(Y)이 증가하여 화폐수요

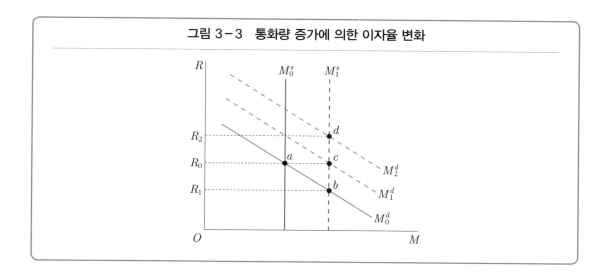

그림 3-3 통화량 증가에 의한 이자율 변화

곡선($M^d(Y,\ P)$)이 우측으로 M_0^d에서 M_1^d로 이동하면 명목이자율이 상승하는 소득효과 ($b \rightarrow c$)가 발생하며 이로 인해 초기의 이자율의 하락은 대부분 상쇄된다.

장기적으로는 통화량이 증가하여 기대인플레이션율이 상승하고 물가(P)가 상승하면 화폐 수요곡선($M^d(Y,\ P)$)이 우측으로 M_1^d에서 M_2^d로 이동함으로써 피셔 효과($c \rightarrow d$)까지 나타난다. 따라서 이자율을 조절하기 위한 확대통화정책은 단기에는 효과가 있으나 장기에는 단지 물가와 명목이자율을 상승($a \rightarrow d$)시키게 된다.

통화량, 이자율, 물가에 관한 논쟁은 19세기부터 시작됐다. 그 당시에는 통화량의 증가에 의해 이자율은 하락하고 물가 수준은 상승한다고 봤다. 따라서 이자율과 물가 수준은 역($-$)의 관계에 있다고 봤던 것이다. 그러나 깁슨(A. H. Gibson, 1923)은 실증분석을 통해 이자율과 물가상승률이 장기적으로, 또한 경기변동적으로 볼 때 정($+$)의 관계에 있음을 밝혔다. 이를 '깁슨의 역설(Gibson's paradox)'이라 한다. 그러나 피셔 효과를 이용해 화폐공급으로 인해 장기적으로 이자율이 상승함을 설명할 수 있다. 따라서 통화량과 이자율 간에 정($+$)의 관계가 존재한다는 '깁슨의 역설'은 더 이상 역설이 아니라 할 수 있다. 결론적으로 화폐공급은 단기적으로 명목이자율을 하락시킬 수 있겠지만 결국 물가와 명목이자율을 상승시킨다. 또한 화폐공급이 불규칙하고 자의적으로 이루어질수록 명목이자율의 변화폭은 더욱 커진다고 하는 것이 피셔 효과의 결론이라 할 수 있다.

경상수지(current account)가 흑자인 경우는 국내로 유입된 외화를 원화로 교환하는 과정에서 해외부문을 통한 화폐공급이 증가하여 금리가 하락한다. 반면 경상수지가 적자인 경우는 해외부문을 통한 화폐공급이 감소하여 금리가 상승한다. 즉 경상수지와 금리는 강한 음(−)의 상관관계를 갖는다.

> 경상수지 흑자 → 외화 국내 유입 → 국내 화폐공급 증가 → 이자율 하락
> 경상수지 적자 → 외화 국외 유출 → 국내 화폐공급 감소 → 이자율 상승

이에 비하여 자본수지는 종전에는 경상수지를 수동적으로 보전하여 국제수지를 균형으로 만드는 역할을 하기 때문에 금리에 대한 영향이 상대적으로 적었으나, 최근에는 자본시장의 개방폭이 크고 글로벌 금융시장이 연동되어 있어 자본수지의 변동이 금리에 미치는 영향이 작다고 할 수 없다.

원화절상(환율 하락 또는 원화 강세)기에는 원화표시 자산의 기대수익률이 상승할 것으로 예상되기 때문에 원화자산의 수요가 증가하여 원화자산 가격이 상승함으로써 국내 금리가 단기적으로 하락하게 된다.

그러나 원화가 절상되면 중장기적으로 경상수지가 악화되어 해외부문을 통한 통화유출로 국내 금리가 상승하게 된다. 원화절하(환율 상승 또는 원화 약세)기에는 반대로 단기적으로 국내 금리가 상승하게 되나, 중장기적으로 경상수지가 개선되어 해외부문을 통한 화폐공급으로 국내 금리가 하락하게 된다. 따라서 환율과 금리 간에는 뚜렷한 상관관계가 없고, 상황에 따라 다르게 작용한다.

(1) 원화절상(환율 하락)

❶ 원자재 등 수입 가격 하락 → 물가 하락 → 이자율 하락

❷ 원화자산의 기대수익률 상승(환차익 발생 가능성) → 외국자금 유입 증가 → 원화 채권수요 증가 → 원화채권 가격 상승 → 원화채권 이자율 하락

❸ 해외부채 원리금 상환액 감소 → 원화자금수요 감소 → 이자율 하락

❹ 수출 감소 → 경상수지 악화 → 이자율 상승

(2) 원화절하(환율 상승)

❶ 원자재 등 수입 가격 상승 → 물가 상승 → 이자율 상승

❷ 원화자산의 기대수익률 하락(환차손 발생 가능성) → 외국자금 유입 감소 → 원화 채권수요 감소 → 원화채권 가격 하락 → 원화채권 이자율 상승

❸ 해외부채 원리금 상환액 증가 → 원화자금수요 증가 → 이자율 상승

❹ 수출 증가 → 경상수지 개선 → 이자율 하락

chapter 04

경기변동과 경기예측

주요 경제변수와 계절조정법

1 **주요 경제변수**

(1) 국민소득

국민소득은 한 나라 안에 있는 가계, 기업, 정부 등의 모든 경제주체가 일정 기간에 새로이 생산한 재화와 서비스의 가치를 금액으로 평가하여 합산한 것으로 한 나라의 경제 수준을 종합적으로 나타내는 대표적인 지표라고 할 수 있다.

국민소득은 생산의 범위 및 평가방법에 따라 국내총생산(GDP), 국민총소득(GNI), 국민순생산(NNP), 국민처분가능소득(NDI), 국민소득(NI), 개인처분가능소득(PDI) 등으로 나누어진다. 이와 같은 국민소득지표로 한 나라의 경제력이나 그 국민의 생활 수준을 가늠할 수 있을 뿐만 아니라 국민소득의 생산, 분배, 지출 내역으로부터 얻어지는 경제성장률, 경제구조, 투자율, 저축률, 노동소득분배율 등 각종 분석지표를 통해 경제현실을 파악하고 경제정책도 수립, 평가하게 된다.

한편 1960년대에 들어 복잡·다중화된 한 나라의 경제실상을 보다 종합적 체계적으로 파악할 필요성이 증대됨에 따라 UN에서 기존의 산업연관표, 자금순환표, 국제수지표, 국민대차대조표 등을 국민소득통계와 연결시킨 새로운 '국민계정체계'를 1968년에 발간하여 각국에 편제하도록 권고했으며, 우리나라도 1986년에 한국은행이 국민소득통계를 이러한 UN의 새로운 체계로 개편한 바 있다.

그리고 최근 들어서는 국민소득지표가 국민의 복리후생 수준을 보다 잘 나타낼 수 있도록 하기 위해 환경요인 등을 감안한 새로운 소득지표들(예 : Green GDP)이 제시되고 있으며 계정체계도 보다 세분화되는 경향을 보이고 있다. 국민소득은 한 나라의 경제 수준을 나타내는 대표적인 지표이다. 우리는 한 나라의 경제력이나 그 국민들의 생활수준 등을 파악하기 위하여 여러 가지 경제지표를 이용하고 있다.

예를 들어 국제수지, 외환보유액, 재정규모, 철강 생산량 등을 통해 한 나라의 경제 수준이 과거에 비해 얼마나 발전되어 왔는가 또는 다른 나라와 비교할 때 어느 정도 수준인가를 비교할 수 있다. 그러나 이러한 지표들은 국민경제의 한 단면만을 보여줄 뿐 종합적인 경제 수준 측정지표로는 적합하지 않다.

따라서 한 나라의 경제수준과 국민들의 생활수준을 종합적으로 파악할 수 있는 지표가 필요한데 이를 나타내는 가장 대표적인 지표가 바로 국민소득이다. 국민소득이란 한 나라 안에 있는 가계, 기업, 정부 등의 모든 경제주체가 일정기간에 새로이 생산한 재화와 서비스의 가치를 시장 가격으로 평가하여 합산한 것으로 흔히 국민총소득(Gross National Income : GNI)이라는 용어로 불린다.

먼저 재화와 서비스란 사람이 살아가는 데 필요한 의식주 등의 생존적 욕망과 정신적, 문화적 욕망을 충족시키기 위해 생산되는 것으로서 재화는 쌀, 의복, 자동차, 건물처럼 물질적 형태를 가진 것을 말하며, 서비스는 통상 용역이라고도 하는데 의료, 교육, 문화활동 등과 같이 눈에 보이지 않는 사람의 노력을 의미한다.

다음 여기서 말하는 일정기간이란 통상 1년을 말하며 일정 시점과는 다르다. 예를 들어 재산이 1,000만 원인 한 근로자가 2××8년 1년 동안에 700만 원을 벌어 600만 원을 소비하고 100만 원을 저축했다면 이 근로자의 2××8년 중(일정기간) 소득은 700만 원이고, 2××8년 말 현재(일정 시점) 재산은 본래의 재산 1,000만 원에 저축액 100만 원을 더한 1,100만 원이 된다. 그리고 새로이 생산한 가치는 공장에서 만든 물건의 판매 수입과는 차이가 있다. 공장에서 물건을 만들기 위해서는 원재료가 있어야 할 것이다.

그런데 원재료는 이미 다른 곳에서 생산해낸 것으로 이 공장에서 만들어낸 새로운 가치는 아니므로 물건의 값에서 이 원재료 투입비를 뺀 나머지만이 이 공장에서 새로이 생산한 가치라 볼 수 있다. 이때 물건의 판매 수입을 산출액이라 하고 원재료비를 중간투입액이라 하며 새로이 생산한 가치를 부가가치라고 한다. 국민소득지표에서의 생산액이란 이와 같이 산출액에서 중간투입액을 공제한 부가가치를 뜻하게 된다.

　한편 국민소득은 세 가지 다른 얼굴로 파악되는데 이를 생산, 분배, 지출국민소득이라 부르고 있다. 그리고 이러한 세 가지 국민소득은 그 크기가 똑같은데 그것은 국민소득이 생산, 분배, 지출과정을 통해 순환하기 때문이다. 먼저 기업이 노동·자본·토지·경영 등의 생산요소를 투입하여 생산활동을 수행한 결과로 부가가치 즉 생산국민소득이 발생하면 여기에서 생산에 참여한 근로자는 급여, 돈을 빌려준 사람은 이자, 토지를 빌려준 사람은 임대료를 받게 된다. 그리고 이들 소득을 공제한 나머지가 이윤으로서 기업가에게 돌아가게 되는데 이와 같은 소득을 모두 합해 분배국민소득이라 한다.

　따라서 생산국민소득과 분배국민소득은 그 크기가 같다. 또 분배된 소득은 개인이 물건을 구입하는 데 사용(소비)하거나 기업이 차기의 생산을 위해 공장을 짓거나 기계를 사들이는 데 지출(투자)함으로써 최종 생산물에 대한 수요로 나타나며 이를 지출국민소득이라 한다. 이와 같이 국민소득은 만들어서(생산) 나누어 가지고(분배) 쓰는(지출) 양이 모두 같게 되는데 이를 가리켜 국민소득 3면 등가의 원칙이라 한다. 국민소득은 생산의 범위나 평가방법 등에 따라 여

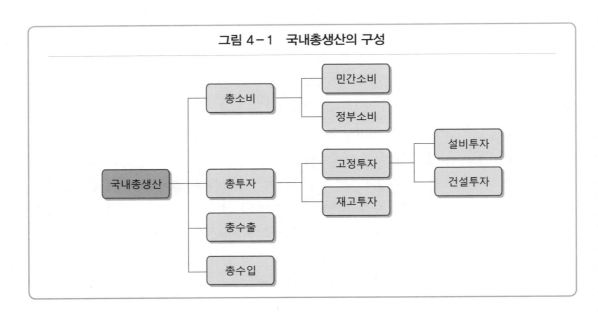

그림 4-1　국내총생산의 구성

러 가지 개념으로 나누어 볼 수 있다. 가장 흔히 사용되는 개념으로는 국내총생산과 국민총소득이 있다. 국민경제가 창출한 생산규모의 파악은 우선 국내에 거주하는 모든 생산자가 생산한 부가가치를 합산함으로써 가능하며, 이와 같이 국내 생산자가 생산한 부가가치 또는 최종생산물의 총계를 국내총생산(Gross Domestic Product : GDP)이라 한다.

한편 국민총소득(Gross National Income : GNI)이란 한 나라의 국민이 생산활동에 참여한 대가로 받은 소득의 합계로서 해외로부터 국민(거주자)이 받은 소득(국외수취 요소소득)은 포함되고 국내총생산 중에서 외국인에게 지급한 소득(국외지급 요소소득)은 제외된다. 국내총생산은 국내에 거주하는 모든 생산자가 생산한 부가가치를 합산한 것이므로 국외거래에 의해 발생하는 생산은 고려하지 않아 양자는 국외순수취 요소소득만큼의 차이가 난다.

즉 국민총소득은 국내총생산에서 국외순수취 요소소득을 더해 산출한다. 우리나라의 경우 주로 대외채무에 대한 이자지급으로 말미암아 국외순수취 요소소득이 마이너스로 나타나 국민총소득이 국내총생산보다 작은 것으로 나타난다(자료 : 한국은행, 『알기쉬운 경제지표 해설』).[1]

실질 국민총소득(GNI)

명목 GNI는 명목 GDP에 명목 국외순수취 요소소득을 합한 것이라고 하였다. 그러면 실질구매력을 반영하는 실질 GNI[1]는 어떻게 산출될까? 명목 GNI가 명목 GDP로부터 계산할 수 있는 것처럼 실질 GNI도 실질 GDP로부터 산출된다. 그런데 명목 GNI와 달리 실질 GNI는 실질 국외순수취 요소소득뿐만 아니라 교역조건 변화에 따른 실질 무역손익까지 포함하여 다음과 같이 계산된다.

실질 GNI = 실질 GDP + 교역조건 변화에 따른 실질 무역손익 + 실질 국외순수취 요소소득

교역조건은 수출 가격을 수입 가격으로 나눈 것으로 수출입 상품 간의 교환비율이다. 교역조건이 변화하면 생산 및 소비가 영향을 받게 되고 그로 인해 국민소득이 변화하게 된다. 예를 들어 교역조건이 나빠지면 동일한 수출물량으로 사들일 수 있는 수입물량이 감소하게 된다. 이는 소비나 투자에 필요한 재화의 수입량이 줄어드는 것을 의미하며 수입재에 의한 소비나 투자의 감소는 바로 실질소득의 감소인 것이다. 이처럼 교역조건이 변화하면 실질소득이 영향을 받기 때문에 실질 GNI의 계산에는 「교역조건 변화에 따른 실질 무역손익」이 포함되는 것이다. 「교역조건 변화에 따른 실질 무역손익」이란 교역조건의 변화로 인해 발생하는 실질소득의 국외 유출 또는 국외로부터의 유입을 말한다.

---

1 UN, IMF 등 국제기구는 생산지표로 실질 GDP를 이용하고, 소득지표로는 실질 GNI의 편제를 권고하고 있다. 이에 따라 한국은행도 지난 1999년부터 GNI를 편제 · 발표하고 있다.

교역조건 변화에 따른 실질 무역손익을 계산해 보자. 수출입상품 간의 교환비율을 의미하는 교역조건이 변화하면 생산 및 소비에 영향을 미치게 되고 이는 결국 국민소득 수준, 즉 후생 수준의 변화를 가져온다. 일반적으로 기준연도와 비교하여 교역조건이 불리해지면 일정량의 상품을 수출하여 수입할 수 있는 상품의 양이 감소하게 되므로 국민이 소비하거나 투자할 수 있는 재원이 줄어들어 경제적 후생, 즉 실질소득이 감소한다.

그림 4 - 2 GDP와 GNI의 관계

실 질	명 목
실질 국내총생산(실질 GDP) +교역조건 변화에 따른 실질 무역손익	명목 국내총생산(명목 GDP)
=실질 국내총소득(실질GDI) +실질 국외순수취 요소소득	+명목 국외순수취 요소소득
=실질 국민총소득(실질 GNI≠실질GNP)	=명목 국민총소득(GNI=GNP)

교역조건 변화에 따른 실질 무역손익은 이와 같이 국가 간의 거래에서 교역조건이 변화함에 따라 발생하는 실질소득의 국외유출 또는 국내유입을 의미한다. 이는 교역조건의 변화를 반영한 총실질 무역 손익에서 일정 시점(기준연도)으로부터 교역조건이 변하지 않았다고 가정했을 경우의 실질 무역 손익을 차감하여 산출한다. 현행 실질 GDP는 교역조건 불변의 실질무역손익만을 계상하고 있어 교역조건이 크게 변할 경우에는 국민들이 피부로 느끼는 실질 소득 수준과는 상당한 차이가 발생한다. 이것은 지표경기(실질 GDP 성장률)와 체감경기(실질 GNI 증가율) 간의 주된 괴리 요인으로 작용하고 있다. 다음의 예를 보자.

예시

2××0년(기준연도)에는 자동차 10대(대당 1만 달러)를 수출한 대금 10만 달러로 공작기계 1대(대당 10만 달러)를 수입할 수 있었으나 2××3년(비교연도)에는 자동차 수출 가격 하락(대당 1만 달러 → 5천 달러)으로 20대를 수출하여 공작기계 1대를 수입할 수 있었다고 가정할 경우 이는 교역조건이 기준연도에 비해 50% 악화된 것임. 2××3년 실질 GDP는 20만 달러(20대×1만 달러)로 2××0년(10만 달러)에 비해 100% 증가하지만 2××3년 자동차 20대의 구매력은 공작기계 1대로 2××0년 자동차 10대의 구매력과 동일하게 됨. 이는 2××3년에는 2××0년에 비해 교역조건이 악화되어 10만

달러의 실질 무역손실이 발생한 것으로서 실질 GNI는 실질 GDP(20만 달러)에서 교역조건 악화로 발생한 실질 무역손실을 차감한 10만 달러로 2××0년과 동일하게 됨.

(2) 산업활동

생산동향 : 광공업생산, 생산자 출하, 생산자 재고, 제조업 평균가동률
소비동향 : 내수용 소비재 출하, 도소매판매
설비투자 : 기계류 내수 출하, 국내 기계수주(선박제외) [기계류 수입액, 설비투자(선박 제외)]
건설투자 : 건축허가면적, 국내 건설수주
경기종합지수 : 동행종합지수(순환변동치), 선행종합지수(전년 동월비)

- 월별 자료가 가능한 관계로 분기별로 추계되는 국민계정에 대한 보조지표 역할과 함께 비교적 단기적인 경제흐름을 파악하는 데 유용
- 자료의 성격상 선행성을 갖는 지표의 경우 경제전망에 유용한 중요한 정보를 제공

❶ 광공업생산지수 : 광공업생산지수는 일정기간 중 이루어진 광공업생산활동의 수준을 나타내는 지표로서 전체 경기의 흐름과 거의 유사하게 움직이는 대표적인 동행지표이다. 동 지수는 경기동향을 파악할 때 GDP와 함께 핵심적인 지표로 사용되는데 우리나라에서는 광업, 제조업, 전기·가스업을 대상으로 매월 작성되고 있다. 그러나 최근 경제의 서비스화가 진행되면서 서비스부문이 제외되어 있는 광공업생산지수만으로 경기동향을 파악하기가 점차 어려워지고 있으므로 향후 서비스부문의 경제활동 수준도 적절히 포착할 수 있는 신규지표의 개발이 요청된다 하겠다.

❷ 생산자제품출하지수 : 생산자제품출하지수는 광업, 제조업, 전기·가스업을 대상으로 일정기간 중의 판매활동 수준을 나타내는 지표로서 내수 및 수출로 구분되어 작성되고 있다. 한편 지수에 있어서 '출하'라는 개념은 장소적 이동을 의미하는 것으로서 소유권의 이전을 의미하는 것은 아니다.

❸ 생산자제품재고지수 : 생산자제품재고지수는 생산자가 보유하고 있는 제품재고의 변동을 파악하기 위한 것으로서 생산자가 보유하고 있는 원재료, 반제품, 재고품과 유통업자의 재고품은 제외된다.

❹ 제조업 생산능력·가동률지수·평균가동률 : 제조업 부문의 생산능력지수와 가동률지

수는 제조업의 생산능력과 이용 정도를 나타내는 지표이다. 이 중 공급능력의 수준과 동향이 어떻게 변동해 가는가를 나타내는 것이 생산능력지수이며 생산실적과 생산능력의 비율인 설비이용도를 지수화한 것이 가동률지수인데, 이는 경기동향 분석의 기초자료로 이용된다. 월별 계절조정 가동률지수에 기준가동률(2015년)을 곱하여 산출하며, 완전히 가동하였을 때의 가동률 수준을 100으로 보고 구한 가동률로서 업종별로 가동률 수준이 서로 달라 단순비교에 어려움이 있어 제조업에 한해 평균가동률을 산출하고 있다.

(3) 고용

❶ 경제활동인구 · 비경제활동인구 · 경제활동참가율 : 군인과 재소자를 제외한 만 15세 이상 인구를 생산활동 가능 인구(생산연령 인구 또는 근로연령 인구라고도 함)라 하며 이중 일할 수 있는 능력과 취업의사를 동시에 갖춘 사람을 경제활동인구라 한다. 경제활동인구는 현재 취업상태에 있는지의 여부에 따라 취업자와 실업자로 구분된다.

취업자란 매월 15일이 포함된 1주일 동안에 수입을 목적으로 1시간 이상 일한 사람과 본인 또는 가족이 소유 · 경영하는 농장이나 사업체에서 주당 18시간 이상 일한 무급 가족종사자를 가리킨다. 그밖에 일정한 직장이나 사업장은 갖고 있으나 일시적인 질병, 일기불순, 휴가, 노동쟁의 등의 사유로 조사기간 중에 일을 하지 않은 사람도 취업자로 분류된다. 실업자란 매월 15일이 포함된 조사 대상 주간에 수입 있는 일을 하지 않았고, 지난 4주간 일자리를 찾아 적극적으로 구직활동을 하였던 사람으로서 일자리가 주어지면 즉시 취업이 가능한 사람을 말한다.

생산활동 가능 인구 중 경제활동인구에 포함되지 않은 사람, 즉 일할 능력은 있으나 일하고자 하는 의사가 없는 사람은 비경제활동인구로 분류된다. 비경제활동인구에는 집안에서 가사와 육아를 도맡아하는 가정주부, 학교에 다니는 학생, 일을 할 수 없는 연로자와 심신장애자, 구직단념자 등이 포함된다. 한편 생산활동 가능 인구에 대한 경제활동인구의 비율을 경제활동 참가율이라 한다.

$$경제활동\ 참가율 = \frac{경제활동인구(취업자 + 실업자)}{생산활동\ 가능\ 인구} \times 100$$

❷ 실업률 : 실업자가 경제활동인구에서 차지하는 비율을 나타낸다.

$$실업률 = \frac{실업자}{경제활동인구} \times 100$$

2 계절조정법

시계열 자료는 계절적 변화나 사회적 관습 및 제도 등에 따라 1년을 주기로 거의 매년 반복적으로 발생하는 단기적 변동을 겪는다. 예컨대 연말연시, 추석, 설 등의 명절이 대표적인 경우로 이를 보정하기 위해서는 계절조정이 필요하다.

❶ 전년 동기 대비 증감률   ❷ 단순평균법
❸ 이동평균법   ❹ X－12 ARIMA모형

경제변수의 수준과 증감률(Level vs. Rate of Change)

① 실물경제지표의 움직임은 통상적으로 전년 동기 대비 증감률 위주로 파악하고 있음
    ㄱ. 분기별 지표의 경우 전년도 같은 분기 대비 증가율을, 월별지표의 경우 전년도 같은 월 대비 증가율로 표시
    ㄴ. 월별 자료(특히 산업활동 관련 자료)의 경우 전기 대비(즉 전월 대비) 증가율도 함께 사용
② 통상적으로 전년 동기 대비 증가율을 사용하는 이유는 ㉠ 실물경제지표에 보편적으로 나타나는 계절요인을 제거하고, ㉡ 연율 개념으로 표시하기 위한 것임
    ㄱ. 전년 동기 대비 증가율로도 계절요인을 완전히 제거하기는 어려우며 이럴 경우 통계적인 계절조정방법을 사용
    ㄴ. 각 분기 혹은 각 월의 전년 동기 대비 증가율을 평균하면 대략적인 연간 증가율을 구할 수 있음
③ 그러나 전년 동기 대비 증가율의 경우 base가 이례적으로 낮거나 높을 경우 증가율이 과대 혹은 과소 계상될 우려가 있음
    ㄱ. 이와 함께 근무일수 변화, 음력명절의 시기이동 등으로 인해 단순히 전년 동기 대비 증가율만으로 경제동향을 파악하는 것은 오류를 범할 위험이 있음
    ㄴ. 따라서 보다 정확한 실물경제 동향을 파악하기 위해서는 절대 수준과 증가율 모두를 비교 분석할 필요가 있음

경기지수, 물가지수 및 통화 관련 지표

1 경기지수

경기지수의 경우 경제의 순환적인 동향 파악 및 기업의 투자 결정에 중요한 지표 역할을 수행

❶ 경기종합지수에는 선행종합지수, 동행종합지수 및 후행종합지수 등이 있으며 각 지수는 여러 가지의 경기 관련 지표를 가중평균하여 구성
❷ 추세적인 동향을 제거하고 순환적인 경기상황만을 나타내는 경기동행지표로서 경기순환변동치를 사용

표 4 - 1 선행 종합지수의 구성지표

경제부문	지표명	내용	작성기관
생산	재고순환지표	생산자제품제조업출하 전년 동월비 – 생산자제품 제조업재고 전년 동월비	통계청
생산·소비	경제심리지수	BSI(32개), CSI(17개) 중 경기대응성이 높은 7개 항목의 가중평균	한국은행
투자	기계류내수출하지수	설비용기계류에 해당하는 69개 품목(선박제외)	통계청
	건설수주액(실질)	종합건설업체의 국내 건설공사 수주액	통계청
대외	수출입물가비율	수출물가지수÷수입물가지수×100	한국은행
금융	코스피	월평균	한국거래소
	장단기 금리차	국고채 유통수익률(5년, 월평균) – 무담보콜금리(1일물, 중개거래, 월평균)	한국은행

출처 : 통계청

표 4-2 동행 종합지수의 구성지표

경제부문	지표명	내용	작성기관
고용	비농림어업취업자수	취업자수 - 농림어업취업자수	통계청
생산	광공업생산지수	광업, 제조업, 전기 · 가스업(대표품목 485개)	통계청
	서비스업생산지수	도소매업 제외	통계청
소비	소매판매액지수	소매업과 자동차판매 중 승용차	통계청
	내수출하지수	광업, 제조업, 전기 · 가스업(내수용)	통계청
투자	건설기성액(실질)	건설업체에서 시공한 공사액	통계청
대외	수입액(실질)	수입액(CIF)÷수입물가지수	관세청

출처 : 통계청

표 4-3 후행 종합지수의 구성지표

경제부문	지표명	내용	작성기관
고용	취업자수	경제활동인구 중 취업자수	통계청
생산	생산자제품재고지수	광업·제조업(대표품목 417개)	통계청
소비	소비물가지수변화율(서비스)	서비스 152개 품목 물가지수의 전년 동월대비 변화율	통계청
대외	소비재수입액(실질)	소비재수입액÷소비재수입물가지수	관세청
금융	CP 유통수익률	CP(commercial paper) 91일물의 단순평균수익률	금융투자협회

출처 : 통계청

2 물가지수

❶ 대표적인 물가지수로는 소비자물가(CPI), 생산자물가(PPI), GDP 디플레이터(GDP Deflator) 등이 있음

❷ 소비자물가의 경우 현재 460여 개 품목의 조사된 가격 변동을 가중평균하여 추계하며 통계청이 작성(가계의 주요한 소비지출 대상이 되는 최종 소비재와 서비스의 가격 변동을 측정)

❸ 생산자물가는 약 880여 개 품목의 생산자 판매 가격을 가중평균하여 추계하며 한국은행 이 작성(국내시장에서 첫 번째 거래단계에서 기업 상호 간에 거래되는 모든 상품(서비스 제외)의 가격 변동 을 측정)

chapter 4 경기변동과 경기예측 63

❹ 소비자물가 상승률과 생산자물가 상승률의 격차는 비제조업 부문의 일차적인 수익성 지표로도 사용될 수 있음

　ㄱ. 생산자물가와 소비자물가는 각각 유통, 도소매 등 비제조업 부문의 매입 가격과 매출 가격을 나타낸다고 할 수 있음

　ㄴ. 이들 두 가지 물가지수의 상승률 격차가 클수록 비제조업 부문의 수익성이 개선되는 경향을 나타내게 됨

❺ GDP 디플레이터는 명목 GDP와 실질 GDP 간의 비율로서 국민경제 전체의 물가압력을 측정하는 지수로 사용(통화량 목표 설정에 있어서도 GDP 디플레이터 기준 물가상승률을 사용)

3　통화량

❶ 모든 실물거래에는 이에 상응하는 자금거래가 반드시 수반되므로 자금거래의 수단인 통화량의 변화는 경제적으로 매우 중요한 변수임

　ㄱ. 통화량의 변화는 단기적으로는 실물부문에, 장기적으로는 시차를 두고 물가변화에 파급효과를 미치게 됨

　ㄴ. 통화량 변화의 실물부문과 물가부문에 대한 상대적 파급효과의 크기는 경제구조, 경기상황 등에 따라 달라짐

　ㄷ. 경제 내에 슬랙(slack)이 있는 경기침체기에는 통화량 증가에 따른 물가압력은 별로 없음. 우리경제와 같이 고도성장을 지속하는 경제에서는 경제 내의 슬랙이 적으므로 통화량 변화에 따른 물가압력이 상대적으로 큰 편임

❷ 우리나라는 중심통화지표로서 1957~69년에는 $M1$, 1969~70년에는 본원통화(H : high-powered money), 1970~78년에는 국내 신용(DC : domestic credit), 1979~97년에는 $M2$, 1998년 이후에는 $M3$를 사용했음. 그 후 2002년 이후 물가안정목표제를 시행하면서 콜금리나 RP금리를 기준금리로 하는 금리중시 통화정책으로 변경함으로써, 더 이상 중심통화지표를 공표하지 않고 있음.

❸ 한국은행은 금융기관 중심의 기존 통화지표를 개편해 유동성을 중심으로 하는 새 통화지표를 공표했음. 2002년 3월에 개편된 새 통화지표로는 통화($M1$)를 개편한 협의통화($M1$), 총통화($M2$)를 개편한 광의통화($M2$), $M3$를 개편한 총유동성($M3$)이 있고, 2006

년 6월에는 총유동성($M3$)의 명칭을 금융기관 유동성(Lf)으로 변경하고, 광의유동성 (L)을 추가로 편제하여 공표하고 있음.

| **4** | **유통속도** | | |

❶ 유통속도(velocity)는 명목 GDP를 통화량으로 나눈 값으로서 자금흐름의 속도를 반영
 ㄱ. 유통속도는 일정량의 통화량이 일정기간(1분기 혹은 1년) 동안 몇 번을 회전하여 명목 GDP에 해당하는 만큼의 거래를 뒷받침했는가를 반영
 ㄴ. 그러나 유통속도는 사후적으로만 추계가 가능하므로 경기변화 및 인플레이션 압력 등을 예측하는 데에는 유용성이 높지 않음

> 유통속도(V) = 명목 GDP(P · Y)/통화량(M)
> V : 유통속도, P : GDP 디플레이터, Y : 실질 GDP, M : 통화량

❷ 우리나라의 경우 유통속도는 장기적으로 하락하는 추세에 있으며 EC 방식에 의한 연간 통화증가율 목표 설정에 중요한 변수로 사용되고 있음

> $$V = P \cdot Y/M \rightarrow M = P \cdot Y/V \rightarrow MG = PG + YG - VG$$
> (MG = 통화증가율, PG = GDP 디플레이터 상승률, YG = 실질 GDP 성장률,
> VG = 유통속도 변화율)

 * EC 방식에 의한 통화량 목표 설정

> YG 전망치 = 4%
> PG 전망치 = 3%   ⇒ MG(통화증가율 목표) = 9%
> VG 전망치 = −2%

5　금리

❶ 금리의 경제적 의미는 다음과 같이 여러 가지 형태로 정의될 수 있으나 실제로는 각각의 정의 간에 밀접한 관계가 있음. 자본의 한계수익률, 현재 소득과 미래소득의 교환비율, 장기적인 경상성장률, 자금시장의 수급상황을 반영하는 지표 등

❷ 자본의 한계수익률이라는 측면에서는 우리 경제가 선진화되고 자본축적이 진행됨에 따라 자본의 한계수익률이 저하되면서 실질금리가 하향 추세를 나타낼 전망. 실제로 1980년대 이후 실질금리에 하향 안정추세가 이미 나타나고 있으며 실질금리와 자본의 한계수익률 간의 편차도 상당 부분 축소되고 있음

❸ 2000년 이후 대표적인 시장금리는 국고채 3년 또는 국고채 5년 금리가 있음

❹ 금융기관 간 초단기 자금거래가 이루어지는 콜시장의 콜금리(Call Rate)의 변동이 자금시장의 수급상황을 보다 정확히 반영함에 따라 콜금리의 중요성이 부각되어 1999년부터 한국은행이 이를 운용목표로 활용해 통화량을 조절해왔음

❺ 콜금리는 시중 자금사정과 상관없이 거의 매일 한국은행의 통제를 받으면서 시장기능을 상실했다는 판단 때문에 2008년 3월부터 콜금리에서 7일물 RP금리로 기준금리를 변경했음

❻ 향후 금융시장이 발달하고 금융심화가 진행되면서 금리의 기간구조(term structure)에 대한 중요성이 높아질 것으로 판단됨. 금리의 기간구조란 금융상품의 만기(장·단기) 차이에 따른 금리차를 의미하며 선진국의 경우 기간구조가 미래의 인플레이션에 대한 예측력을 지니고 있는 것으로 나타나고 있음

1 경기순환의 의미와 관련 지표

❶ 경기순환(business cycle)은 경기 확장국면(경기회복과 경기호황)과 경기 수축국면(경기후퇴와 경기불황)이 반복되는 현상을 의미. 순환주기는 [경기 저점 → 경기 정점 → 경기 저점]까지의 기간을 의미하며 순환주기가 일정한 것은 아님

❷ 경기순환의 발생원인은 실물요인과 금융요인으로 구분할 수 있으며 각 요인에 변화가 발생한 후 이것이 경제 전체로 파급되는 과정에서 경기순환이 발생
   ㄱ. 경기변동의 파급경로 및 형태는 경기변동의 요인과 경제구조에 따라 다르게 나타나게 됨
   ㄴ. 실물요인 : 원유가 변동, 해외 경기변동, 기업의 투자심리 변화 등
   ㄷ. 금융요인 : 통화량 변화, 금리변동 등

❸ 한국의 경우 일본 등 일부 선진국과는 달리 장기적 성장 추세선을 중심으로 경기의 기복 현상이 나타나는 '성장순환(Growth Cycle)'의 형태를 나타내고 있음
   ㄱ. 경기수축기에도 성장률이 마이너스를 기록하는 예가 거의 없고 단지 추세치보다 둔화되는 현상을 보이고 있음
   ㄴ. 정치적 혼란과 오일쇼크가 겹쳤던 1980년과 IMF 구제금융 여파가 있던 1998년을 제외하고는 마이너스 성장은 없었음

❹ 1972년 3월 이후 우리 경제는 모두 10번의 경기순환을 경험했으며 현재는 제11순환기를 겪고 있음

❺ 주요 경제지표들의 전년 동기 대비 증가율보다는 전기 대비 증감률이 경기국면 변화에 대한 보다 정확한 정보를 담고 있음
   ㄱ. 경기동행지수 순환변동치(통계청 작성)는 주요 지표들의 추세 변화 이외의 움직임을 가중평균하여 종합적인 경기국면 변화를 반영
   ㄴ. 경기판단을 위하여 주로 사용되는 주요 지표로는 ① 비농림어업 GDP, ② 광공업생산, ③ 재고, ④ 제조업 평균가동률, ⑤ 동행지수 순환변동치 등을 고려할 수 있음

2   경기순환의 요인과 특징

❶ 경기변동의 요인은 ① 계절요인(seasonal factor), ② 불규칙 요인 (irregular factor), ③ 추세 요인(trend), ④ 순환 요인(cyclical factor) 등으로 구분할 수 있음. 넓은 의미의 경기순환은 추세 요인과 순환 요인에 의해서 발생되는 경기변동을 의미

❷ 다른 나라의 경우와 마찬가지로 한국의 경기순환도 평균적으로 확장국면이 수축국면보다 긴 경기의 비대칭성이 나타나고 있음

    ㄱ. 경기상승은 느리고 완만하게 진행되는 반면 경기하강은 빠르고 급속하게 진행되는 경향을 보이고 있음

    ㄴ. 확장국면(저점 → 정점)의 평균 지속기간은 33개월로서 수축국면(정점 → 저점)의 평균 18개월에 비해 길었음

❸ 기준 순환일이란 국민경제 전체의 순환변동에서 국면전환이 발생하는 경기 전환점을 말하며 우리나라의 기준 순환일은 〈표 4−4〉와 같음

❹ 불황 초기에는 기업매출과 영업이익이 감소하고 재고가 증가하지만 불황이 심화되면 생

표 4−4   한국의 기준 순환일   (단위 : 개월)

	저점	정점	저점	확장기간	수축기간	전순환기간
제1순환	1972. 3	1974. 2	1975. 6	23	16	39
제2순환	1975. 6	1979. 2	1980. 9	44	19	63
제3순환	1980. 9	1984. 2	1985. 9	41	19	60
제4순환	1985. 9	1988. 1	1989. 7	28	18	46
제5순환	1989. 7	1992. 1	1993. 1	30	12	42
제6순환	1993. 1	1996. 3	1998. 8	38	29	67
제7순환	1998. 8	2000. 8	2001. 7	24	11	35
제8순환	2001. 7	2002. 12	2005. 4	17	28	45
제9순환	2005. 4	2008. 1	2009. 2	33	13	46
제10순환	2009. 2	2011. 8	2013. 3	30	19	49
제11순환	2013. 3	2017. 9*	−	54	−	−
평균순환기간	−	−	−	33	18	49

출처 : 통계청, *는 잠정치

산량 조정이 이루어지면서 재고가 감소

　　ㄱ. 불황이 심화된 단계에서는 생산 감축으로 인한 고용감소와 가동률 저하 현상이 동시에 발생하고 호황기에는 반대 현상이 발생

　　ㄴ. 경기순환은 회복, 호황, 후퇴, 불황의 네 국면으로 구분하지만 회복기와 호황기 또한 후퇴기와 불황기를 명확하게 구분하기 어렵기 때문에 최근에는 확장국면과 수축국면으로만 구분하여 공식 통계를 작성

❺ 경기순환에 대한 경제학적 이론은 주로 경기변동의 요인에 따라 구분되고 있음

　　ㄱ. 고전학파 이론

　　ㄴ. 케인즈학파 이론

　　ㄷ. 새고전학파 이론 : 화폐적 균형 경기변동 이론, 실물적 균형 경기변동 이론

　　ㄹ. 새케인즈학파 이론

section 04 　경기전망을 위한 계량적 방법

1　경기예측방법

경기예측은 크게 구분하여 다음과 같은 방법을 사용하여 이루어지고 있음

❶ 경기관련 경제시계열의 움직임을 종합한 경제지표를 분석함으로써 객관적인 경기전망을 하는 방법

❷ 기업가 경기전망조사(Business Survey), 설비투자동향조사, 소비자태도조사, 정부예산 등 개별경제주체의 각종 계획이나 경기에 대한 판단, 예상자료 등을 설문조사하여 경기전망하는 방법

❸ 수리적 경제모형을 설정하여 모형에 관련된 제변 변수를 예측함으로써 경제의 움직임을 전망하는 방법

그러나 실질적으로는 이러한 경기예측방법을 모두 사용하여 경기국면 판단의 근거로 삼고 있으며 최종적으로는 경기예측자의 직관에 크게 의존하는 경향이 있음. 따라서 경기예측은 과학(science)이 아니라 예술(art)의 측면이 많다고 할 수 있음

(1) 경기지표에 의한 경기예측

❶ 경기확산지수(Diffusion Index) : 경제의 특정 부문에서 발생한 경기동향 요인이 여타 부문으로 점차 확산·파급되어가는 과정을 파악하기 위해서 경기변동의 진폭이나 속도는 측정하지 않고 경기변동의 변화 방향과 전환점을 식별하기 위한 경기지표임

$$경기확산지수(DI) = \frac{전월비\ 증가지표의\ 수 + \frac{1}{2} \times 보합지표의\ 수}{구성지표의\ 수} \times 100$$

DI가 50% 이상이면 상승국면, 50% 이하이면 하강국면으로 판단함

누적경기확산지수(CDI_t) = 전기누적경기확산지수(CDI_{t-1}) + $(DI_t - 50)$

❷ 경기종합지수(Composite Index) : 경기종합지표는 경기에 민감한 대응성을 보이는 몇 개의 대표계열을 선정, 이들의 움직임을 종합하여 지수형태로 나타냄으로써 경기국면 파악 및 경기 수준 측정에 이용하기 위한 종합경기지표
   ㄱ. DI가 각 개별 시계열의 변화 방향 만을 제시하는데 비하여 CI는 각 지표의 전월 대비 변화율을 통계적으로 종합하여 산출
   ㄴ. CI의 전월 대비 증가율이 (＋)인 경우에는 경기상승을, (－)인 경우에는 경기하강을 나타내며 증감률의 크기는 경기변동의 진폭을 반영하므로 경기국면의 변화는 물론 변화속도도 동시에 분석가능
   ㄷ. 경기국면과의 상관관계에 따라 선행, 동행, 후행 등 3종의 경기종합지수를 작성하며, 선행지수에 의해 경기를 예측하고 동행 및 후행지수로서 경기동향을 확인하는 데 이용
❸ 경기종합지수는 장기적인 성장 추세와 함께 경기국면 변화에 따른 움직임을 동시에 포함하고 있으므로 이를 감안하여 이용
   ㄱ. 또한 월별 경기지수의 경우 확장국면에서 증가율이 낮아지거나 수축국면에서 일시

적으로 증가율이 높아질 수도 있으므로 매월의 움직임과 더불어 일정기간의 추세를 동시에 고려할 필요

ㄴ. 모든 경기지표가 항상 같은 방향으로 변화하는 것은 아니므로 경기종합지수와 함께 개별 구성지표의 움직임도 함께 파악할 필요

ㄷ. 선행지수의 구성지표 중 일부가 큰 폭으로 증가하고 대부분의 지표가 소폭 감소할 경우 선행지수는 소폭 증가를 나타낼 수도 있으나 실제 의미는 경기수축일 수도 있음을 유의

(2) 설문조사에 의한 경기예측

❶ 기업경기실사지수(BSI : Business Survey Index)

ㄱ. 기업경기실사지수는 기업의 활동 및 경기동향 등에 대한 기업가의 판단, 전망 및 이에 대비한 계획 설문서를 통해 조사 분석함으로써 전반적인 경기동향을 파악하고자 하는 단기 경기예측수단임. 현재 한국은행에 의해 분기별로 발표되고 있는 기업경기실사지수, 전경련에서 매월 발표하고 있는 기업실사지수 등이 대표적임. 기업경기실사조사는 경기지표 및 계량경제 모델에 의한 경기분석과 예측을 보완하는 수단으로 활용되고 있음

ㄴ. 업황, 채산성 등 기업활동의 주요 항목에 대한 판단이나 변화 방향을 조사하는데 전기를 기준으로 증가, 동일, 감소 등의 변화 방향을 조사한 후 기업경기실사지수를 작성하여 경기분석에 이용

ㄷ. $BSI = (x-y) + 100 (x : 증가를 예상한 업체수의 비율, y : 감소를 예상한 업체수의 비율)$
BSI가 100 이상이면 확장국면, 100 이하이면 수축국면으로 판단함

❷ 소비자태도지수(CSI : Consumer Sentiment Index)

ㄱ. 소비자태도지수는 특히 경기수축기에 있어서 기업실사지수보다 일정기간 선행하는 경향을 보이고 있어 경기국면 변화 예측에 유용한 지표로 활용 가능

ㄴ. 우리나라에서 가장 중시하는 소비자태도지수는 한국은행에서 발표하는 '소비자동향지수'임. CSI가 100 이상이면 확장국면, 100 이하이면 수축국면으로 판단함

(3) 경제모형에 의한 경기예측

❶ 거시경제계량모형

ㄱ. 기본구조는 동태적인 연립방정식 모형으로 경제이론에 근거한다.

ㄴ. 모형에 사용된 변수는 내생변수, 외생변수 및 시차내생변수로 구별됨

ㄷ. 방정식은 표본으로부터 추정해야 하는 행태방정식과 추정이 필요 없는 정의식으로 구성된다.

ㄹ. 해법은 경제이론에 따라 행태방정식을 정식화한 후에 추정하고 연립방정식을 풀어 모형의 해를 계산한다.

ㅁ. 역사적 시뮬레이션에서 얻어진 해의 예측 오차를 계산한 후 예측 오차가 만족스럽게 나왔을 때는 모형의 내적 정합성(internal consistency)이 얻어졌다고 보고 그 모형을 예측에 활용한다. 예측 오차의 기준으로는 RMSE(Root Mean Squared Error, %)가 주로 사용된다.

$$RMSE(\%) : \sqrt{\frac{1}{T}\sum_{t=1}^{T}\left(\frac{Y^s - Y^a}{Y^a}\right)^2} \times 100$$

(단, Y^s : 시뮬레이션 값, Y^a : 실제값, T : 시뮬레이션 표본의 크기)

ㅂ. 거시경제계량모형은 경제전망 이외에도 각종 정책효과 분석에 활용한다.

ㅅ. 다음의 간단한 거시경제계량모형을 살펴보자. 첫 번째 방정식은 소비를 나타내는 행태방정식이고 각 계수는 표본으로부터 추정 과정을 거쳐 얻어졌다고 하자. 두 번째 방정식은 소득이 소비와 투자의 합계임을 나타내는 정의식이며, 가계와 기업만 있는 폐쇄경제에서 잘 적용되는 식이다.

! 예시

$C_t = 100 + 0.5C_{t-1} + 0.6Y_t$

$Y_t = C_t + I_t$

C = 소비, Y = 국민소득, I = 투자

외생변수 $I_t = I_{t+1} = 200$, 시차 내생변수 $C_{t-1} = 1,000$

t년도와 $t+1$년도의 소비와 소득을 계산하시오.

답 : $C_t=1,800$, $Y_t=2,000$, $C_{t+1}=2,800$, $Y_{t+1}=3,000$

❷ 시계열 모형(Time Series Model) : 시계열 모형이란 경제의 구조를 따라 모형을 만드는 거시경제계량모형과는 달리 관심 있는 변수의 과거 행태에 기초하여 동태적 모형을 만든 후 미래를 예측하는 모형이라고 할 수 있다. 다음 예를 참조하자.

ㄱ. $AR(p)$ 모형 : $Y_t = a_0 + \sum_{i=1}^{p} \alpha_p Y_{t-p} + \varepsilon_t$

ㄴ. $MA(q)$ 모형 : $Y_t = \sum_{i=0}^{a} \beta_q \varepsilon_{t-q}$

ㄷ. $ARIMA(p,0,q)$ 모형 : $AR(p) + MA(q) + $ Integrated process

ㄹ. $VAR(p)$ 모형 : AR 모형의 벡터 형태라고 할 수 있음

　　　VAR 모형을 추정해서 나온 결과를 통해 충격 반응 함수(impulse response function) 분석과 분산분해(variance decomposition)를 실시하면 각 변수에 발생한 충격이 개별변수에 미치는 파급효과를 시간의 흐름에 따라 분석할 수 있으며, 개별 변수의 변동이 어떤 변수의 충격에 의해 주로 설명되는지도 부수적으로 알 수 있다.

ㅁ. 최근에는 오차수정 모형(Error Correction Model)을 이용한 예측도 활발하게 시행되고 있으나 본 교재의 범위를 벗어나기 때문에 생략한다. 본 교재에서는 Box—Jenkins 의 ARIMA 방법에 관해서만 알아보기로 한다.

2　Box-Jenkins의 ARIMA 모형

　Box—Jenkins(BJ)의 예측방법은 사전에 특정한 패턴을 가정하지 않는다는 점에서 고전적 분해방법과 다르다.[2] 또한 BJ는 모형을 식별하기 위해서 반복적인 방법을 사용한다. 모형을 식별한 후에는 선택된 모형이 과거 자료를 얼마나 정확하게 추적하는지 점검한다. 예측모형과 실적치의 괴리를 잔차라고 할 수 있는데 BJ 방법에서는 잔차 검정을 통해서 예측모형이 제대로 식별됐는지의 여부를 검토한다. 제대로 식별되고 추정된 모형이라면 잔차항에는 예측에

---

2 고전적 분해란 시계열 변수를 추세요인, 순환요인, 불규칙요인, 계절요인으로 분해한 후 각 개별 요인을 예측하여 종합함으로써 시계열 변수의 미래값을 예측하는 기법을 말한다. 고전적 분해에서는 추세 요인을 추정하고 예측하기 위해서 선형 혹은 지수형 추세선을 가정한다.

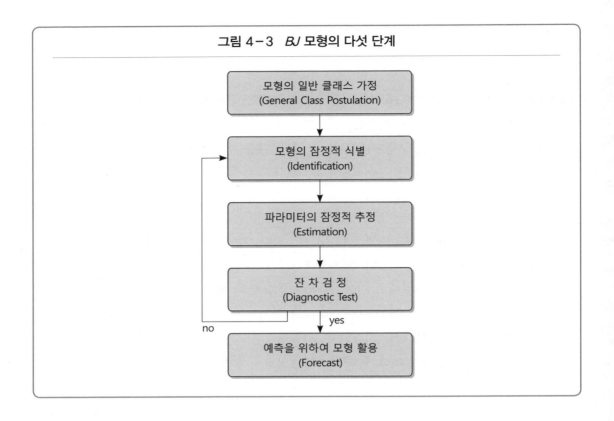

그림 4-3 *BJ* 모형의 다섯 단계

모형의 일반 클래스 가정
(General Class Postulation)

모형의 잠정적 식별
(Identification)

파라미터의 잠정적 추정
(Estimation)

잔 차 검 정
(Diagnostic Test)

no   yes

예측을 위하여 모형 활용
(Forecast)

도움이 될 만한 정보가 남아있지 않을 것이다. 즉 예측 오차의 크기는 작아야 하며 또 계열상관이 추출되지 않아야 한다. 만약 잔차항에 계열상관이 발견됐다면 아직도 잔차항은 예측을 위해 유용한 정보가 남아있다고 볼 수 있기 때문에 모형을 다시 식별해야 한다. *BJ* 모형의 일반적인 클래스를 *ARIMA* 모형이라고 부른다. ARIMA는 AR+I+MA의 합성어인데 AR은 autoregressive process, I는 integrated process, MA는 moving average process를 각각 표현하고 있다. 이 중에서 I는 계열상관이 없는 충격이 시간이 흐름에 따라 계속 누적(integrated)된 과정으로 대표적인 것이 임의 보행 과정(random walk process)이 있다. 통상 주가의 움직임이 예측 불가능하기 때문에 주가는 대표적인 integrated process라고 할 수 있다. *BJ* 모형은 안정적인 시계열(stationary process)을 모형화하는 방법이기 때문에 우리가 모형화하고자 하는 시계열변수가 integrated process라면 사전에 변수를 차분(differencing)하여 안정적인 시계열로 만든 후 모형 작업을 계속해야 한다. *BJ* 모형은 〈그림 4-3〉에서처럼 다섯 단계로 요약된다.

(1) 편자기상관(Partial Autocorrelation Function : PACF)

편자기상관은 변수의 현재값과 동일한 변수의 과거값 간의 상관정도를 식별하는 데 사용되는 개념이다. 이때 우리가 관심을 가지고 분석하는 시차변수의 이전 시차변수값들이 현재값에 미치는 영향은 일정하다고 간주한다. 예를 들어보자. Y_t에 영향을 주는 시차변수들로 Y_{t-1}, Y_{t-2}, Y_{t-3}, Y_{t-4}, Y_{t-5}를 고려할 수 있다. 이제 새로운 변수 Y_{t-6}을 추가한다고 하자. Y_{t-6}와 Y_t 간의 편자기상관계수는 Y_{t-1}, Y_{t-2}, Y_{t-3}, Y_{t-4}, Y_{t-5}가 이미 예측모형에 설명변수로 있을 때 Y_{t-6}라는 시차 변수가 하나 더 추가됨으로 인하여 Y_t에 대해 얼마나 더 예측력 신장을 기대할 수 있을지에 관한 정보를 가지고 있다. 즉, $PACF(\tau)$란 Y_t를 Y_{t-1}, Y_{t-2}, Y_{t-3}, Y_{t-4}, Y_{t-5}, $\cdots$, $Y_{t-\tau}$에 대해 회귀분석한 후 $Y_{t-\tau}$의 회귀계수를 말한다.

(2) AR 모형

$$Y_t = \phi_0 + \phi_1 Y_{t-1} + \phi_2 Y_{t-2} + \cdots + \phi_p Y_{t-p} + \varepsilon_t \ (AR(\text{p}) \text{ 모형})$$

참모형이 $AR(1)$이라면 이론적인 $PACF$는 ϕ_1만 유의하게 나오고 ϕ_2, $\cdots$, ϕ_p는 모두 유의하지 않아야 한다. $AR(2)$가 참모형이라면 PACF는 2계 시차 변수까지만 유의하고 ϕ_3, $\cdots$, ϕ_p는 모두 유의하지 않을 것이다. 따라서 $PACF$를 그려봄으로써 $AR(p)$의 p를 식별할 수 있다.

(3) 자기 상관(Autocorrelation Function : ACF)

자기 상관은 Y_t와 $Y_{t-\tau}$ 간의 상관관계를 나타내는 함수이다. τ를 1부터 계속 증가시켜 나가면 Y_t와 유의한 상관관계에 있는 시차를 식별할 수 있다.

(4) MA 모형

$$Y_t = w_0 + \varepsilon_t + w_1 \varepsilon_{t-1} + w_2 \varepsilon_{t-2} + \cdots + w_q \varepsilon_{t-q} \ (MA(\text{q}) \text{ 모형})$$

참모형이 $MA(1)$이라면 이론적인 ACF는 1계에서만 유의하게 나오고 나머지 w_1, $\cdots$, w_q는 유의하지 않아야 한다. 또한 $MA(2)$가 참모형이라면 ACF는 2계까지 유의하게 나오고 w_2, $\cdots$, w_q는 모두 유의하지 않아야 한다(주 : 다른 경우에는 $Y_t = w_0 + \varepsilon_t - w_1 \varepsilon_{t-1} - w_2 \varepsilon_{t-2} - \cdots - w_q \varepsilon_{t-q}$라고 MA식의 계수부호를 $-$라고 적기도 한다). 이제 위에 적은 (1)~(4)를 안정적인 시

계열 모형에 적용함으로써 $ARMA(p, q)$의 p, q를 각각 식별할 수 있다. $ARIMA(p, d, q)$의 d는 안정적인 시계열을 얻을 때까지 차분을 몇 번 했는가에 관한 정보를 갖고 있다. 불안정 시계열을 한 번의 차분으로 안정적 시계열로 전환시켰다면 $d=1$이 되는 반면, 두 번을 연속 차분시킴으로써 안정적인 시계열을 얻었다면 $d=2$가 된다. 거시경제자료의 대부분은 $d=1$인 시계열로 밝혀져 있으며 물가는 추정기간에 따라 다르지만 간혹 $d=2$를 시켜야 안정적인 시계열을 얻는다. $d=0, 1, 2$인 경우를 $I(0)$, $I(1)$, $I(2)$ process라고 쓴다.

(5) ARIMA 모형($ARIMA$(p,0,q))

$$Y_t = \phi_0 + \phi_1 Y_{t-1} + \phi_2 Y_{t-2} + \cdots + \phi_p Y_{t-p} + \varepsilon_t + w_1 \cdot \varepsilon_{t-1} + w_2 \varepsilon_{t-2} + \cdots + w_q \varepsilon_{t-q}$$

예 : $ARIMA(1,0,1)$

〈그림 4-4〉~〈그림 4-6〉은 AR, MA, $ARMA$ 모형에서 흔히 나타나는 이론적인 ACF와 $PACF$의 그림이다. 모형식별에 참고하기 바란다.

이제 현실 자료를 사용해 보기로 한다. 우리가 사용할 자료는 〈그림 4-7〉에 있으며 Dow-Jones Transportation Average이다.

원자료는 눈으로 보기에도 추세가 뚜렷하므로 안정적인 시계열이 될 수 없다. 우리가 안정적인 시계열이라고 함은 시간이 흘러도 평균값이 변하지 않는 시계열을 의미한다. 원계열의 자기상관함수를 그려보면 시차가 길어져도 ACF는 매우 서서히 감소한다(〈그림 4-8〉 참조). 그 만큼 충격이 영속적(persistent)이라고 할 수 있는데 이는 추세가 있음을 입증하는 것이다.

BJ 모형의 식별원칙에 따라 자료를 차분시킴으로써 안정적인 시계열로 변화한다. 여기서는 한 번의 차분으로 안정적 시계열을 얻었으므로 DJ Transportation은 I(1) 과정이라고 할 수 있다. 이제 차분시계열의 ACF와 PACF를 그려보면 〈그림 4-9〉와 같다. 이 그림으로부터 우리는 AR과 MA의 p, q를 식별할 수 있다. 그림을 잘 보면 ACF와 PACF의 좌우 양옆으로 점선이 표시되어 있다. 이 점선을 우리는 Bartlett bounds라고 하는데 ACF나 PACF가 이 점선을 벗어나면 통계적으로 유의하다는 결론을 내려도 좋다고 할 수 있다. 표본의 크기가 크다면 Bartlett bounds는 점근적으로 $\frac{2}{\sqrt{n}}$ 에 수렴한다.

여기서 n은 표본의 크기이다. 〈그림 4-8〉에서 ACF와 PACF는 각각 첫 번째 시차에서 점선과 교차한다. 따라서 ACF의 첫 번째 시차가 유의하므로 MA(1)을 식별하고, PACF의 첫 번

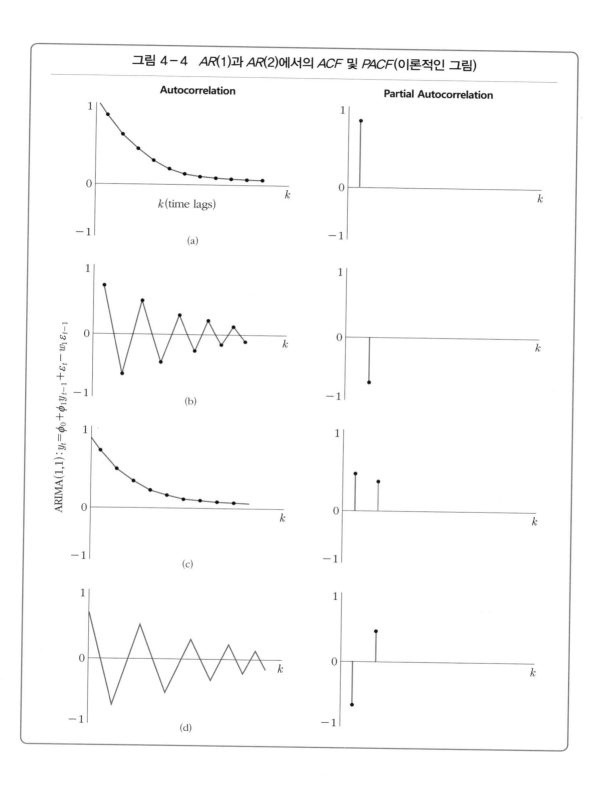

그림 4-4 *AR*(1)과 *AR*(2)에서의 *ACF* 및 *PACF*(이론적인 그림)

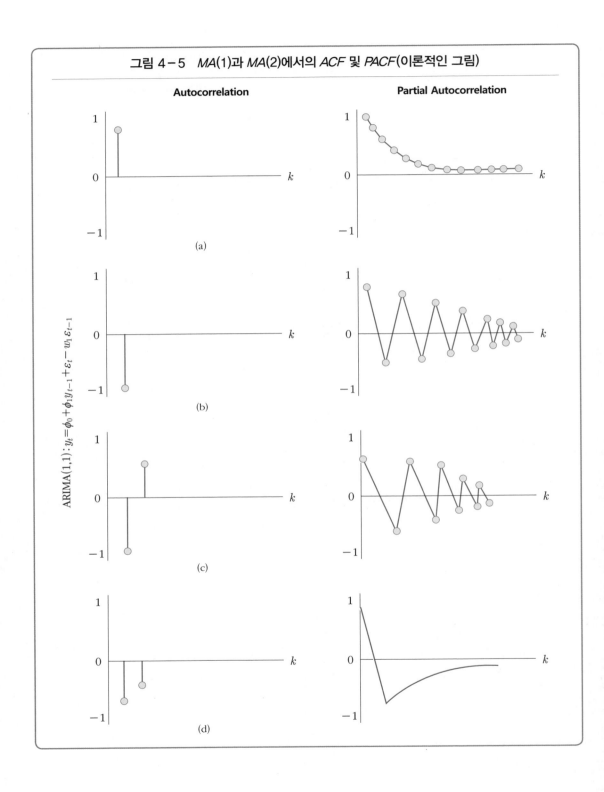

그림 4-5   *MA*(1)과 *MA*(2)에서의 *ACF* 및 *PACF*(이론적인 그림)

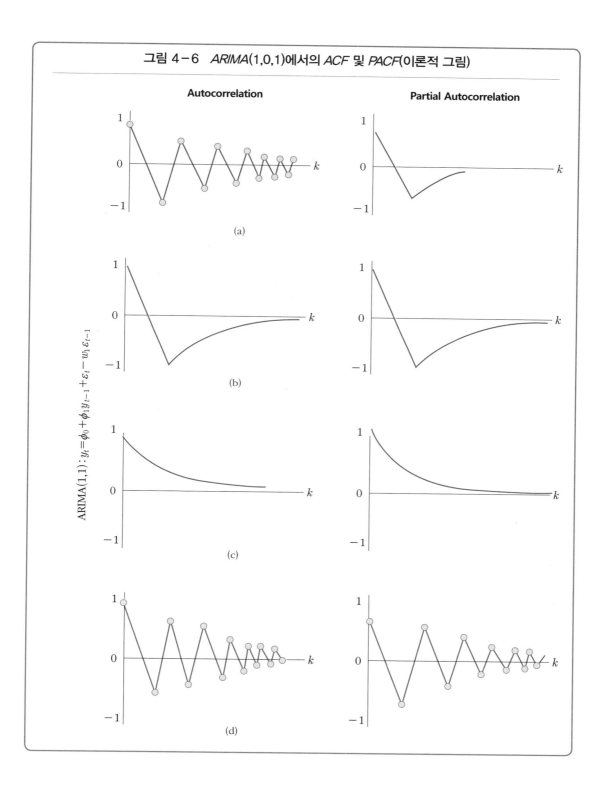

그림 4-6 *ARIMA*(1,0,1)에서의 *ACF* 및 *PACF*(이론적 그림)

Autocorrelation

Partial Autocorrelation

(a)

(b)

(c)

(d)

$ARIMA(1,1) : y_t = \phi_0 + \phi_1 y_{t-1} + \varepsilon_t - w_1 \varepsilon_{t-1}$

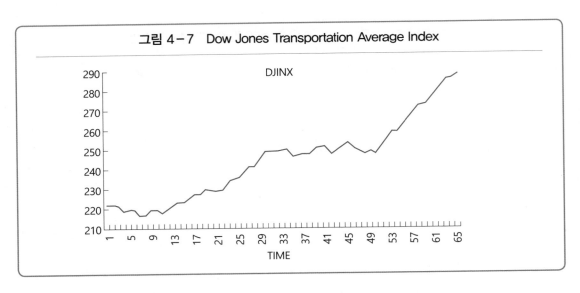

그림 4-7 Dow Jones Transportation Average Index

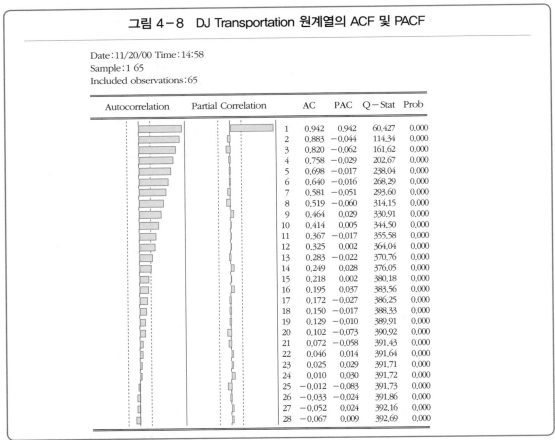

그림 4-8 DJ Transportation 원계열의 ACF 및 PACF

Date : 11/20/00 Time : 14:58
Sample : 1 65
Included observations : 65

			AC	PAC	Q−Stat	Prob
Autocorrelation	Partial Correlation					
		1	0.942	0.942	60.427	0.000
		2	0.883	−0.044	114.34	0.000
		3	0.820	−0.062	161.62	0.000
		4	0.758	−0.029	202.67	0.000
		5	0.698	−0.017	238.04	0.000
		6	0.640	−0.016	268.29	0.000
		7	0.581	−0.051	293.60	0.000
		8	0.519	−0.060	314.15	0.000
		9	0.464	0.029	330.91	0.000
		10	0.414	0.005	344.50	0.000
		11	0.367	−0.017	355.58	0.000
		12	0.325	0.002	364.04	0.000
		13	0.283	−0.022	370.76	0.000
		14	0.249	0.028	376.05	0.000
		15	0.218	0.002	380.18	0.000
		16	0.195	0.037	383.56	0.000
		17	0.172	−0.027	386.25	0.000
		18	0.150	−0.017	388.33	0.000
		19	0.129	−0.010	389.91	0.000
		20	0.102	−0.073	390.92	0.000
		21	0.072	−0.058	391.43	0.000
		22	0.046	0.014	391.64	0.000
		23	0.025	0.029	391.71	0.000
		24	0.010	0.030	391.72	0.000
		25	−0.012	−0.083	391.73	0.000
		26	−0.033	−0.024	391.86	0.000
		27	−0.052	0.024	392.16	0.000
		28	−0.067	0.009	392.69	0.000

그림 4-9   차분된 시계열의 ACF 및 PACF

Date: 11/20/00 Time: 15:00
Sample: 1 65
Included observations: 65

Autocorrelation	Partial Correlation		AC	PAC	Q-Stat	Prob
		1	0.281	0.281	5.3009	0.021
		2	0.080	0.001	5.7344	0.057
		3	0.189	0.181	8.2112	0.042
		4	0.242	0.159	12.332	0.015
		5	0.112	0.004	13.228	0.021
		6	0.014	−0.049	13.243	0.039
		7	0.177	0.145	15.557	0.029
		8	−0.044	−0.205	15.705	0.047
		9	−0.133	−0.102	17.071	0.048
		10	0.045	0.093	17.229	0.069
		11	−0.070	−0.162	17.620	0.091
		12	−0.019	0.114	17.651	0.127
		13	−0.028	0.028	17.718	0.169
		14	0.002	−0.036	17.718	0.220
		15	−0.124	−0.079	19.046	0.212
		16	−0.187	−0.109	22.108	0.140
		17	−0.047	−0.061	22.308	0.173
		18	−0.210	−0.171	26.367	0.092
		19	−0.235	−0.110	31.558	0.035
		20	−0.132	−0.007	33.232	0.032
		21	−0.185	−0.099	36.577	0.019
		22	−0.106	0.106	37.702	0.020
		23	−0.197	−0.081	41.698	0.010
		24	0.031	0.144	41.803	0.014
		25	−0.107	−0.105	43.043	0.014
		26	−0.027	0.099	43.126	0.019
		27	0.057	−0.038	43.499	0.023
		28	0.088	0.135	44.413	0.025

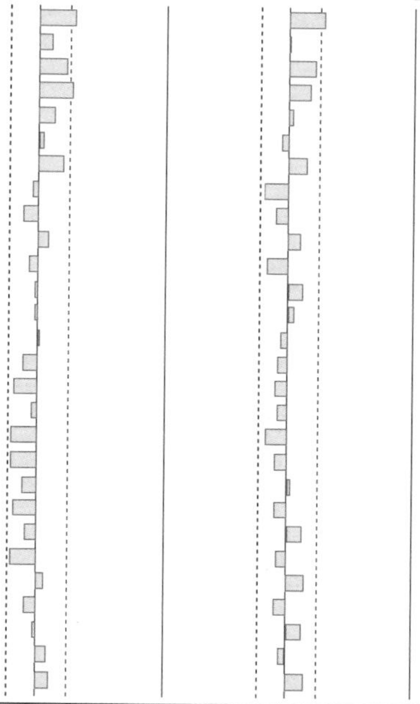

째 시차가 유의하므로 AR(1)을 식별해낸다. 따라서 우리는 이 변수를 ARMA(1,1)라고 생각할 수 있을 것이다. 그러나 이 변수가 과연 ARMA(1,1)인지의 여부를 알기 위해서는 〈그림 4-3〉의 세 번째 단계인 추정을 거쳐 네 번째 단계인 잔차 검정(diagnostic test or residual test)으로 넘어가야 한다.

〈그림 4-10〉에는 차분변수 DDJTINX에 대하여 모형을 추정한 결과가 나타나 있다. 추정방법은 LS 방식이다. 그러나 통상 ARIMA 모형의 계수를 추정할 때는 최우추정법(Maximum Likelihood Estimation)과 같은 비선형 추정방법을 사용하지만 본 과정의 범주를 넘어서기 때문에 자세한 내용은 생략한다. AR(1)과 MA(1)의 계수는 모두 유의하고 상수의 추정치도 유의하다. 각 변수들의 차분을 구했기 때문에 차분변수를 이용한 회귀식을 추정할 때는 상수를 제외시키기도 한다.

그림 4-10 차분변수를 이용한 ARMA(1, 1) - 상수 포함

Dependent Variable : DDJTINX
Method : Least Squares
Date : 11/20/00 Time : 15:07
Sample(adjusted) : 365
included observations : 63 after adjusting endpoints
Convergence achieved after 86 iterations
Backcast : 2

Variable	Coefficient	Std. Error	t-Statistic	Prob.
C	1.404053	0.560894	2.503243	0.0150
AR(1)	0.858957	0.135878	6.321530	0.0000
MA(1)	-0.731748	0.185857	-3.937155	0.0002
R-squared	0.135175	Mean dependent var		1.052857
Adjusted R-squared	0.106347	S.D. dependent var		1.955460
S.E. of regression	1.848559	Akaike info criterion		4.113138
Sum squared resid	205.0302	Schwarz criterion		4.215192
Log likelihood	-126.5638	F-statistic		4.689094
Dubrin-Watson stat	1.870021	Prob(F-statistic)		0.012819
Inverted AR Roots	.86			
Inverted MA Roots	.73			

그림 4-11 잔차 검정

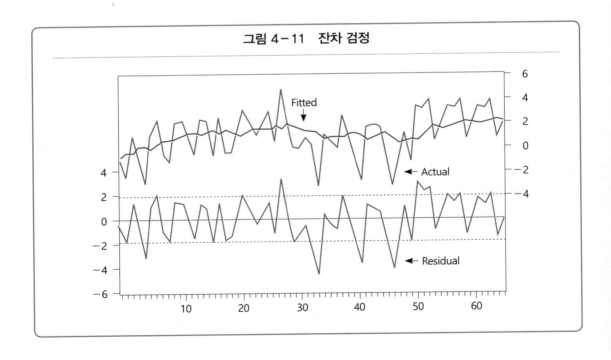

그림 4-12 잔차의 ACF 및 PACF

Date : 11/20/00 Time : 15:00
Sample : 1 65
Included observations : 65

				AC	PAC	Q-Stat	Prob
Autocorrelation		Partial Correlation	1	0.064	0.064	0.2715	0.602
			2	−0.158	−0.163	1.9487	0.377
			3	0.037	0.061	2.0412	0.564
			4	0.134	0.104	3.2913	0.510
			5	0.017	0.014	3.3118	0.652
			6	−0.061	−0.030	3.5780	0.734
			7	0.167	0.176	5.6180	0.585
			8	−0.098	−0.166	6.3391	0.609
			9	−0.172	−0.108	8.5814	0.477
			10	0.098	0.095	9.3257	0.501
			11	−0.054	−0.159	9.5563	0.571
			12	0.012	0.097	9.5675	0.654
			13	0.030	0.061	9.6405	0.723
			14	0.098	0.047	10.442	0.729
			15	−0.058	−0.021	10.732	0.771
			16	−0.138	−0.077	12.393	0.717
			17	0.066	−0.031	12.785	0.750
			18	−0.155	−0.200	14.972	0.664
			19	−0.182	−0.162	18.055	0.519
			20	−0.039	−0.074	18.200	0.574
			21	−0.113	−0.166	19.448	0.556
			22	−0.024	0.057	19.505	0.614
			23	−0.157	−0.105	22.036	0.518
			24	0.114	0.129	23.398	0.496
			25	−0.106	−0.121	24.602	0.485
			26	−0.019	0.078	24.642	0.539
			27	0.071	−0.079	25.213	0.563
			28	0.057	0.085	25.595	0.595

이제 BJ 방법의 네 번째 단계인 잔차 검정을 살펴보자. 〈그림 4-10〉의 추정식으로부터 도출한 잔차를 그려보면 〈그림 4-11〉의 아래 Residual선이 된다. Residual선의 90~95%가 점선 안에 들어오게 되면 우리는 예측을 위해서 잔차로부터 더 추출할 정보가 없다고 봐도 된다 (rule of thumb). 그러나 점선을 벗어나는 잔차들이 많다면 ARMA(1,1) 모형은 다시 식별해야 한다. 〈그림 4-11〉을 보면 65개의 자료 중에서 약 8개가 많이 벗어나고 있다. 이 그래프만 보아서는 더 정밀한 식별이 필요하다고 할 수 있으나 절약의 원칙(parsimonious principle)에 따라 더 이상 복잡한 모형을 사용하지 않기로 한다(절약의 원칙 : 파라미터의 수를 늘이면 모형의 잔차가 무상관계열에 가깝도록 만들 수는 있으나, 그 결과 추정의 부담도 많아지고 파라미터가 너무 많아짐으로써 예측치가 오히려 잘 맞지 않는 overfitting의 오류를 범하게 된다. 따라서 추정 모수의 수를 되도록 작게 유지하면서 모형을 찾아내는 지혜가 필요한데, 이것을 절약의 원칙이라고 부른다).

그림 4 - 13 차분변수를 이용한 ARMA(1,1) - 상수 제외

Dependent Variable : DDJTINX
Method : Least Squares
Date : 11/20/00 Time : 15:26
Sample(adjusted) : 365
included observations : 63 after adjusting endpoints
Convergence achieved after 9 iterations
Backcast : 2

Variable	Coefficient	Std. Error	t - Statistic	Prob.
AR(1)	0.965735	0.070108	13.77494	0.0000
MA(1)	−0.755794	0.135467	−5.579175	0.0000
R−squared	0.070727	Mean dependent var		1.052857
Adjusted R−squared	0.055493	S.D. dependent var		1.955460
S.E. of regression	1.900429	Akaike info criterion		4.153267
Sum squared resid	220.3094	Schwarz criterion		4.221303
Log likelihood	−128.8279	Durbin−Watson stat		1.890992
Inverted AR Roots	.97			
Inverted MA Roots	.76			

〈그림 4 - 12〉에서는 〈그림 4 - 11〉에 나타난 잔차항의 ACF와 PACF를 조사함으로써 잔차항에는 쓸모 있는 정보가 없는지를 최종적으로 검토한다.

모든 ACF와 PACF가 점선 안쪽으로 들어왔으며 Box - Ljung의 Q - stat값과 p - value들이 모두 유의하지 않음으로써 우리는 안심하고 ARMA(1,1)을 최종 모형으로 식별할 수 있다.

이제 원계열을 차분하여 ARMA(1,1)을 찾았기 때문에 원계열은 ARIMA(1,1,1)에 잘 부합한다고 볼 수 있다.

(6) 예측의 문제

이제 마지막 단계로 〈그림 4 - 9〉의 추정 결과를 이용하여 예측의 문제를 생각해보자.

$$\widehat{Y_{66}} = c + Y_{65} + \phi(Y_{65} - Y_{64}) + w_1 \varepsilon_{65}$$

여기서 $c = 1.404$, $\phi = 0.859$, $w_1 = -0.732$이고 $Y_{65} - Y_{64}$ 및 ε_{65}는 원자료와 모형의 추정 오차로부터 얻는다. 이런 방식으로 h기 미래 예측치(h - step - ahead forecast)를 계산할 수 있다.

01 다음 중 *IS-LM* 모형에서 해당 곡선의 이동 폭이 동일할 경우 국민소득을 증가시키는 정책으로 가장 효과가 큰 것은?

① 정부지출의 증가　　　　　　　② 통화량의 증가와 조세의 감소

③ 조세의 증가　　　　　　　　　④ 통화량의 증가

02 다음 설명 중 옳지 않은 것은?

① LM곡선의 수평구간에서는 구축효과가 발생하지 않는다.

② 케인즈는 유동성 함정에서 확대통화정책의 GDP 증가 효과가 없다고 했다.

③ 감세가 소비와 총수요에 영향을 주지 못하는 것을 리카르도 불변 정리라 한다.

④ 합리적 기대학파에 의하면 예상된 확대통화정책은 GDP를 증가시킨다.

03 유동성 프리미엄 이론에 의하면 3기간 모형에서 올해의 단기이자율이 5%, 내년의 단기예상이자율이 6%, 내후년의 단기 예상 이자율이 7%, 유동성 프리미엄이 0.5%라면 올해의 장기이자율은?

① 5.5%　　　　　　　　　　　　② 6%

③ 6.5%　　　　　　　　　　　　④ 7%

04 다음 중 불편 기대 이론에 대한 설명으로 옳지 않은 것은?

① 장단기채권 간에는 완전 대체관계가 있다.

② 수익률 곡선은 대체로 우상향한다.

③ 장기금리는 단기 예상금리들의 평균이다.

④ 수익률 곡선의 이동을 잘 설명한다.

해설

01　② 통화량의 증가는 LM곡선의 우측이동, 조세의 감소는 IS곡선의 우측이동

02　④ 예상치 못한 확대통화정책이 GDP를 증가시킴

03　③ (5+6+7)/3+0.5=6.5%

04　② 수익률 곡선은 우상향 또는 우하향함

05 다음 중 이자율 결정이론에 대한 설명으로 옳지 않은 것은?

① 고전학파는 저축과 투자가 이자율을 결정한다고 했다.

② 케인즈는 화폐수요와 화폐공급이 이자율을 결정한다고 했다.

③ 현대적 대부자금설은 고전학파와 케인즈의 이론을 저량 변수로 통합한 이론이다.

④ 인플레이션이 존재하면 피셔 방정식에 의해 명목금리의 수준을 결정할 수 있다.

06 다음 중 경기종합지수의 선행 구성지표가 아닌 것은?

① 종합주가지수   ② 장단기 금리차

③ 수출입물가비율   ④ CP 유통수익률

07 장래의 경기를 낙관적으로 보는 기업이 35%이고 비관적으로 보는 기업이 75%라면 기업경기실사지수(BSI)는?

① 60   ② 65

③ 70   ④ 75

08 다음 중 경기예측에 활용되는 것이 아닌 것은?

① 경기종합지수   ② BSI

③ 시계열 모형   ④ 이자율 평가설

해설

05 ③ 현대적 대부자금설은 유량 변수로 통합한 이론임

06 ④ CP 유통수익률은 후행 구성지표

07 ① $BSI = (35 - 75) + 100 = 60$

08 ④ 이자율 평가설은 환율 변동 예상률이 두 나라의 명목이자율 차이와 같다는 이론

정답 01 ② | 02 ④ | 03 ③ | 04 ② | 05 ③ | 06 ④ | 07 ① | 08 ④

part 02

분산투자기법

certified investment manager

chapter 01

포트폴리오 관리의 기본체계

section 01 **통합적 포트폴리오 관리 개요**

일반적으로 투자자들은 둘 이상의 자산에 분산하여 투자하는 경우가 많은데 이것은 투자자 산이 한 곳에 편중됨으로써 생길 수 있는 위험을 줄이기 위한 보다 합리적인 투자방법이다. 이처럼 둘 이상 다수의 자산이나 증권을 결합한 것을 포트폴리오(portfolio)라 하며, 포트폴리오 를 관리하는 것을 포트폴리오 관리(portfolio management)라 한다.

포트폴리오 관리의 핵심은 투자수익과 투자위험 면에서 성격이 다른 여러 투자자산에 투자 자금을 효율적으로 배분하여 투자목표를 달성하는 것이다. 이를 위해서는 투자목표 설정 단 계(plan), 목표달성을 위해 투자전략과 전술의 수립·실행하는 투자 실행단계(do), 사후통제 단 계(see)로 구성되는 일련의 과정을 통합적으로 관리할 필요가 있는데, 이를 통합적 포트폴리오 관리(integrated portfolio management)라고 한다.

또한, 투자 실행단계(do)는 다음의 3가지 단계로 나누어진다.

❶ 자산배분(asset allocation)
❷ 증권 선택(securities selection)
❸ 시점선택(market timing)

자산배분이란 단기자금, 주식, 채권 등과 같은 자산군(asset class)에 투자할 자금을 배분하는 것이다. 증권 선택이란 자산군에 배분된 자금을 투자할 증권을 선택하는 것이다. 일단 투자할 증권이 선택되면, 투자할 시점을 선택하는 하는 것이 시점선택이다. 이와 같이 자산배분, 증권 선택, 시점선택의 순서대로 투자관리가 실행되는 것이 일반적이며, 이를 하향식 접근법(top down approach)라고 한다. 상당수의 개인투자자는 자산배분에 대한 고려 없이 증권 선택을 하고, 시점선택에 대한 고려 없이 즉각적으로 선택된 증권에 투자하는데, 이는 바람직하지 않다.

section 02 | 통합적 포트폴리오 관리 과정

통합적 포트폴리오 관리의 과정은 〈그림 1-1〉과 같이 정리할 수 있다. 각 단계를 개략적으로 설명하면 다음과 같다.

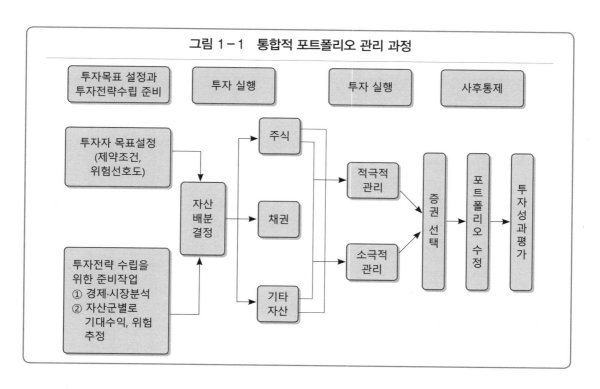

그림 1-1 통합적 포트폴리오 관리 과정

1 투자목표의 설정

투자목표(investment objectives)를 설정하기 위해서는 다음과 같은 여러 가지 제약조건을 고려해야 한다.

❶ 투자기간(time horizon) : 투자회수는 언제 할 것인가? 현재의 투자결정은 얼마 동안 지속될 것인가?

❷ 세금관계 : 면세, 종합금융소득세의 적용 여부

❸ 법적 · 제도적 제약 : 기관투자자의 경우 투기등급 채권에 대한 투자금지, 특정 주식에 대한 투자비율의 상한 제한

❹ 투자자금의 성격 : 장·단기자금의 여부, 자금의 융통 여부, 신규자금 유입여부 등

❺ 고객의 특별한 요구사항 : 유동성 요구액(liquidity requirements)

또한, 고객의 위험에 대한 선호도가 고려되어야 한다. 흔히, 허용되는 최대한의 예상 손실인 위험수용도(risk tolerance level)로 위험선호도를 고려한다. 여러 가지 제약조건과 위험에 대한 선호도가 되어 투자목표가 설정된다. 투자목표는 기대 투자수익의 수준(수익률[%]과 금액[₩]으로 표시), 위험, 환금성 등에 대한 투자 기본방침을 포함하며, 펀드의 경우, 투자목표가 투자설명서(investment prospectus)에 기재된다.

2 투자전략 수립을 위한 준비

투자목표를 달성하기 위해서는 구체적인 투자전략이 필요한데 이를 위해서는 사전적으로 거시경제 및 시장에 관한 예측이 필요하다. 우선, 경기순환, GDP성장률, 이자율 등과 같은 장·단기 경제예측과 정치·사회적 돌발변수 예상을 한다. 이를 바탕으로 단기자금, 주식, 채권 등 자산군에 대한 예측을 하고, 자산군별 기대수익과 위험을 추정한다.

3 투자 실행

투자 실행 과정은 자산배분(asset allocation), 증권 선택(securities selection), 시점선택(market timing)으로 나누어진다. 자산배분은 단기자금, 주식, 채권 등과 같은 자산군별 기대수익과 위험 예측에 근거하여 자산군별 투자비중을 정하는 단계이다. 운용규모가 큰 펀드나 연기금의 경우에는 연초에 자산군별 투자비중을 정할 뿐만 아니라 변화하는 시장 상황에 따라 연중에도 자산군별 투자비중을 일정 범위 내에서 조정하기도 하는데, 전자를 전략적 자산배분(strategic asset allocation), 후자를 전술적 자산배분(tactical asset allocation)이라고 한다. 또한, 자산군별 투자비중이 정해지면, 자산군별로 배분된 자금은 다시 세부자산군별로 배분하는 펀드도 있다. 예를 들어, 세부자산군이 산업이라면, 이러한 추가적인 자산배분을 산업배분(sector allocation)이라고 한다.

증권 선택은 자산군별로 배분된 자금으로 투자할 증권을 선택하는 과정이다. 증권 선택은 소극적 포트폴리오 관리와 적극적 포트폴리오 관리로 나누어진다. 소극적 포트폴리오 관리는 증권시장이 효율적인 것을 전제로 하여 시장지수와 유사한 포트폴리오를 구성하여 시장 평균 수준의 투자수익을 얻고 투자위험을 감수하고자 하는 투자관리기법이다. 적극적 포트폴리오 관리는 증권시장이 비효율적인 것을 전제로 하여 과소평가된 증권의 투자비중을 늘리고, 과대평가된 증권의 투자비중을 늘림으로써 시장지수와 비슷한 위험을 감수하면서도 시장지수보다 높은 투자수익을 추구하는 포트폴리오 관리기법이다.

투자 실행 과정의 마지막 단계는 시점선택이다. 증권 선택을 통해 해당 증권에 투자할 자금 규모가 정해지면, 투자할 시점을 선택하는 것이 시점선택이다. 해당 증권에 투자할 자금을 즉각 투자하는 것이 가장 단순한 방법이겠지만, 대규모 투자가 이루어질 경우에는 해당 투자로 인한 시장 충격(market impact)를 고려하여 일정한 기간 동안 분할하여 투자하는 것이 보다 나은 방법일 것이다. 시점선택 단계에서 고려해야 할 또 다른 요인은 단기적인 가격 움직임이다. 만약, 가격이 상승할 것이라고 예상한다면, 투자 시점을 앞당기는 것이, 하락할 것이라고 예상한다면, 투자 시점으르 늦추는 것이 바람직할 것이다. 또한, 단기적인 가격 움직임을 예측할 수 없다고 한다면, 일정한 기간 동안 분할하여 투자하는 것이 보다 나은 방법일 것이다.

　통합적 포트폴리오 관리의 마지막 단계는 사후적으로 조정·통제하는 과정으로서 포트폴리오 수정과 투자성과평가가 이루어지는 단계이다. 포트폴리오 성과평가(performance evaluation)는 투자 실행 과정에서 구성한 포트폴리오의 투자성과를 일정한 척도에 의해서 평가하는 통제과정이다. 포트폴리오 성과평가 단계에서는 투자위험을 감안할 때 평균 이상의 성공적 성과를 거두었는지를 평가하고, 그 같은 성과의 원인이 자산배분, 증권 선택, 시점선택 중 어느 단계에 기인하는지를 분석한다. 이를 통해 자산배분, 증권 선택, 시점선택의 의사결정자의 보상 수준을 정할 수 있을 뿐만 아니라 향후 자산배분, 증권 선택, 시점선택의 의사결정에도 활용할 수 있다.

chapter 02

포트폴리오 관리

포트폴리오 관리의 의의

1   포트폴리오 관리의 의의

포트폴리오 관리(portfolio management)란 여러 투자자산에 분산하여 투자하는 활동을 체계적으로 계획하고 실행하며 사후 통제하는 것을 말한다. 그런데 투자수익과 투자위험은 상반 관계(trade off)에 있으므로, 일정한 기대수익에 대해서 위험을 최소화시키거나, 일정한 위험에 대해서 기대수익을 최대화시키는 효율적 분산투자(efficient diversification)를 하는 것이 포트폴리오 관리의 목표가 된다.

2   포트폴리오 분석

포트폴리오 분석의 특징은 투자가치평가를 개별 자산의 관점이 아니라 포트폴리오의 관점에서 한다는 점이다. 투자가치를 분석하는 데 있어서 기본적 분석에서처럼 투자대상을 개별 자산의 관점에서 분석하는 것과 다수 증권으로 구성된 포트폴리오의 관점에서 분석하는 것은 큰 차이가 있다.

왜냐하면 다수의 증권 중에서 어느 특정 증권이 포트폴리오 내에서 지니는 투자위험의 크기는 포트폴리오 내의 나머지 다른 증권과의 상관관계에 따라 달라지기 때문이다.

포트폴리오 분석의 또 하나의 특징은 분석의 초점이 효율적 위험분산(risk diversification)의 방법과 최적 포트폴리오 구성방법을 찾는 데 있다는 점이다.

section 02 개별 자산의 기대수익과 위험

1 개별 자산의 기대수익률

미래 실현될 수익에 대해 불확실성이 존재하는 개별 자산의 가치는 그 자산으로부터 예상되는 기대수익과 위험의 두 가지 요인에 의해서 결정된다고 볼 수 있다. 즉,

$$V(\text{자산의 가치}) = f(\text{기대수익, 위험})$$

그러므로 투자대상으로부터 기대되는 수익과 이에 따르는 불확실성 즉, 위험을 동시에 고려하여 자산의 가치를 평가하여야 한다. 이 위험을 고려하는 방법 중 한 가지 방법은 미래 발생 가능한 상황과 그 상황이 일어날 확률, 그리고 각 상황에서의 예상수익률을 추정하여 발생 가능한 수익률의 확률분포를 작성하는 것이다.

개별 자산의 기대수익률(expected rate of return)은 실제의 수익률이 미래의 상황에 따라 가질 수 있는 여러 가지 가능한 값들의 평균으로 식 (2−1)과 같이 구한다.

$$E(R) = \sum_{i=1}^{m} p_i r_i \qquad\qquad (2-1)$$

$E(R)$: 개별 자산의 기대수익률

p_i : 상황 i가 발생할 확률(일어날 상황은 m가지)

r_i : 상황 i가 발생할 때의 수익률

식 (2-1)이 의미하는 바는 개별 자산의 기대수익률은 확률을 가중치로 사용한 가중평균 수익률이라는 점이다.

실제로 실현되는 수익률은 기대수익률과 다른 것이 일반적이다. 미래 불확실한 상황에서의 수익률의 변동성(volatility)을 위험이라고 한다. 위험의 크기는 여러 가지 방법으로 나타낼 수 있지만, 가장 널리 이용되는 방법은 분산(variance) 혹은 표준편차(standard deviation)라는 통계치를 사용하는 것이다. 분산 혹은 표준편차는 수익률이 가질 수 있는 여러 가지 값이 기대수익률로부터 얼마나 차이가 있는가를 나타내는 것인데, 다음과 같이 정의된다.

$$Var(R) = \sigma^2 = E[R - E(R)]^2$$
$$= \sum_{i=1}^{m} [r_i - E(R)]^2 \cdot p_i \qquad\qquad (2-2)$$

$$\sigma = \sqrt{Var(R)} = \sqrt{\sum_{i=1}^{m} [r_i - E(R)]^2 \cdot p_i} \qquad\qquad (2-3)$$

단, $Var(R) = \sigma^2$: 수익률의 분산, σ : 수익률의 표준편차

식 (2-2)에서 알 수 있듯이 수익률의 분산은 확률을 가중치로 이용한 편차 제곱의 가중평균이며, 또한 수익률의 표준편차는 식 (2-3)과 같이 분산의 제곱근이다. 마코위츠는 상대적으로 높은 기대수익, 상대적으로 낮은 위험을 가진 자산을 선택해야 하며, 기대수익과 위험을 평균과 분산으로 측정할 것을 제안하였다. 이러한 투사의사결정기준을 평균-분산기준(MV기

준 : Mean − Variance Principle)이라고 한다.

3 개별 자산의 기대수익률과 위험의 측정 예

개별 자산의 기대수익과 위험을 측정하는 예를 보기로 하자. 미래에 대한 여러 가지 예측자료를 근거로 하여 〈표 2−1〉의 확률분포를 얻었다고 가정하자.

표 2−1 주식 X, Y, Z의 수익률의 확률분포

경제상황	확 률	예상수익률(r_i)		
		주식 X	주식 Y	주식 Z
불 황	0.25	−0.10	0.00	0.10
정 상	0.5	0.10	0.05	0.05
호 황	0.25	0.30	0.10	0.00

먼저 주식 X, Y, Z의 기대수익률을 식 (2−1)에 의하여 구하면 다음과 같이 주식 X는 10%, 주식 Y와 Z는 각각 5%가 된다.

$$E(R_X) = (-0.10)(0.25) + (0.10)(0.50) + (0.30)(0.25) = 0.10$$
$$E(R_Y) = (0.00)(0.25) + (0.05)(0.50) + (0.10)(0.25) = 0.05$$
$$E(R_Z) = (0.10)(0.25) + (0.05)(0.50) + (0.00)(0.25) = 0.05$$

한편 위험을 분산(표준편차)에 의해서 계량적으로 측정하면 주식 X의 표준편차는 〈표 2−2〉와 같이 14.14%가 되고, 주식 Y와 Z는 3.54%가 된다.

표 2−2 주식 X의 위험(분산 · 표준편차)의 계산

상 황	확률(p_i)	예상수익률(r_i)	$r_i - E(R)$	$[r_i - E(R)]^2$	$p_i[r_i - E(R)]^2$
불 황	0.25	−0.10	0.1−0.1	0.04	0.01
정 상	0.50	0.10	0.1−0.1	0.00	0.00
호 황	0.25	0.30	0.3−0.1	0.04	0.01

$$\sigma_x^2 = \sum P_i[r_i - E(R)]^2 = 0.02$$
$$\therefore \ \sigma_x = \sqrt{0.02} = 14.14\%$$
$$\sigma_y^2 = (0.00 - 0.05)^2 0.25 + (0.05 - 0.05)^2 0.50 + (0.10 - 0.05)^2 0.25$$
$$= 0.00125$$
$$\therefore \ \sigma_y = \sqrt{0.00125} = 3.54\%$$
$$\sigma_z^2 = (0.10 - 0.05)^2 0.25 + (0.05 - 0.05)^2 0.50 + (0.00 - 0.05)^2 0.25$$
$$= 0.00125$$
$$\therefore \ \sigma_z = \sqrt{0.00125} = 3.54\%$$

표 2-3 주식 X, Y, Z의 기대수익률과 표준편차

구 분	주식 X	주식 Y	주식 Z
기대수익률(E(R))	10%	5%	5%
표준편차(σ)	14.14%	3.54%	3.54%

따라서 이들 개별 주식의 가치를 기대수익률과 표준편차로 평가하면 주식 X가 Y, Z보다 수익성도 높고 위험도 크다. 반면 주식 Y와 Z는 주식 X와 비교하여 볼 때 수익성도 낮고 위험도 작다.

그러면 투자자 입장에서 볼 때 주식 X, Y, Z 중 어떤 주식을 택해야 할 것인가? 이들 주식의 수익성과 위험은 서로 상반 관계에 있으므로 우열을 가릴 수 없으며 결국 선택은 투자자의 위험에 대한 선호도에 달려 있다.

section 03 포트폴리오의 기대수익과 위험

개별 자산과 마찬가지로 포트폴리오의 경우도 확률분포로부터 기대수익률과 분산을 추정하여 효율적 포트폴리오(efficient portfolio)와 최적 포트폴리오(optimal portfolio)를 결정할 수 있다. 문제는 포트폴리오 수익률의 확률분포는 이를 구성하고 있는 개별 자산 확률분포의 단순한

합으로 나타나지 않는다는 점에 있다.

1 **포트폴리오의 수익률**

여러 자산으로 구성된 포트폴리오의 수익률을 어떻게 계산할 수 있을까? 다음의 예를 통하여 포트폴리오의 수익률을 계산하는 방법에 대해 알아보자.

시점	A	B	포트폴리오
0	100	100	200
1	110	120	230

포트폴리오는 자산 A와 자산 B에 각각 100원씩 투자하였다고 하자. 이와 같은 경우, 포트폴리오의 가치는 0시점에 200원이고, 1시점에 230원이어서 수익률은 15%($=230/200-1$)로 계산된다. 그런데, 포트폴리오의 수익률은 개별 자산의 수익률을 이용해서도 계산할 수 있다. 자산 A의 수익률은 10%, 자산 B의 수익률은 20%인데, 포트폴리오 수익률 15%는 두 자산 수익률의 평균임을 알 수 있다. 또한, 자산 A와 자산 B의 투자비중은 각각 1/2이다. 즉, 포트폴리오 수익률은 개별 자산의 투자비중을 가중치로 하는 개별 자산 수익률의 가중평균으로 계산될 수 있음을 알 수 있다.

$$R_P = w_A R_A + w_B R_B$$
여기에서 w_A, w_B는 개별 자산의 투자비중

이제는 포트폴리오 수익률이 개별 자산 수익률의 가중평균으로 계산될 수 있는 이유를 알아보자. 1시점의 포트폴리오의 가치는 다음과 같이 표현할 수 있다.

$230 = 110 + 120$

$200(1+0.15) = 100(1+0.1) + 100(1+0.2)$

양변을 200으로 나누면,

$(1+0.15) = 1/2(1+0.1) + 1/2(1+0.2)$

양변에 1을 빼면

$0.15 = 1/2 \times 0.1 + 1/2 \times 0.2$

그런데, 좌변의 0.15는 포트폴리오의 수익률이며, 우변의 1/2은 투자비중, 0.1, 0.2는 개별 자산 수익률이다.

2 포트폴리오 기대수익률

포트폴리오의 기대수익률의 경우도 개별 자산의 기대수익률과 마찬가지로 확률을 가중치로 하는 가중평균 수익률로 계산할 수 있다.

$$E(R_p) = \sum_{i=1}^{m} p_i r_{p_i} \qquad\qquad (2-4)$$

단, $E(R_p)$: 포트폴리오의 기대수익률

p_i : 상황 i가 발생할 확률(일어날 상황은 m가지)

r_{p_i} : 상황 i가 발생할 때의 포트폴리오 예상수익률

또 다른 방법은 개별 자산의 투자비중을 가중치로 하는 개별 자산 수익률의 가중평균 수익률로 계산하는 것이다.[1]

$$E(R_P) = \sum_{j=1}^{n} w_j \cdot E(R_j) \qquad\qquad (2-5)$$

단, w_j : 개별 자산 j에 대한 투자비율

$E(R_j)$: 개별 자산 j에 대한 기대수익률

포트폴리오 기대수익률을 산출할 때, 개별 자산의 기대수익률을 이미 인식한 경우가 일반적이므로, 식 (2-5)를 이용하여 보다 간편하게 포트폴리오의 기대수익률을 계산할 수 있다.

---

1 이 식은 포트폴리오의 수익률은 개별 자산 수익률의 가중평균이라는 사실($R_P = w_A r_A + w_B r_B$)과 평균의 연산 규칙인 $E(aX + bY) = aE(X) + bE(Y)$로부터 도출된다. 여기에서 X, Y는 확률변수이고, a, b는 상수이다. 그리고, 개별 자산 수익률은 투자 시점에서 알 수 없기 때문에 확률변수이고, 투자비중은 투자 시점에서 알 수 있기 때문에 상수이다.

따라서 X와 Y의 두 증권으로 구성되는 포트폴리오 기대수익률은 다음과 같이 계산된다.

$$E(R_P) = w_X \cdot E(R_X) + w_Y \cdot E(R_Y)$$

포트폴리오 가중치(w)는 원래의 자기자본 투자액(equity investment) 대비 각 개별 자산투자금액의 비율을 의미하며, 가중치의 합은 1이다. 여기서 가중치는 양수는 물론 음수도 될 수 있다. 양의 가중치는 자산을 매입하는 경우(long position)를 의미하며, 음의 가중치는 자산을 공매(short sale)하는 경우(short position)를 의미한다. 공매란 제3자로부터 증권을 빌린 후 일정기간이 경과한 후에 동일한 수량의 증권으로 되갚는 것을 말한다. 이 과정에서 빌린 증권을 시장에서 매각한 후 나중에 재매입할 때 증권 가격이 하락하면 그 차이만큼 이익을 얻게 된다.

예를 들면 어떤 투자자가 1,000만 원을 가지고 있다고 가정하자. 이 투자자는 증권 B를 공매하여 얻은 600만 원을 합쳐서 1,600만 원을 증권 A에 투자하였을 경우 각 증권에 대한 가중치는 다음과 같다.

$$w_A = 1,600만/1,000만 = 1.6$$
$$w_B = -600만/1,000만 = -0.6$$

증권 A의 기대수익률은 20%, 증권 B의 기대수익률은 10%라고 하면, 이 증권 A와 B로 이루어지는 포트폴리오의 기대수익률은 다음과 같이 계산된다.

$$E(R_P) = (1.6)(0.2) + (-0.6)(0.1) = 0.26$$

3 포트폴리오 위험(분산 또는 표준편차)

포트폴리오 위험을 측정하는 포트폴리오 분산은 식 (2−6)과 같이 각 상황에서 얻게 되는 포트폴리오의 발생 가능한 수익률(r_{P_i})과 포트폴리오 기대수익률 $E(r_P)$과의 차이의 제곱에 발생할 확률(p_i)을 곱하여 그 합을 구하여 얻어진다. 그러나 그 결과는 포트폴리오 기대수익률처럼 단순히 개별 자산의 분산을 가중평균을 한 것이 아니다.

$$Var(R_P) = \sigma_P^2 = \sum_{i=1}^{m} [r_{Pi} - E(R_P)]^2 \cdot p_i \qquad\qquad (2-6)$$

단, $Var(R_P) = \sigma_P^2$: 포트폴리오 분산

R_{Pi} : 상황 i에서의 포트폴리오 예상수익률

$E(R_P)$: 포트폴리오 기대수익률

p_i : 상황 i가 발생할 확률

> ! **예시 1**

〈표 2-1〉에서 예로 든 주식 X, Y, Z에 대하여 다음과 같이 투자금액을 달리하여 포트폴리오를 구성하고자 한다. 포트폴리오의 기대수익률과 위험을 구하라.

① 주식 X(50%)와 주식 Y(50%)로 포트폴리오를 구성하는 경우

② 주식 X(50%)와 주식 Z(50%)로 포트폴리오를 구성하는 경우

③ 주식 X(20%)와 주식 Z(80%)로 포트폴리오를 구성하는 경우

(풀이)

〈기대수익률〉

① 주식 X(50%)와 주식 Y(50%)로 구성되는 포트폴리오의 기대수익률

㉠ $E(R_p) = \sum_{i=1}^{m} p_i \cdot r_{pi}$

$r_{pi} = w_x \cdot r_{xi} + w_y \cdot r_{yi}$

$i = $ 불황 : $r_{pi} = (0.5 \times -0.10) + (0.5 \times 0.00) = -0.05$

$i = $ 정상 : $r_{pi} = (0.5 \times 0.10) + (0.5 \times 0.05) = 0.075$

$i = $ 호황 : $r_{pi} = (0.5 \times 0.30) + (0.5 \times 0.10) = 0.20$

$E(R_p) = (-0.05 \times 0.25) + (0.075 \times 0.5) + (0.20 \times 0.25) = 7.5\%$

㉡ $E(R_p) = \sum_{j=1}^{n} w_j \cdot E(R_j)$

$= w_X \cdot E(R_X) + w_Y \cdot E(R_Y)$

$= (0.5 \times 0.10) + (0.5 \times 0.05) = 7.5\%$

② 주식 X(50%)와 주식 Z(50%)로 구성되는 포트폴리오의 기대수익률

$$E(R_p) = w_X \cdot E(R_X) + w_Z \cdot E(R_Z)$$
$$= (0.5 \times 0.10) + (0.5 \times 0.05) = 7.5\%$$

③ 주식 X(20%)와 주식 Z(80%)로 구성되는 포트폴리오의 기대수익률

$$E(R_p) = (0.2 \times 0.10) + (0.8 \times 0.05) = 6.0\%$$

〈위 험〉

① 주식 X(50%)와 주식 Y(50%)로 구성된 포트폴리오의 분산

$$\sigma_p^2 = (-0.05 - 0.075)^2 0.25 + (0.075 - 0.075)^2 0.50$$
$$+ (0.20 - 0.075)^2 0.25 = 0.0078125$$
$$\therefore \sigma_p = \sqrt{0.0078125} = 0.0884 = 8.84\%$$

② 주식 X(50%)와 주식 Z(50%)로 구성된 포트폴리오의 분산

$$\sigma_p^2 = (0.00 - 0.075)^2 0.25 + (0.075 - 0.075)^2 0.50$$
$$+ (0.15 - 0.075)^2 0.25 = 0.0028125$$
$$\therefore \sigma_p = \sqrt{0.0028125} = 0.0530 = 5.30\%$$

③ 주식 X(20%)와 주식 Z(80%)로 구성된 포트폴리오의 분산

$$\sigma_p^2 = (0.06 - 0.06)^2 0.25 + (0.06 - 0.06)^2 0.50$$
$$= 0.0 + (0.06 - 0.06)^2 0.25$$
$$\therefore \sigma_p = \sqrt{0.0} = 0.0\%$$

위의 예제에서 볼 수 있듯이 포트폴리오($X + Z$)와 포트폴리오($X + Y$)의 기대수익률은 7.5%로 동일하다. 그러나 위험(분산)을 비교하여 보면 포트폴리오($X + Z$)가 포트폴리오($X + Y$) 보다 더 효율적 포트폴리오임을 알 수 있다. 이러한 위험 감소 현상은 각 주식 간의 상관관계에서 비롯된다. 주식 X와 Y가 결합될 때는 두 주식의 수익률이 같은 방향으로 움직이므로 이 수익률의 변동성은 그대로 남게 되는 반면, 주식 X와 Z가 결합될 때는 두 주식의 수익률이 움직이는 방향이 반대가 되므로 개별 주식이 보유하고 있는 위험은 서로 상쇄되어 버린다. 일반적으로 상관계수(correlation coefficient)가 낮거나 음의 관계에 있는 주식들로 포트폴리오를 구성하면 현격한 위험 감소 효과를 누릴 수 있다. 위의 예제에서 위험 감소 효과를 가져오는 또 다른 요인은 투자금액의 비율임을 알 수 있다. 동일 주식 X와 Z로 포트폴리오를 구성할 때 투자금액의 비율이 20 : 80인 경우에는 50 : 50인 경우와 비교하여 볼 때 위험이 현격히 줄어들어 마치 정기예금하는 것처럼 위험이 전혀 없는 투자성과를 기대할 수 있게 된다.

이제 변동성을 측정하는 포트폴리오의 분산(주식 X와 Y로 구성된 포트폴리오)을 구하는 공식을 도출하면 다음과 같다.[2]

$$
\begin{aligned}
Var(R_p) &= E[R_p - E(R_p)]^2 \\
&= w_X^2 \sigma_X^2 + w_Y^2 \sigma_Y^2 + 2 w_X w_Y \sigma_{XY}
\end{aligned}
\tag{2-7}
$$

여기에서 σ_X, σ_Y는 각각 X, Y의 표준편차이며, σ_{XY}는 공분산

위의 식에서 포트폴리오의 위험(분산)은 ① 개별 주식의 위험(σ_X^2, σ_Y^2), ② 각 주식에 대한 투자금액의 비율(w_X, w_Y), ③ 구성주식 간의 공분산(σ_{XY}) 또는 상관계수(ρ_{XY})에 의해서 결정됨을 알 수 있다.

이 중에서 특히 중요한 것은 공분산(covariance)인데 공분산은 식 (2-8)과 같이 정의된다.

$$
Cov(R_X, R_Y) = \sigma_{XY} = E[(R_X - E(R_X))(R_Y - E(R_Y))]
\tag{2-8}
$$

증권들 간의 공분산은 수익률이 변동할 때 같은 방향으로 움직이는지 반대 방향으로 움직이는지를 측정하며, 두 수익률 편차 곱의 평균을 의미한다. 만약 수익률의 움직임이 같은 방향이면 양(＋)의 값을 지니고, 반대 방향이면 음(－)의 값을 갖게 된다. 증권들 간의 수익률의 움직임을 공분산으로 측정하면 구해지는 값의 범위가 무한하지만, 상관계수는 공분산을 각각의 표준편차의 곱으로 나누어 표준화시킨 것으로 $-1 \leq \rho_{XY} \leq +1$의 값을 취하게 된다. $\rho_{XY} = +1$인 경우를 완전 양(＋)의 상관관계, $\rho_{XY} = -1$인 경우를 완전 음(－)의 상관관계를 갖는다고 말하며 식 (2-9)와 같이 정의된다.

$$
\rho_{XY} = \frac{Cov(R_X, R_Y)}{\sigma_X \cdot \sigma_Y}
\tag{2-9}
$$

단, ρ_{XY} : 증권 X와 Y 사이의 상관계수

---

2 이 식은 포트폴리오의 수익률은 개별 자산 수익률의 가중평균이라는 사실($R_P = W_A r_A + W_B r_B$)과 평균의 연산 규칙인 $E(aX + bY) = aE(X) + bE(Y)$, 공분산, 상관계수의 정의로부터 도출된다.

$Cov(R_X, R_Y)$: 증권 X와 Y 사이의 공분산

σ_X : 증권 X의 표준편차

σ_Y : 증권 Y의 표준편차

상관계수를 사용하면 포트폴리오 위험(분산)을 다음 식 (2−10)과 같이 고쳐 쓸 수 있다.

$$Var(R_p) = \sigma_p^2 = w_X^2 \sigma_X^2 + w_Y^2 \sigma_Y^2 + 2w_X \cdot w_Y \cdot \sigma_X \cdot \sigma_Y \cdot \rho_{XY} \qquad (2-10)$$

⚠ 예시 2

⟨표 2−1⟩에서 예로 든 주식 X, Y, Z 포트폴리오를 구성하고자 한다. ① 주식 X와 Y, 주식 X와 Z 간의 공분산 ② 이들의 상관계수를 구하라. 또한 ③ 식 (2−10)에 의해서 $W_X = 0.5$, $W_Y = 0.5$ 및 $W_X = 0.5$, $W_Z = 0.5$로 각각 구성되는 포트폴리오 위험을 측정하고 식 (2−6)에 의한 결과와 비교하라.

(풀이)

① 주식 X와 Y, 주식 X와 Z 간의 공분산

$$\begin{aligned}
Cov(R_X, R_Y) = \sigma_{XY} &= 0.25(-0.10-0.10)(0.00-0.05) \\
&+ 0.5(0.10-0.10)(0.05-0.05) \\
&+ 0.25(0.30-0.10)(0.10-0.05) = 0.005 \\
Cov(R_X, R_Z) = \sigma_{XZ} &= 0.25(-0.10-0.10)(0.10-0.05) \\
&+ 0.5(0.10-0.10)(0.05-0.05) \\
&+ 0.25(0.30-0.10)(0.00-0.05) = -0.005
\end{aligned}$$

② 주식 X와 Y, 주식 X와 Z 간의 상관계수

$$\rho_{XY} = \frac{0.005}{(0.1414)(0.0354)} = +1$$

$$\rho_{XZ} = \frac{-0.005}{(0.1414)(0.0354)} = -1$$

③ 주식 X(50%)와 주식 Y(50%) 포트폴리오의 분산과 표준편차

$$\begin{aligned}
\sigma_p^2 &= (0.5)^2(0.1414)^2 + (0.5)^2(0.0354)^2 + 2(0.5)(0.5)(0.1414)(0.0354)(1) \\
&= 0.0078118
\end{aligned}$$

$$\therefore \sigma_p = \sqrt{0.0078118} = 8.84\%$$

④ 주식 X(50%)와 주식 Z(50%) 포트폴리오의 분산과 표준편차

$$\sigma_p^2 = (0.5)^2(0.1414)^2 + (0.5)^2(0.0354)^2 + 2(0.5)(0.5)(0.1414)(0.0354)(-1)$$
$$= 0.0028118$$
$$\therefore \sigma_p = \sqrt{0.0028118} = 5.30\%$$

section 04 포트폴리오 위험분산 효과

여기서는 포트폴리오의 기대수익률과 분산을 산출하는 계산식이 갖는 의미를 좀 더 상세히 검토하고자 한다.

1 두 종목 포트폴리오의 결합선

두 개의 자산으로 구성되는 포트폴리오의 위험은 구성자산 간의 상관계수(ρ_{XY})와 각 자산에 대한 투자비율(w)의 조정 여하에 따라서 달라진다.

$$Var(R_p) = \sigma_P^2 = w_X^2\sigma_X^2 + w_Y^2\sigma_Y^2 + 2w_Xw_Y\sigma_X\sigma_Y\rho_{XY} \tag{2-11}$$

(1) 상관관계와 포트폴리오 위험

두 자산 수익률의 상관성 정도에 따라 〈그림 2-1〉과 같은 몇 가지 형태의 상관관계를 상정하여 볼 수 있다.

①의 경우($\rho_{XY} = +1$)는 완전 양의 상관관계를 나타내는 것으로서 어느 한 증권(X)의 수익률이 변동할 때 다른 증권(Y)의 수익률이 항상 일정하게 비례적으로 변동하는 직선 관계이

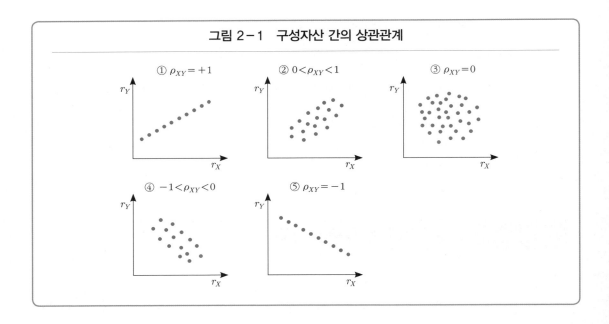

그림 2-1 구성자산 간의 상관관계

다. ②의 경우$(0<\rho_{XY}<+1)$는 양의 상관관계이나, 양자가 정확하게 직선 관계가 아닌 경우이다. ③의 경우$(\rho_{XY}=0)$는 아무런 상관성이 없는 경우이다. ④의 경우$(-1<\rho_{XY}<0)$는 음의 상관관계를 가지나 양자가 정확한 반비례적인 관계가 아닌 경우이다. ⑤의 경우$(\rho_{XY}=-1)$는 정확히 반비례적으로 완전 음의 상관관계를 나타낸 것이다.

❶ 상관관계가 완전 양(+)일 경우 : 식 (2-11)에서 $\rho_{XY}=+1$일 경우이므로 포트폴리오 위험은 식 (2-12)와 같이 표시된다.

$$Var(R_P)=(w_X\sigma_X+w_Y\sigma_Y)^2 \qquad\qquad (2-12)$$
$$\therefore\ \sigma_P=w_X\sigma_X+w_Y\sigma_Y$$

즉, 포트폴리오 표준편차는 개별 자산의 표준편차를 투자비율에 따라서 가중평균한 것이 되며 그 결과 투자위험 분산효과는 없다.

❷ 상관관계가 완전 음(-)일 경우 : $\rho_{XY}=-1$일 경우의 포트폴리오 위험은 식 (2-11)로부터 식 (2-13)과 같이 표시된다.

$$Var(R_P) = (w_X \sigma_X - w_Y \sigma_Y)^2$$
$$\therefore \sigma_P = |w_X \sigma_X - w_Y \sigma_Y| \qquad\qquad (2-13)$$

어느 자산이 타 자산과의 상관관계가 완전 음의 관계에 있다면 포트폴리오 분산을 영으로 만듦으로써 완전 헤지(perfect hedge)도 할 수 있게 된다.

❸ 상관계수가 영(0)일 경우 : $\rho_{XY} = 0$일 경우는 식 (2-11)에서 $2w_X \cdot w_Y \cdot \sigma_X \cdot \sigma_Y \cdot \rho_{XY}$ 부분이 없어지므로 포트폴리오 위험은 식 (2-14)와 같이 계산된다.

$$Var(R_P) = w_X^2 \sigma_X^2 + w_Y^2 \sigma_Y^2$$
$$\therefore \sigma_P = \sqrt{w_X^2 \sigma_X^2 + w_Y^2 \sigma_Y^2} \qquad\qquad (2-14)$$

여기서 확인할 수 있는 것처럼 포트폴리오를 구성하는 개별 자산 간의 상관관계가 완전 양의 관계에 있지 않으면 분산투자 효과가 발생한다. 따라서 포트폴리오에 포함되는 개별 자산의 위험은 개별 자산 자체의 위험(분산)보다는 다른 자산과의 상관계수에 비추어 평가되어야 한다.

(2) 투자비율과 포트폴리오 위험

포트폴리오 위험의 감소는 상관계수가 낮은 증권들 간의 결합을 통해서도 가능하지만, 투자자금의 비율을 적절히 변경함에 의해서도 가능하다. 증권 간의 상관계수가 주어졌을 때 투

표 2-4 **포트폴리오의 기대수익률과 위험 : 투자비율을 조정할 때**

투자금액의 비율		① $\rho_{XY}=+1$일 때		② $\rho_{XY}=-1$일 때		③ $\rho_{XY}=0$일 때	
w_X	w_Y	$E(R_p)$	σ_p	$E(R_p)$	σ_p	$E(R_p)$	σ_p
1.0	0.0	10.0%	14.1%	10.0%	14.1%	10.0%	14.1%
0.8	0.2	9.0	12.0	9.0	10.6	9.0	11.3
0.5	0.5	7.5	8.8	7.5	5.3	7.5	7.3
0.2	0.8	6.0	5.7	6.0	0.0	6.0	4.0
0.0	1.0	5.0	3.5	5.0	3.5	5.0	3.5
-0.2	1.2	4.0	1.4	4.0	7.0	4.0	5.1

자비율이 달라짐에 따라 포트폴리오의 위험이 변하는 것을 〈표 2−4〉의 주식 X와 Y로 구성된 포트폴리오를 통하여 알아보자.

주식 X와 Y의 상관계수 ρ_{XY}가 +1인 경우를 가정해 보자. 주식 X와 Y에 대한 투자비율을 조정할 경우 포트폴리오의 기대수익률과 표준편차는 〈표 2−4〉의 ①란과 같이 계산된다. 이 경우 투자비율이 변하는 데 따라 포트폴리오 기대수익률과 위험이 동시에 비례적으로 일정하게 변하여 분산투자의 효과가 전혀 나타나지 않음을 관찰할 수 있다.

주식 X와 Y의 상관계수 ρ_{XY}가 −1인 경우를 가정해 보자. 이 경우 주식 X와 Y로 포트폴리오를 구성하게 되면 기대수익률과 위험은 〈표 2−4〉의 ②란과 같이 계산된다. 여기서 특기할 점은 X에 20%, Y에 80% 투자하여 얻게 되는 포트폴리오의 위험(σ_P)은 영(0)이 된다는 점이다. 어떤 상황이 벌어지든 항상 기대수익률은 6%이면서 수익률의 변동성은 없게 되어 분산투자의 효과가 가장 잘 나타난다. 이처럼 투자비율을 적절히 조정하여 포트폴리오를 구성하면 불확실성을 줄이거나 제거하는 투자전략이 가능하다. 끝으로 주식 X와 Y의 상관계수가 영인 경우를 가정해 보자. 이 경우 두 주식으로 포트폴리오를 구성하게 되면 투자비율에 따라 달라지는 포트폴리오의 기대수익률과 위험은 ③란과 같이 계산된다. 여기서도 투자위험이 크게 줄어드는 것을 볼 수 있다.

(3) 최소분산 포트폴리오

포트폴리오를 구성하는 증권 간의 상관계수가 일정하게 주어졌을 때 투자비율의 조정에 따라 다양한 포트폴리오들이 생성될 것이다. 〈그림 2−2〉는 두 주식으로 포트폴리오를 구성할 때 나타날 수 있는 다양한 포트폴리오들의 기대수익률과 위험(표준편차)의 변화를 그림으로 나타내고 있다.

〈그림 2−2〉에서 알 수 있듯이 포트폴리오들의 기대수익률과 위험의 조합은 구성되는 두 주식의 상관계수의 크기에 의해 달라짐을 알 수 있다. 〈그림 2−2〉에서 보는 것처럼 두 주식 X와 Y가 완전 양($\rho_{XY} = +1$)의 상관관계를 가진다면, 투자비율이 X에서 Y로 많아지면서 기대수익률과 위험이 선형적으로 줄게 된다. 반면에 두 주식 X와 Y가 완전 음($\rho_{XY} = -1$)의 상관관계를 가진다면, 양자($E(R_p)$와 σ_p)의 관계가 선형적으로 감소하다가 투자비율이 $X : Y = 20 : 80$일 때 최소 위험(σ_p)에 도달한 후, 다시 포트폴리오 위험은 커진다.

일반적으로 자본시장에서 거래되는 증권들 간의 상관계수는 대부분 −1과 +1 사이, 다시 말하여 $-1 < \rho < +1$인데, 이와 같은 경우는 호 XY처럼 표시된다. 투자비율이 달라질 때 기

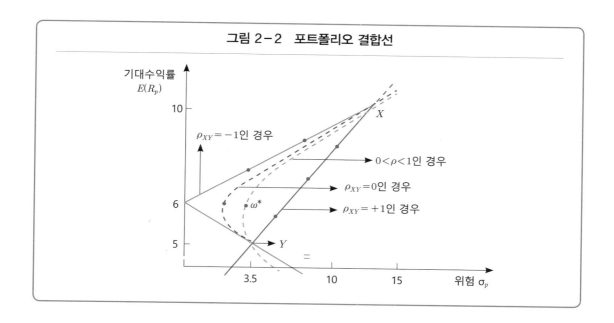

그림 2-2 포트폴리오 결합선

대수익률과 위험이 이제는 선형적으로 변화하지 않고 비선형의 관계로 변화하게 되는데, w^*되는 점에서 위험이 최소가 된다. 투자비율이 이 w^*수준을 넘어서 Y로 접근하면 기대수익률은 감소하면서 위험은 오히려 증가하게 된다. 이처럼 포트폴리오 결합선에서 위험이 최소가 되는 포트폴리오를 최소분산 포트폴리오(Global Minimum Variance Portfolio : GMVP)라고 한다. 주식 X와 Y 두 주식으로 이루어지는 포트폴리오 중에서 최소분산 포트폴리오는 다음 식 (2-15)에 의해서 구해진다.

$$w_X^* = \frac{\sigma_Y^2 - \sigma_{XY}}{\sigma_X^2 + \sigma_Y^2 - 2\sigma_{XY}} = \frac{\sigma_Y^2 - \sigma_X \sigma_Y \rho_{XY}}{\sigma_X^2 + \sigma_Y^2 - 2\sigma_X \sigma_Y \rho_{XY}} \qquad (2-15)$$

식 (2-15)는 식 (2-11)에서 w_Y를 $1-w_X$로 바꾼 후 w_X에 관하여 미분한 값을 영(0)으로 놓고 풀면 얻어진다.

예시

주식 X와 Y의 미래수익률에 관한 자료가 다음과 같이 구해졌다.

① 개별 주식 X와 Y에 대해서, 각각의 기대수익률과 위험(표준편차)을 구하라.

② 두 주식 간의 공분산, 상관계수를 구하라.

③ X에 대한 투자금액의 비율이 100%, 75%, 50%, 25%, 0%, -25%로 조정될 때 포트폴리오들의 기대수익률과 표준편차를 구하라.

④ 투자위험이 최소가 되는 최소분산 포트폴리오를 구하라.

상황	확률(p_i)	주식 $X(r_X)$	주식 $Y(r_Y)$
I	0.2	9%	15%
II	0.2	7	20
III	0.2	11	-3
IV	0.2	-2	6
V	0.2	25	2

(풀이)

① 주식 X와 Y의 기대수익률과 표준편차

$$E(R_X) = \sum_{i=1}^{5} r_{Xi} \cdot p_i = 10\%$$

$$E(R_Y) = \sum_{i=1}^{5} r_{Yi} \cdot p_i = 8\%$$

$$\sigma_X^2 = E[r_X - E(R_X)]^2 = 0.0076 \qquad \therefore \sigma_X = 8.72\%$$

$$\sigma_Y^2 = E[r_Y - E(R_Y)]^2 = 0.00708 \qquad \therefore \sigma_Y = 8.41\%$$

② 주식 X, Y 간의 공분산, 상관계수

$$Cov(R_X, R_Y) = \sigma_{XY} = E[(r_X - E(R_X))(r_Y - E(R_Y))] = -0.0024$$

$$\rho_{XY} = \sigma_{XY}/(\sigma_X \cdot \sigma_Y) = -0.0024/(0.0872)(0.0841) = -0.33$$

③ 투자비율이 변화할 때 포트폴리오들의 기대수익률과 표준편차는 $\sigma_{XY} = -0.0024$ 혹은 $\rho_{XY} = -0.33$이므로 이를 $E(R_p)$와 $\sigma(R_p)$를 구하는 다음 식에 대입하면 아래와 같이 구해진다.

$$E(R_p) = w_X \cdot E(R_X) + w_Y \cdot E(R_Y)$$

$$\sigma_p^2 = w_X^2 \sigma_X^2 + w_Y^2 \sigma_Y^2 + 2w_X \cdot w_Y \cdot \sigma_{XY}$$

주식 X에 대한 투자비율(w_x)	주식 Y에 대한 투자비율(w_y)	포트폴리오 기대수익률 $E(R_p)$	포트폴리오위험 σ_p
1.0	0.0	10.0%	8.72%
0.75	0.25	9.5	6.18
0.5	0.5	9.0	4.97
0.25	0.75	8.5	5.96
0.0	1.0	8.0	8.41
-0.25	1.25	7.5	11.42

④ 최소분산 포트폴리오

$$w_X{}^* = \frac{\sigma_Y^2 - \sigma_{XY}}{\sigma_X^2 + \sigma_Y^2 - 2\sigma_{XY}} = \frac{0.00708 - (-0.0024)}{0.0076 + 0.00708 - 2(-0.0024)} = 0.487$$

주식 X에 48.7%, 주식 Y에 51.3% 투자할 경우의 포트폴리오 기대수익률과 표준편차는

$$E(R_p) = 8.974\% \qquad \sigma_p^2 = 0.2466\% \qquad \sigma_p = 4.960\%$$

---

2 n 종목으로 구성되는 포트폴리오

(1) n 종목 포트폴리오의 결합선

결합되는 증권의 수가 다수인 경우에도, 기본적으로 두 개의 증권의 결합관계로 생각해 볼 수 있다. 이 원리를 〈그림 2-3〉의 세 증권 X, Z, T의 결합관계를 예로 들어 살펴보기로 하자.

먼저 증권 X와 T를 결합시키면 그 투자비율의 변화에 따라 두 개 종목으로 구성된 포트폴리오 결합선은 곡선 XET를 따라 나타날 것이다. 또 증권 T와 Z 두 증권을 결합하면 투자비율의 변화에 따라 곡선 TFZ의 포트폴리오 결합선을 얻는다.

한편 X와 T의 결합 중에서 포트폴리오 E 그리고 T와 Z의 결합 중 포트폴리오 F를 결합시키면 새로운 포트폴리오 결합선 EGF를 얻는다. 곡선 EGF선상의 포트폴리오는 E와 F를 결합한 것이므로 결국 개별 증권 X, T, Z 세 증권을 모두 결합한 셈이 된다.

이와 같은 원리로 X, T, Z를 동시에 결합시키면 궁극적으로 곡선 $XHIZ$의 포트폴리오 결합선을 얻을 수 있다. 곡선 $XHIZ$선상의 포트폴리오는 증권 X, T, Z를 결합할 때 얻을 수 있는 포트폴리오 중에서 일정한 기대수익률 하에서 위험이 가장 낮은 포트폴리오 집합이 된다.

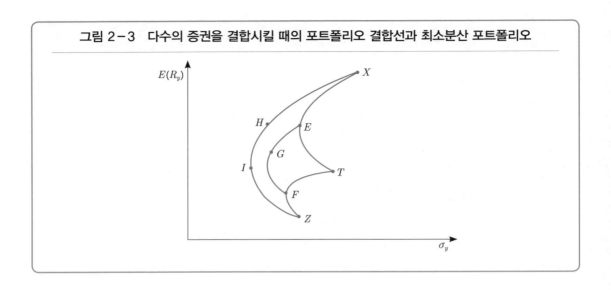

그림 2-3 다수의 증권을 결합시킬 때의 포트폴리오 결합선과 최소분산 포트폴리오

이처럼 일정한 기대수익률 하에서 위험이 가장 적은 포트폴리오 집합을 최소분산 포트폴리오 집합(minimum variance portfolio)이라고 부른다.

그러나 이 최소분산 포트폴리오 집합(곡선XHIZ) 중에서 곡선 XHI부분만이 일정한 위험(표준 편차)에서 기대수익률이 가장 높기 때문에 이 부분을 효율적 포트폴리오 집합(efficient portfolio set) 또는 효율적 투자선(efficient frontier)이라고 부른다. 이 중 포트폴리오 I는 효율적 포트폴리오 집합에서 분산이 가장 작은 최소분산 포트폴리오(global minimum variance portfolio)가 된다.

(2) n 종목 포트폴리오의 위험 측정

n개의 종목으로 구성되는 효율적 투자선을 찾을 수 있기 위해서는 n개의 종목으로 구성되는 포트폴리오 위험의 계량적 측정이 필요하다. 먼저 세 개의 주식(주식 1, 2, 3)으로 구성되는 포트폴리오의 기대수익률과 위험(분산)은 다음과 같이 나타나며 이 관계식을 공분산 메트릭스로 표시하면 〈표 2-5〉와 같다.

| 표 2-5 | 3개의 주식으로 구성된 포트폴리오 위험 계산(공분산 메트릭스) |

	주식 1	주식 2	주식 3
주식 1	① $\omega_1\omega_1\sigma_{11}$ $=\omega_1^2\sigma_1^2$	② $\omega_1\omega_2\sigma_{12}$	③ $\omega_1\omega_3\sigma_{13}$
주식 2	④ $\omega_2\omega_1\sigma_{21}$	⑤ $\omega_2\omega_2\sigma_{22}$ $=\omega_2^2\sigma_2^2$	⑥ $\omega_2\omega_3\sigma_{23}$
주식 3	⑦ $\omega_3\omega_1\sigma_{31}$	⑧ $\omega_3\omega_2\sigma_{32}$	⑨ $\omega_3\omega_3\sigma_{33}$ $=\omega_3^2\sigma_3^2$

$$E(R_p) = w_1E(R_1) + w_2E(R_2) + w_3E(R_3)$$
$$Var(R_p) = w_1^2\sigma_1^2 + w_2^2\sigma_2^2 + w_3^2\sigma_3^2 + 2(w_1w_2\sigma_{12} + w_1w_3\sigma_{13} + w_2w_3\sigma_{23}) \tag{2-16}$$

위의 식을 확장하여 n개의 증권으로 구성되는 포트폴리오의 분산을 공분산 메트릭스로 나타내면 〈표 2-6〉과 같다.

| 표 2-6 | n 종목 포트폴리오의 위험 : 공분산 메트릭스 |

주식 i \ 주식 j	1	2	3	4	......	n
1	$\omega_1^2\sigma_1^2$	$\omega_1\omega_2\sigma_{12}$	$\omega_1\omega_3\sigma_{13}$	$\omega_1\omega_4\sigma_{14}$	......	$\omega_1\omega_n\sigma_{1n}$
2	$\omega_2\omega_1\sigma_{21}$	$\omega_2^2\sigma_2^2$	$\omega_2\omega_3\sigma_{23}$	$\omega_2\omega_4\sigma_{24}$	......	$\omega_2\omega_n\sigma_{2n}$
3	$\omega_3\omega_1\sigma_{31}$	$\omega_3\omega_2\sigma_{32}$	$\omega_3^2\sigma_3^2$	$\omega_3\omega_4\sigma_{34}$	......	$\omega_3\omega_n\sigma_{3n}$
4	$\omega_4\omega_1\sigma_{41}$	$\omega_4\omega_2\sigma_{42}$	$\omega_4\omega_3\sigma_{43}$	$\omega_4^2\sigma_4^2$	......	$\omega_4\omega_n\sigma_{4n}$
.	.	.	.	.	......	.
n	$\omega_n\omega_1\sigma_{n1}$	$\omega_n\omega_2\sigma_{n2}$	$\omega_n\omega_3\sigma_{n3}$	$\omega_n\omega_4\sigma_{n4}$	......	$\omega_n^2\sigma_n^2$

ω_j : 주식 j에 대한 투자비율
ρ_{ij} : 주식 i와 주식 j의 상관계수
σ_j : 주식 j 수익률의 표준편차

σ_{ij} : 주식 i와 주식 j 수익률 간의 공분산
σ_i : 주식 i 수익률의 표준편차

$$Var(R_P) = w_1w_1\sigma_{11} + w_2w_2\sigma_{22} + w_3w_3\sigma_{33} + \cdots + w_nw_n\sigma_{nn}$$
$$+ (w_1w_2\sigma_{12} + w_1w_3\sigma_{13} + \cdots + w_1w_n\sigma_{1n} \qquad (2-17)$$
$$+ w_2w_1\sigma_{21} + w_2w_3\sigma_{23}\cdots)$$
$$Var(R_P) = \sum_{i=1}^{n}\sum_{j=1}^{n} w_i w_j \sigma_{ij}$$

또는

$$Var(R_P) = \sum_{i=1}^{n}\sum_{j=1}^{n} w_i w_j \sigma_i \sigma_j \rho_{ij}$$
$$\text{단, } w_i, w_j : \text{주식 } i, j\text{에 대한 투자비율}$$

〈표 2-6〉의 모든 칸을 합하면 식 (2-17)과 일치한다. 즉, 공분산 메트릭스의 각 칸은 각각 대응하는 두 개별 증권의 투자비중과 공분산의 곱$(w_iw_j\sigma_{ij})$으로 표현되고, 포트폴리오의 분산은 공분산 메트릭스 내의 모든 요소를 합한 형태로 표현된다는 것을 알 수 있다. 다만, 〈표 2-6〉에서 색이 들어간 대각선(diagonal)상의 칸들은 $i=j$인 경우로서 동일 종목 간의 공분산, 즉 개별 증권의 분산$(w_i^2\sigma_i^2)$ 값을 나타낸다. 즉, n개 증권으로 구성되는 포트폴리오 위험 중에서 개별 증권의 특성에 의해서 발생되는 위험의 크기를 나타낸다. 이처럼 $i=j$인 경우의 수는 n개가 된다. 반면에 색이 들어가지 않은 대각선 위와 아래에 있는 칸들은 $i \neq j$인 경우로서 다른 증권과의 공분산을 나타낸 것이다. 이는 포트폴리오 위험 중에서 타 증권들과의 상관계수, 즉 시장 전반적인 요인에 의해서 발생되는 위험의 크기를 뜻한다고 할 수 있다. 이처럼 $i \neq j$인 경우의 수는 $n(n-1)/2$개가 된다. 따라서 식 (2-18)은 특정 개별 증권의 분산을 표시하는 부분과 타 증권과의 공분산을 나타내는 부분의 합으로 구분하여 식 (2-18)과 같이 표시될 수 있다.

$$Var(R_P) = \sum_{i=1}^{n}\sum_{j=1}^{n} w_i w_j \sigma_{ij} \qquad (2-18)$$
$$= \sum_{i=1}^{n} w_i^2 \sigma_i^2 + \sum_{i=1}^{n}\sum_{j=1}^{n} w_i w_j \sigma_{ij} \quad (\text{단, } i \neq j)$$

3 투자종목수와 위험분산 효과

포트폴리오 위험은 투자종목수가 많을수록 감소하게 된다. 이제 종목수 증가에 따른 분산 투자효과를 분석하기 위해서 n개의 증권에 투자 가능한 금액을 균등하게 배분하여 투자를 한다고 가정하자. 즉, $w_i = w_j = \cdots = 1/n$이라고 하자. 그러면 포트폴리오 분산 $Var(R_P)$은 식 (2-19)와 같이 표시된다.

$$Var(R_P) = \sum_{i=1}^{n} w_i^2 \sigma_i^2 + \sum_{i=1}^{n}\sum_{j=1}^{n} w_i w_j \sigma_{ij} \quad \text{(단, } i \neq j\text{)} \qquad (2-19)$$

$$= \sum_{i=1}^{n}\left(\frac{1}{n}\right)^2 \sigma_i^2 + \sum_{i=1}^{n}\sum_{j=1}^{n}\left(\frac{1}{n}\right)\left(\frac{1}{n}\right)\sigma_{ij} \quad \text{(단, } i \neq j\text{)}$$

$$= \left(\frac{1}{n}\right)^2 \sum_{i=1}^{n} \sigma_i^2 + \left(\frac{1}{n}\right)^2 \sum_{i=1}^{n}\sum_{j=1}^{n} \sigma_{ij} \quad \text{(단, } i \neq j\text{)}$$

여기서 개별 종목의 분산의 평균을 $\overline{\sigma^2}$, 공분산의 평균을 $\overline{\sigma_{ij}}$라고 표시하자.

n개 종목으로 포트폴리오가 구성될 때 분산은 n개이고, 공분산은 $n(n-1)$개이므로 우변 첫째 항에서 $\sum \sigma_i^2 = \overline{\sigma^2} \times n$이고, 둘째 항에서 $\sum\sum \sigma_{ij} = \overline{\sigma_{ij}} \cdot [n(n-1)]$이 된다. 따라서 위의 식을 식 (2-20)과 같이 다시 쓸 수 있다.

$$Var(R_P) = \left(\frac{1}{n}\right)^2 \cdot \overline{\sigma^2} \cdot n + \left(\frac{1}{n^2}\right)\overline{\sigma_{ij}} \cdot n(n-1) \qquad (2-20)$$

$$= \left(\frac{1}{n}\right) \cdot \overline{\sigma^2} + \left(1 - \frac{1}{n}\right)\overline{\sigma_{ij}}$$

식 (2-20)에서 n이 증가함에 따라 포트폴리오 위험은 다음과 같이 된다.

$$\lim_{x \to \infty}\left[\frac{1}{n}(\overline{\sigma^2} - \overline{\sigma_{ij}}) + \overline{\sigma_{ij}}\right] = \overline{\sigma_{ij}}$$

결국 포함되는 종목의 수가 계속 증가할수록 개별 증권의 위험이 포트폴리오 위험에 미치는 영향은 감소하고 포트폴리오 위험은 각 종목들 간의 공분산의 평균에 접근해 간다. 여기서 구성 종목수 n을 무한대로 증가시켜도 줄어들지 않는 위험이 있음을 알 수 있다. 이는 증권시장 전반의 공통적 요인에 의해서 야기되는 위험으로서 체계적 위험(systematic risk), 분산 불능 위험(non-diversifiable risk), 시장위험(market risk)이라고 부른다. 반면에 종목수가 증가함에 따라 감소하는 위험은 기업 고유요인에 의해서 야기되는 위험으로서 기업 고유위험(firm-specific risk), 비체계적 위험(non-systematic risk), 분산 가능 위험(diversifiable risk)이라고 부른다.

〈그림 2-4〉는 2001년~2002년 기간 중 유가증권시장에 계속 상장된 864개 증권으로 계산한 결과이다. 포트폴리오에 포함되는 종목수를 하나씩 증가함에 따라 변화하는 포트폴리오 표준편차를 분석한 결과를 요약하고 있다. 그림에서 보는 바와 같이 포트폴리오에 편입되는 종목의 수가 증가할수록 표준편차가 감소하지만, 구성 종목수 n을 무한대로 증가시켜도 사라지지지 않는 체계적 위험이 존재함을 알 수 있다.

이 같은 논의를 바탕으로 내릴 수 있는 결론의 하나는 포트폴리오 투자에 있어 투자위험에

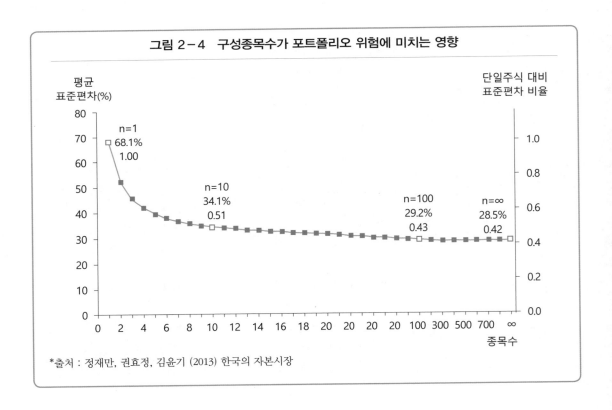

그림 2-4 구성종목수가 포트폴리오 위험에 미치는 영향

*출처 : 정재만, 권효정, 김윤기 (2013) 한국의 자본시장

대한 적절한 보상은 분산 불능 위험인 체계적 위험에 한정해야 한다는 점이다. 이는 식 (2-20)의 결과로부터도 유추할 수 있다. 또한, 분산투자 시 투자위험이 감소하는 정도는 상관계수(ρ)의 크기에도 달려 있다. 모든 증권들의 수익률이 동일한 표준편차(r)를 지니고, 증권 간의 상관계수가 ρ로 공통적이라고 가정하면 식 (2-20)은 식 (2-21)과 같이 표시할 수 있다.

$$Var(R_P) = \frac{1}{n}\sigma^2 + \left(1 - \frac{1}{n}\right)\rho\sigma^2 \qquad (2-21)$$

따라서 분산투자의 종목수가 증가할 때 투자위험이 감소하는 정도는 상관계수(ρ)의 크기에 달려 있음을 볼 수 있다. $\rho=0$인 경우는 체계적 위험까지 제거되지만 $\rho=0.5$이면 체계적 위험의 반 정도가 감소하게 된다. 결국 특정 증권이 포트폴리오 위험에 미치는 영향은 특정 증권 분산의 크기가 아니라 타 증권과의 공분산(상관계수)에 달려 있음을 확인할 수 있다.

section 05 증권의 최적 선택 원리

1 지배원리와 효율적 증권의 선택

개별 주식의 기대수익률과 위험이 〈표 2-7〉과 같이 나타났다고 가정해 보자. 〈표 2-7〉에 나타난 각 주식의 기대수익률과 위험을 그림으로 나타내면 〈그림 2-5〉와 같다. 여기서 먼저

표 2-7   개별 주식의 기대수익성과 위험

주식 수익성과 위험	X	Y	P	Q	R
기대수익률(%)	10	5	10	4	8
표준편차(%)	14.14	3.54	18	3.54	10

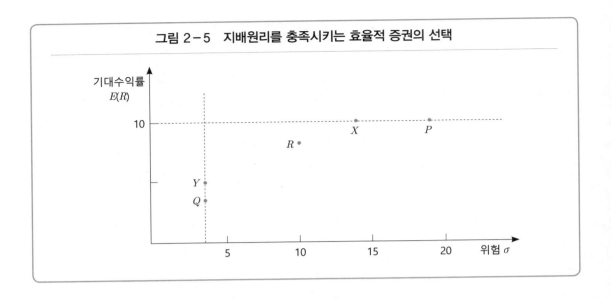

그림 2-5   지배원리를 충족시키는 효율적 증권의 선택

주식 X와 주식 P를 비교하면 기대수익률은 10%로 동일하나, 표준편차로 측정된 위험은 주식 P가 X보다 높으므로 주식 X가 주식 P를 지배한다. 다음 주식 Y와 주식 Q를 비교하면 위험은 3.54%로 동일하나, 기대수익률은 주식 Y가 높다. 주식 Y가 주식 Q를 지배하는 우월한 투자대상이다. 한편, 주식 R은 주식 X와 Y에 비교할 때 기대수익률과 위험, 두 가지 요인을 고려해서는 우열이 가려지지 않는다. 그래서 평균·분산기준에 근거하여 투자대상의 우열을 가리면 일단 주식 P, Q는 선택대상에서 제외되고 주식 X, Y 그리고 R만이 고려대상이 된다.

이와 같은 방법으로 투자대상을 선별하는 것을 지배원리라고 한다. 지배원리(dominance principle)는 위험이 동일한 투자대상들에서는 기대수익이 가장 높은 것을 선택하고, 기대수익이 동일한 투자대상들에서는 위험이 가장 낮은 투자대상을 선택하는 방법을 말한다. 이처럼 지배원리를 충족시켜 선택된 증권을 효율적 증권이라고 하며, 포트폴리오의 경우 효율적 포트폴리오(efficient portfolio)라고 부른다.

2   투자자의 위험에 대한 태도와 등 효용 곡선

이제 X, Y, R 중에서 어느 증권을 최종적으로 선택할 것인가? 이들 효율적 증권들은 서로 지배되지 않는 증권이므로 결국 투자자의 위험에 대한 태도, 즉 기대수익과 위험이 동시에 고려될 때 투자자가 주관적으로 느끼는 만족도인 효용의 크기에 따라 최종선택을 할 수밖에 없다. 위험회피형 투자자의 효용은 기대수익이 높을수록 그리고 위험은 낮을수록 커진다. 그러나 기대수익이 높더라도 위험이 커지게 되면 투자자에 따라서는 효용이 감소할 수도 있다. 위험감수에 대한 투자수익의 증가, 즉 위험 보상(risk premium)의 정도에 대해서 투자자들이 느끼는 만족도는 사람마다 다르기 때문이다. 효용 함수(utility function)는 투자자산들의 기대수익과 위험이 주어졌을 때 위험회피도의 정도에 따라 달라지는 만족의 정도를 지수 또는 점수(scoring system)로 나타낸 것이므로 위험자산 증권들의 선택에 있어 우선순위(ranking)를 정하는 기준이 된다. 이를테면 투자자들의 효용은 기대수익이 높을수록 증가하고 위험이 높을수록 감소하므로 다음과 같은 효용 함수로 표시할 수 있게 된다. 이 확실성 등가를 이용하면 다양한 투자기회들의 우선순위를 쉽게 결정할 수 있다.

$$U = E(R) - 0.5C \cdot \sigma^2 \qquad\qquad (2-22)$$
$$\text{단, } U : \text{효용의 크기, } C : \text{위험회피 계수}$$

예를 들어 위험회피 계수 $C = 2$인 투자자가 있다면 다음처럼 효용을 계산할 수 있을 것이다.

주 식 X : $E(R) = 0.10$　$\sigma^2 = 0.040 \rightarrow U = 0.1 - 0.5(2)(0.04) = 0.060$
주 식 P : $E(R) = 0.06$　$\sigma^2 = 0.028 \rightarrow U = 0.06 - 0.5(2)(0.028) = 0.032$
국공채 B : $E(R) = 0.04$　$\sigma^2 = 0.0 \rightarrow U = 0.04 - 0.5(2)(0) = 0.040$

그러므로 이 투자자의 경우 선택의 우선순위는 주식 X, 국공채 B, 주식 P의 순서임을 알 수 있다.

위험에 대한 투자자의 태도는 위험회피형, 위험중립형, 위험선호형 세 가지 유형으로 나누어 생각해 볼 수 있다. 이 세 가지 유형들의 투자자의 효용 함수를 투자수익(또는 부)과 효용과의 관계에서 그림으로 나타내면 〈그림 2-6〉의 (a), (b), (c)와 같다. 위험회피형의 효용 함수는 가로축에 대하여 오목한 형태(concave)를 보이면서 투자수익의 증가가 있을 때 체감하는 모양을 보이게 된다. 반면에 위험선호형은 가로축에 대해서 볼록한 형태(convex)를 보이면서 투자수익의 증가가 있을 때 체증하는 모양을 보이게 된다. 그리고 위험중립형의 효용 함수는 직선형으로 표시된다.

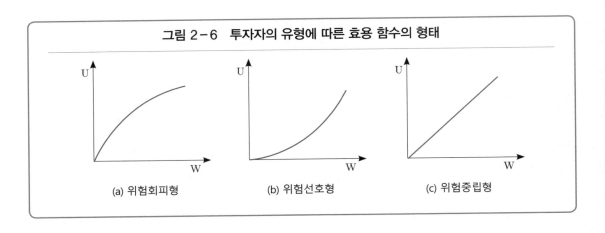

그림 2-6 투자자의 유형에 따른 효용 함수의 형태

(a) 위험회피형   (b) 위험선호형   (c) 위험중립형

투자자의 효용 함수는 〈그림 2-6〉과 같이 투자수익과 효용 공간에 직접 표시할 수도 있지만, 평균-분산 기준에 의하여 투자를 결정하는 포트폴리오 선택 체계에 따라 기대수익률(평균)과 표준편차의 공간에 효용 함수를 표시하는 것이 최적 포트폴리오의 선택과정을 파악하기에 훨씬 용이하다. 〈그림 2-7〉은 평균과 표준편차의 공간에 위험회피형의 효용 함수를 나타낸 것이다. 이를 등 효용 곡선(indifferent utility curve)이라고 하는데, 이는 특정 투자자에게 동일한 효용을 가져다주는 기대수익과 표준편차(위험)의 조합을 연결한 곡선이다.

〈그림 2-7〉은 또한 투자론에서 가정하고 있는 이성적 투자자들의 효용 곡선을 나타낸 것이기도 하다. 왜냐하면 자기가 부담하는 위험 이상의 투자수익의 증가가 있지 않으면 전과 동일한 만족을 느끼지 못하는 것이 이성적 투자자이기 때문이다. 그러나 위험회피형의 투자자

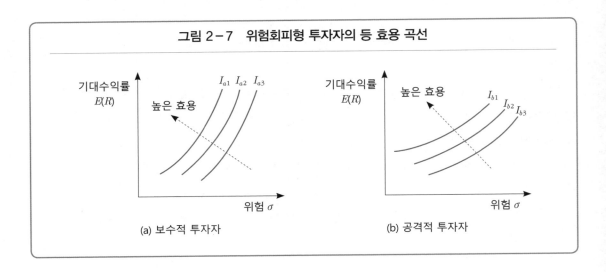

그림 2-7 위험회피형 투자자의 등 효용 곡선

(a) 보수적 투자자   (b) 공격적 투자자

라도 위험회피도, 즉 위험의 증가에 따라 보상을 바라는 정도에는 서로 차이가 있으므로 개인에 따라 등 효용 곡선의 모양은 달라지게 된다.

(a)처럼 기울기가 가파른 경우는 위험을 회피하는 보수적인 투자자의 예로서 일정한 위험 증가가 있을 때 보다 많은 기대수익 증가를 요구한다. 반면 (b)처럼 기울기가 덜 가파른 경우는 공격적인 투자자의 예로서 기대수익의 증가가 위험 증가에 못 미치더라도 만족한다.

3 　최적 증권의 선택

투자대상의 증권들 중에서 일차적으로 지배원리에 의해서 효율적 증권들이 선별되면 이들 중에서 최종적으로 어느 증권을 선택할 것인가의 문제는 효용이 가장 큰 등 효용 곡선과 만나는 증권을 찾으면 해결된다. 이러한 증권을 최적 증권, 최적 포트폴리오(optimal portfolio)라고 한다. 〈그림 2-8〉은 〈그림 2-5〉와 〈그림 2-7〉을 결합시켜 작성된 것인데, 방어적 투자자는 주식 Y를 택하고, 공격적 투자자는 주식 X를 택함으로써 만족을 극대화시킨다. 결론적으로 투자대상들의 선택과정은 먼저 지배원리를 충족하는 효율적 증권을 선택한 다음, 이 중에서는 투자자의 효용 곡선(위험선호도)에 따라 효용을 극대화시키는 최적 증권을 선택하는 것으로 요약할 수 있다.

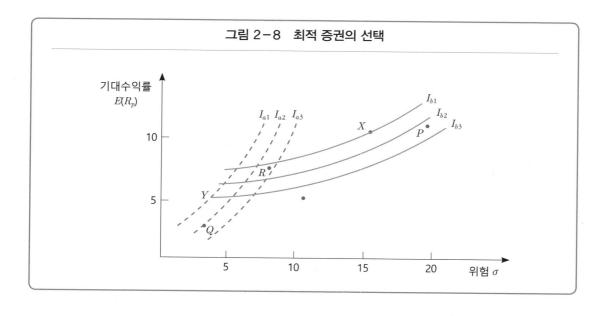

그림 2-8　최적 증권의 선택

효율적 포트폴리오와 최적 자산배분

---

1 **효율적 포트폴리오와 최적 포트폴리오의 선택 :
무위험자산이 존재하지 않는 경우**

시장에는 선택 가능한 수많은 증권들이 있다. 이들 간의 결합 가능한 경우의 수와 투자비율의 조정까지를 고려하면 헤아릴 수 없이 많은 수의 포트폴리오가 투자대상으로 존재한다. 〈그림 2-9〉의 점들은 많은 주식들로 이루어지는 모든 가능한 포트폴리오의 기대수익률과 위험의 조합을 나타내고 있는데 이들을 투자기회 집합(investment opportunity set)이라고 한다. 이 중에서 선택대상으로 적절한 포트폴리오는 XY선상에 위치하는 효율적 투자선(efficient frontier) 또는 효율적 포트폴리오 집합이다.

현실적으로 증권시장에 존재하는 모든 투자기회(포트폴리오)를 대상으로 효율적 투자선을 구하기 위해서는 ① 일정한 기대수익률을 가지는 투자기회 중 위험이 최소인 점이나, ② 일정한 위험 수준에서 기대수익률이 최대인 점을 구하면 될 것인데, 이 해를 발견하는 데는 일반적으로 2차 계획법(quadratic programming)이 사용되고 있다. 일정한 기대수익률을 가지는 투자기회 중

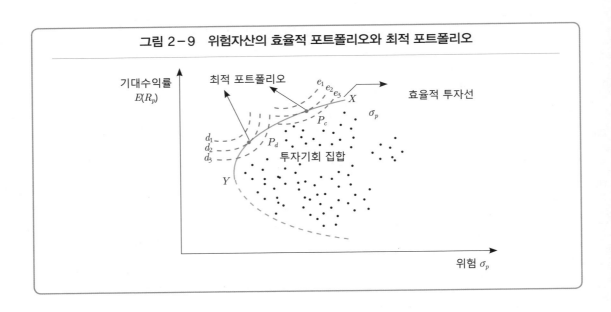

그림 2-9 위험자산의 효율적 포트폴리오와 최적 포트폴리오

위험이 최소인 최소분산 포트폴리오 집합을 수식으로 표시하면 다음과 같이 정리된다.

$$\text{Min } Var(R_P) = \sum_{i=1}^{n} \sum_{j=1}^{n} w_i w_j \sigma_{ij}$$

Subject to

$$E(R_P) = \sum_{j=1}^{n} w_j E(R_j) = k \quad (k : \text{상수})$$
$$\sum_{j=1}^{n} w_j = 1.0 \qquad\qquad (2-23)$$

위의 수식에서 목적 함수는 포트폴리오 분산을 최소화하는 것으로 두었고 제약조건은 일정한 기대수익률의 값 k로 놓았다. 여기서 결정변수(decision variables)는 투자금액의 비율 w_j이다. 또한 식 (2−23)에 의해 구한 최소분산 포트폴리오 집합 중에서는 최소분산 포트폴리오 (GMVP) 밑부분의 비효율적 포트폴리오가 존재할 수 있다. 따라서 GMVP 윗부분만의 효율적 포트폴리오는 다음 식 (2−24)와 같이 일정한 분산(l)에서 포트폴리오 기대수익률을 최대화시키는 것을 찾으면 구해진다.

$$\text{Max } E(R_P) = \sum_{j=1}^{n} w_j E(R_j)$$

$$Var(R_P) = l \quad (l : \text{상수})$$
$$\sum_{j=1}^{n} w_j = 1.0 \qquad\qquad (2-24)$$

효율적 투자선 또는 효율적 포트폴리오가 이와 같은 방법으로 찾아지면 마지막 작업은 이 중에서 어떤 것이 투자자의 기대효용을 극대화하는 최적 포트폴리오(optimal portfolio)인가를 찾는 것이다. 최적 포트폴리오의 선택은 결론적으로 각 개인의 효용 곡선, 즉 위험에 대한 태도에 달려 있다. 앞서 설명했던 것처럼 투자자의 등 효용 곡선과 효율적 투자선의 접점이 최적 포트폴리오가 된다. 〈그림 2−9〉에서 효용 곡선 d와 같은 모양을 갖는 소극적 투자자는 P_d의 포트폴리오를 최적 포트폴리오로 선택할 것이며 효용 곡선 e와 같은 모양을 갖는 적극적 투자자에게는 P_e의 포트폴리오가 효용을 극대화하는 최적 포트폴리오가 될 것이다.

이상에서 살펴 본 마코위츠의 포트폴리오 선택 모형을 실제의 투자결정에 활용하기 위해서는 식 (2−23), 식 (2−24)에 필요한 투입정보를 만들어내는 것이 필요하다. 즉 n개의 자산 각각에 대하여 기대수익률 $E(R_j)$과 분산 σ_j^2을 추정하고, 각 자산들 간의 공분산 σ_{ij}을 $n(n-1)/2$만큼 추정하는 것이 필요하다. 이들 투입정보를 만드는 방법은 개별 자산의 확률분포를 이용하여 기대수익률과 위험을 추정하는 것이다. 만약 미래 예상수익률의 분포가 과거 시계열 자료의 패턴과 크게 차이나지 않을 것으로 예상되면 과거의 역사적 시계열 자료로부터 이를 추정하기도 한다.

3 　무위험자산

먼저 무위험자산(risk−free asset)이 무엇인지에 대해 생각해 보자. 무위험자산은 미래 상황의 변화에 관계없이 확정된 수익이 보장되어 수익률의 변동이 없기 때문에 그 위험(수익률의 표준편차)이 0인 투자자산을 말한다.

포트폴리오 관리의 핵심 중 하나는 주식, 회사채, 국공채, 부동산 등 투자수익과 투자위험이 질적으로 상이한 각 자산군에 투자자금을 포괄적으로 어떻게 배분할 것인가를 결정하는 자산배분(asset allocation)에 관한 문제이다. 이론적 논의를 단순화할 경우 자산배분은 주식과 같은 위험자산과 국공채와 같은 무위험자산에 대한 투자비율의 결정 문제로 귀결된다. 그러면 포트폴리오를 구성할 때 주식, 회사채와 같은 위험자산(risky asset)과 정기예금이나 국공채 등의 무위험자산(risk−free asset)에 자금을 나누어 투자하여 자산배분을 시도할 때 최적 자산배분, 최적 포트폴리오의 결정은 어떻게 이루어지는지 알아보자.

즉,

$$E(R_f) = R_f, \, \sigma(R_f) = 0$$

단, $E(R_f)$, $\sigma(R_f)$: 무위험자산의 기대수익률과 표준편차

R_f : 무위험이자율(risk-free rate)

일반적으로 정기예금이나 국공채와 같은 투자대상들이 무위험자산으로 인식되고 있다. 이러한 자산들도 엄밀한 의미에서 보면 위험이 없는 것은 아니지만 이러한 투자자산들은 명목수익률이 확정되어 있고, 만기가 짧은 단기국공채는 이자율 변동 위험이 매우 적고 특히, 지급불능 위험이 없으므로 통상적으로 이 투자자산들을 무위험자산으로 취급하고 있다.

4 무위험자산이 포함될 때 포트폴리오의 기대수익률과 위험

무위험자산이 포함될 때 포트폴리오의 기대수익률과 위험이 어떻게 달라지는가를 파악하여 보자. 먼저 위험자산만으로 구성되는 포트폴리오의 경우 〈그림 2-10〉의 호 XY상에 나타나 있는 효율적 포트폴리오 집합이 투자대상으로 고려될 것이다. 이 중 하나인 포트폴리오 A에 투자자금의 w를 투자하고 무위험자산(기대수익률이 무위험이자율인 R_f이고, 위험이 0인 투자자산)에 나머지 투자자금 $(1-w)$를 투자할 경우의 기대수익률과 위험(표준편차)을 구해보면 식 $(2-25)$, 식 $(2-26)$과 같이 표시할 수 있다. 왜냐하면 이 포트폴리오는 두 자산으로 구성되는 경우와 마찬가지이므로 식 $(2-5)$와 식 $(2-10)$을 그대로 이용할 수 있기 때문이다.

$$
\begin{aligned}
E(R_P) &= w \cdot E(R_A) + (1-w)R_f \\
&= R_f + w[E(R_A) - R_f]
\end{aligned}
\tag{2-25}
$$

$$
\begin{aligned}
Var(R_P) &= w^2\sigma_A^2 + (1-w)^2(\sigma_{R_f})^2 + 2w(1-w)\sigma_{AR_f} \\
&= w^2\sigma_A^2 \\
\therefore \, \sigma_P &= w\sigma_A
\end{aligned}
\tag{2-26}
$$

단, R_f : 무위험이자율

$E(R_A)$: 위험자산 주식 포트폴리오 A의 기대수익률

σ_A^2 : 위험자산 주식 포트폴리오 A의 분산

w : 위험자산 주식 포트폴리오 A에 대한 투자비중

$1-w$: 무위험자산에 대한 비중

σ_{ARf} : 주식 포트폴리오 A의 수익률과 무위험이자율 간의 공분산

이제 식 (2-26)에서 $w=\sigma_P/\sigma_A$이므로 이를 식 (2-25)에 대입해 보면 투자비율과 관계없이 이 이 두 펀드 포트폴리오(two-fund portfolio : 무위험자산과 위험자산인 주식으로 구성되는 포트폴리오)의 기대수익률은 다음 식 (2-27)처럼 위험(표준편차)과 선형적으로 비례하는 관계에 있음을 알수 있다.

$$E(R_P) = R_f + \frac{E(R_A) - R_f}{\sigma_A}\sigma_P \qquad (2-27)$$

무위험자산과 어느 특정한 위험자산 A로 구성되는 두 펀드 포트폴리오를 구성할 때 기대되는 기대수익과 위험의 조합은 〈그림 2-10〉의 선 R_fa처럼 절편이 R_f이고 기울기가 $[E(R_A)-R_f]/\sigma_A$인 직선으로 표시되는데, 이 직선을 자본 배분선(Capital Allocation Line : CAL)이라고 한다. 무위험자산이 존재하지 않는 경우의 투자기회 집합 속의 모든 위험자산(〈그림 2-9〉 참조)이 무위험자산과 결합할 수 있음을 감안할 때 자본 배분선은 무수히 많이 존재하게 된다. 그러므로 무위험자산이 존재하는 경우 그렇지 않은 경우에 비해 투자기회 집합이 확대되는 효과가 있음을 알 수 있다. 무위험자산이 존재하는 경우 나타나는 또 다른 변화로는 주어진 위험 수준에서 가장 높은 수익률을 주는(또는 주어진 수익률에서 가장 낮은 위험을 주는) 효율적 포트폴리오가 〈그림 2-10〉의 R_fTN의 선으로 나타난다는 사실이다. 즉 무위험자산이 존재하지 않는 경우 효율적 포트폴리오였던 ATX의 곡선은 더 이상 효율적이지 않고, 그 대신 무위험자산과 접점 포트폴리오(tangent portfolio)를 연결한 R_fTN 선이 효율적 포트폴리오가 되는 것이다.

자본 배분선 R_fa상에 오는 기대수익률과 위험의 조합들은 무위험자산과 포트폴리오 A로 투자 포트폴리오를 구성하는 모든 투자자들이 똑같이 얻게 되는 기대수익률과 위험의 조합을 뜻한다. 다만 이 직선상 어느 점의 기대수익률과 위험을 얻게 되느냐 하는 것은 전적으로 두 펀드에 대한 투자비율에 달려 있다. 점 A는 투자자금 전부를 주식펀드에 투자하고 무위험자산에는 전혀 투자하지 않은 경우이고 점 B는 전액을 무위험자산에 투자한 경우이다. 반면에

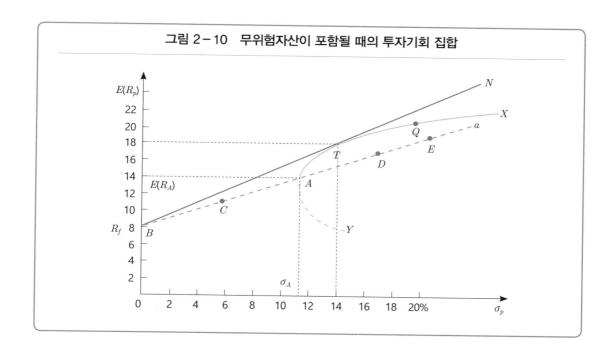

그림 2-10 무위험자산이 포함될 때의 투자기회 집합

점 D와 E는 본래의 투자자금에 R_f수준의 이자율로 차입한 자금을 더하여 주식펀드에 100% 이상을 투자한 경우로 차입 포트폴리오(borrowing portfolio)라고 하며 점 C와 같이 BA선상의 포트폴리오는 투자자가 금융기관에 자금을 빌려준 것과 다름이 없으므로 대출 포트폴리오(lending portfolio)라고 부른다. 여기에서 중요한 사실은 $R_f a$선상에서는 투자금액의 비율이 어떻게 조정되더라도 투자위험(σ_P)을 한 단위 증가시킬 때 얻게 되는 기대수익률의 증가분인 위험보상률($[E(R_A) - R_f]/\sigma_A$)이 항상 일정하다는 점이다. 이때의 비율, 즉 직선 $R_f a$의 기울기를 변동성 보상비율(Reward-To-Variability Ratio : RVAR)이라고 부른다.

$$RVAR = \frac{E(R_A) - R_f}{\sigma_A} \qquad\qquad (2-28)$$

결론적으로 중요한 사실은 주식과 같은 위험자산만으로 포트폴리오를 구성하는 것보다 무위험자산을 포트폴리오에 포함시켜 자산을 배분하는 것이 훨씬 우월한 투자성과를 기대케 한다는 점이다. 다시 말하면 무위험자산을 포함시켜야 한 단위 위험부담에 대한 투자수익률이 극대화된다. 이 같은 논리적 근거 때문에 실제의 포트폴리오 운용에서는 먼저 무위험자산편

드와 위험자산펀드의 두 펀드로 나누어 포트폴리오 구성을 하고 여기에 투자자금을 배분하는 자산배분이 중요한 의미를 갖는다.

> **예시**

기대수익률과 표준편차가 다음과 같은 주식펀드 A가 있고 이자율이 8%인 무위험자산이 있다. 이제 이 두 펀드로 포트폴리오를 구성하고자 한다.

주식펀드 A의 기대수익률 $E(R_A) = 16\%$
주식펀드 A의 표준편차 $\sigma_A = 12\%$
무위험이자율 $R_f = 8\%$

① 이제 주식펀드 A와 무위험자산 두 펀드에 대한 투자비율을 0.0 : 1.0, 0.5 : 0.5, 1.0 : 0.0, 1.5 : −0.5, 2.0 : −1.0으로 조정해 나갈 때 포트폴리오의 기대수익률과 위험을 계산하라.

② 100% 전부를 주식펀드 A에 투자하는 것과 50 : 50으로 나누어 투자하는 것 사이에 변동성 보상비율의 차이가 있는가?

(풀이)

① 주식펀드에 대한 투자비율을 ω, 무위험자산에 대한 투자비율을 $1-\omega$라고 표시하면 포트폴리오 기대수익률과 위험은 다음 식과 같으므로 양자는 다음 표와 같이 계산된다.

$$E(R_P) = R_f + \omega[E(R_A) - R_f]$$

$$\sigma_P = \omega \cdot \sigma_A$$

이 결과에서 포트폴리오 기대수익률은 위험에 선형적으로 비례함을 확인할 수 있다.

투자비율		$E(R_P)$	σ_P
ω_A	ω_{R_f}		
0.00	1.00	8%	0%
0.50	0.50	12	6
1.00	0.00	16	12
1.50	−0.50	20	18
2.00	−1.00	24	24

② 투자위험이 한 단위 증가할 때 얻게 되는 위험 보상률의 증가, 즉 변동성 보상비율은 투자금액의 비율에 관계없이 일정하다.

$$\frac{E(R_A) - R_f}{\sigma_A} = \frac{0.16 - 0.08}{0.12} = \frac{0.08}{0.12} \fallingdotseq 0.67$$

효율적 투자기회 집합(efficient investment opportunity set) 또는 효율적 투자선(efficient frontier)의 도출은 모든 투자자에게 동일한 투자대상이 주어졌음을 의미한다. 투자자들은 이 동일한 투자기회 집합 중에서 각 개인의 효용 곡선, 즉 위험에 대한 태도(위험선호도)에 따라 위험자산 펀드에 대한 투자비율을 조정하여 각자의 최적 포트폴리오(optimal portfolio)를 선택하게 된다. 즉, 투자자의 등 효용 곡선과 효율적 투자선의 접점이 최적 포트폴리오가 된다. 이제 앞에서 살펴보았던 효용 함수를 이용하여 최적 포트폴리오를 결정하는 과정을 알아보자.

앞에서 본 식 (2−22)는 평균·분산 기준을 사용하여 투자안을 평가하는 투자자의 효용 함수를 식 (2−29)와 같이 제시하고 있다.

$$U = E(R) - 0.5C \cdot \sigma^2 \qquad\qquad (2-29)$$
단, U : 효용의 크기
C : 위험회피 계수

한편, 무위험자산 펀드와 위험자산 펀드로 구성되는 포트폴리오의 기대수익률은 식 (2−25)로 표현되고 식 (2−26)에서 $\sigma_P^2 = \omega^2 \sigma_A^2$이 됨을 알 수 있다.

투자자는 최적 포트폴리오를 구성하도록 w를 선택하여 효용을 극대화할 것이고 이 관계는 식 (2−22)를 이용하여 다음과 같이 표시된다.

$$\text{Max } U = E(R_P) - 0.5C\sigma_P^2 = R_f + \omega[E(R_A) - R_f] - 0.5C\omega^2\sigma_A^2$$

위의 식의 해를 구하기 위해서는 w에 대하여 미분을 하고 그 값을 영으로 하여 해를 구하면 위험회피형의 투자자가 최적 포트폴리오를 구성하는 w^*는 다음과 같이 구해진다.

$$\omega^* = \frac{E(R_A) - R_f}{C}\sigma_A^2 \qquad\qquad (2-30)$$

앞의 예제를 여기에 적용하여 보면 위험회피 계수 $C=8$인 투자자의 경우 위험자산 투자 가중치는 다음과 같이 계산된다.

$$\omega^* = \frac{0.16-0.08}{8\times0.12^2} = 0.69$$

이 투자자는 투자금액의 69%를 위험자산 펀드에, 나머지 31%를 무위험자산 펀드에 투자하여 효용을 극대화시키는 최적 포트폴리오를 구성하게 된다. 이때 얻게 되는 최적 포트폴리오의 기대수익률과 표준편차는 다음과 같다.

$$E(R_P) = 0.08 + 0.69[0.16-0.08] = 0.1352$$
$$\sigma_P = 0.69 \times 0.12 = 0.0828$$

여기서 변동성 보상비율 $RVAR = (0.135-0.08)/0.0828 = 0.67$이 되어 앞의 예제에서 구한 변동성 비율과 일치함을 알 수 있다.

〈그림 2-11〉은 이 특정 투자자가 투자금액의 69%를 위험자산 펀드에 투자하여 최적 포트폴리오 d를 선택하였으며 이 점에서 투자자의 등 효용 곡선과 효율적 투자선이 접하고 있음을 보여주고 있다.

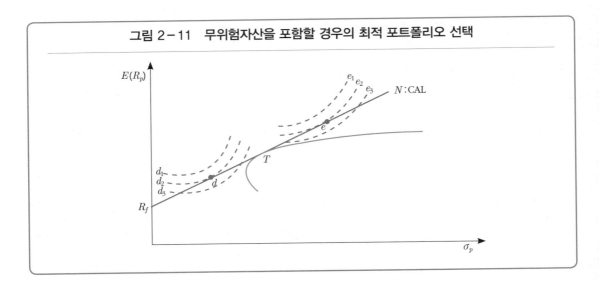

그림 2-11 무위험자산을 포함할 경우의 최적 포트폴리오 선택

chapter 03

자본자산 가격결정 모형

section 01 **자본자산 가격결정 모형의 의의와 가정**

자본자산 가격결정 모형(Capital Asset Pricing Model : CAPM)이란 자본시장이 균형 상태를 이룰 때 자본자산의 가격(기대수익)과 위험과의 관계를 예측하는 모형이다. 여기서 자본자산(capital asset)이란 미래의 수익에 대한 청구권(claim)을 가지는 자산을 말하는데, 주식, 회사채 등의 유가증권을 가리킨다. 또한 균형 상태(equilibrium condition)라는 것은 이들 자본자산이 거래되는 자본시장에서 수요와 공급이 일치되도록 가격이 형성된 상태를 말한다. 그러므로 자본자산 가격결정 모형은 개별 투자자들이 앞에서 설명한 방법대로 효율적 분산투자를 하고 시장 전체가 균형 상태에 있을 때 주식과 같은 자본자산의 균형 가격이 어떻게 결정되는가를 예측하는 모형이라고 할 수 있다. CAPM은 샤프(W. F. Sharpe : 1964), 린트너(J. Lintner : 1965), 모신(J. Mossin : 1965)에 의해서 거의 같은 시기에 독자적으로 제시되었다. 자본자산의 위험과 수익률 사이에 존재하는 균형관계를 설명하는 이들 모형은 최근까지 현실의 증권시장에서 증권의 가격결정구조를 설명하는 데 있어서 유용한 것으로 인식되고 있다. 먼저 CAPM을 이해하는 데는 모형의 도출에 필요한 여러 가지 가정에 주의할 필요가 있다. 이들 가정은 비현실적인 면이 있지만, 위험과 기대수익과의 명확한 관계규명을 위해서 필요한 것들이다. CAPM의 가정을 요약하면 다음과 같다.

❶ 가정 1(평균·분산기준의 가정) : 투자자는 평균과 분산만 가지고 투자 결정을 내리며 구체적으로 상대적으로 높은 평균, 상대적으로 낮은 분산을 가진 자산을 선택한다.

❷ 가정 2(동일한 투자기간의 가정) : 모든 투자자는 동일한 단일 투자기간을 갖고 이 단일 투자기간 이후에 발생하는 결과는 무시한다.

❸ 가정 3(완전시장의 가정) : 개인투자자는 자본시장에서 가격 순응자(price taker)이고, 거래비용과 세금이 존재하지 않아 자본과 정보의 흐름에 아무런 마찰이 없다.

❹ 가정 4(무위험자산의 존재 가정) : 투자대상은 공개적으로 거래되고 있는 금융자산에 한정하고, 투자위험이 전혀 없는 무위험자산(risk-free asset)이 존재하며 모든 투자자들은 동일한 무위험이자율 수준으로 얼마든지 자금을 차입하거나 빌려줄 수 있다.

❺ 가정 5(균형시장의 가정) : 자본시장은 수요와 공급이 일치하는 균형 상태에 있다.

❻ 가정 6(동질적 미래예측의 가정) : 모든 투자자는 동일한 방법으로 증권을 분석하고 경제상황에 대한 예측도 동일하다. 따라서 미래증권 수익률의 확률분포에 대하여 동질적으로 예측(homogeneous expectation)을 한다.

section 02 자본시장선

1 자본시장선의 도출

앞장에서 효율적 포트폴리오를 구성하는 방법에 대하여 두 단계로 나누어 살펴본 바 있다. 하나는 주식과 같은 위험자산만으로 포트폴리오를 구성할 경우로서 마코위츠 모형에 의해서 일정한 기대수익 하에서 위험을 최소화시키는 효율적 투자선(efficient frontier)을 찾아내는 것이었다. 〈그림 3-1〉에서 호 XY가 효율적 투자선이다.

두 번째 단계는 투자대상을 위험자산뿐만 아니라 위험이 없는 정기예금이나 국공채($E(R_f)$ $= R_f$, $\sigma(R_f) = 0$)에도 확대하여 포트폴리오를 구성함으로써 더욱 우월한 투자성과를 가능케 하는 새로운 효율적 투자선, 즉 R_f에서 호 XY에 접선을 그어서 얻어지는 $R_f MN$을 도출하는

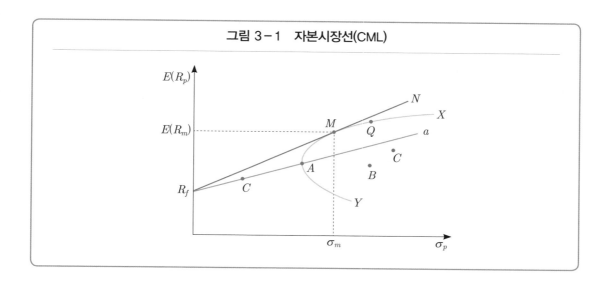

그림 3-1 자본시장선(CML)

단계다. 〈그림 3-1〉은 앞장의 〈그림 2-10〉과 같은 그림인데 다만, R_fN 직선과 위험자산만으로 구성되는 효율적 경계선인 호 XY의 접점이 T가 아니라 M이라는 차이가 있다. 즉, 수요와 공급이 일치하는 균형 상태에서는 접점 포트폴리오 T와 시장 포트폴리오 M이 일치하며, 이것이 자본자산 가격결정 모형이 시사하는 중요한 점이다. R_f에서 호 XY에 접선을 그었을 때 표시되는 투자선 R_fMN은 R_fa보다 같은 위험에서 더 높은 기대수익률을 가지므로 더 효율적이다(R_fMN의 기울기는 호 XY상의 어떤 포트폴리오와 결합하여 얻어지는 투자선보다도 기울기가 크다). 이때 포트폴리오 M은 위험자산 포트폴리오 중에서 변동성 보상비율(기울기)이 가장 큰 포트폴리오이므로 포트폴리오 A나 Q 등과 비교할 때 위험자산 중에서 궁극적으로 유일한 효율적 포트폴리오가 된다. 따라서 자본 배분선 R_fMN은 투자자금의 일부를 무위험자산펀드(R_f)에 투자하고 나머지를 위험자산 포트폴리오 M에 투자하여 얻어지는 가장 효율적인 투자기회 집합을 나타낸다. 여기서 포트폴리오 M을 시장 포트폴리오(market portfolio)라고 한다. 균형 상태에서는 투자자들이 소유하고자 하는 위험자산 포트폴리오의 합이 포트폴리오 M이 될 것이므로 결과적으로 포트폴리오 M은 시장에 존재하는 모든 위험자산을 포함하는 시장 포트폴리오가 된다.

이러한 방법으로 투자자들이 투자자금을 정기예금이나 국공채와 같은 무위험자산과 효율적 위험자산 포트폴리오 M에 나누어 투자할 때 균형 상태의 자본시장에서 도출되는 새로운 효율적 투자기회 집합, 즉 효율적 포트폴리오의 기대수익률과 위험 사이에는 일정한 선형적인 관계가 성립한다. 이 관계를 그래프로 표시한 것이 자본시장선(Capital Market Line : CML)이다. 그러므로 자본시장선상의 모든 점들은 효율적 포트폴리오를 나타내고 있다. 이 자본시장선은 본질적으로 무위험자산과 위험자산 포트폴리오 M의 자본 배분선(CAL)이 되므로 앞장의 식 (2-27)을 포트폴리오 M을 포함하는 식으로 고쳐 쓰면 식 (3-1)이 된다.

$$E(R_P) = R_f + \frac{E(R_m) - R_f}{\sigma_m} \sigma_p \qquad (3-1)$$

단, $E(R_m)$: 시장 포트폴리오의 기대수익률

σ_m : 시장 포트폴리오의 표준편차

여기서 기울기 $[E(R_m) - R_f]/\sigma_m$은 RVAR인데 여기서는 시장위험 1단위에 대한 위험 보상률(risk premium)을 나타낸 것이므로 위험의 균형 가격(equilibrium price of risk)이라고 부른다. 균형 시장에서는 어느 투자자들에게나 위험 보상률이 동일하다.

2 시장 포트폴리오

자본시장선이 밝히고 있는 기대수익률과 위험의 관계를 보다 잘 이해하기 위해서는 시장 포트폴리오 M의 특성을 좀더 자세히 알아볼 필요가 있다.

첫째, 모든 투자자들은 자신의 위험선호도와 관계없이 위험자산 포트폴리오로는 유일하게 시장 포트폴리오 M을 선택하게 된다. CML선상의 어느 점이든 모두 시장 포트폴리오 M에 일부 투자하는 것을 나타낸다. 이때 시장 포트폴리오 M은 무위험자산을 투자대상으로 포함시킬 때 위험자산 포트폴리오(마코위츠의 효율적 경계선) 중에서 유일하게 투자대상에 포함되는 효율적 포트폴리오이며 $[E(R_p) - R_f]/\sigma_p$이 극대화되는 포트폴리오이다.

따라서 이성적 투자자라면 자신들의 위험선호도와 관계없이 모두 동일하게 시장 포트폴리오를 선택하게 된다. 이 결과를 토빈(J. Tobin)의 분리정리(Tobin's Two Fund Separation Theorem)라고 한다. 즉, 최적 포트폴리오의 구성은 별개의 두 단계로 분리하여 이루어지게 되는데, 첫째 단계에서 위험자산들의 효율적 결합은 개별 투자자들의 위험선호도에 관계없이 이루어지며, 그 결과로 얻어지는 시장 포트폴리오 M은 모든 투자자들의 동일한 투자대상이 되는 것이고

(증권 선택), 둘째 단계는 투자자들의 위험선호도에 따라 무위험자산과 시장 포트폴리오에 대한 투자비율을 결정하여 최적 포트폴리오를 구성하는 것이다(자본 배분). 결과적으로 증권 선택 결정과 자본 배분 결정은 서로 별개의 문제가 된다.

둘째, 시장 포트폴리오는 시가 총액의 구성비율대로 구성되는 포트폴리오(value weighted portfolio)이며 모든 위험자산을 포함하는 완전 분산 투자된 포트폴리오이다. 투자자들이 위험자산(대표적으로 주식)의 기대수익률과 위험에 대하여 평균 · 분산기준을 적용하고(가정 1) 동질적 예측(가정 6)을 하게 되면 투자자 모두는 동일한 효율적 포트폴리오 집합을 도출할 것이고 그 결과 동일한 효율적 포트폴리오 M을 선택할 것이므로 최적 포트폴리오를 구성하는 개별 주식에 대한 투자비율 또한 모두 동일하게 유지될 것이다. 그래서 균형 상태 하에서는 개별 주식에 대한 투자비율(w_j)은 시장 전체 주식의 총 시장가치에 대해서 개별 주식의 총 시장가치(=개별 주식 가격×발행주식수)의 비율대로 구성된다.

$$w_j = \frac{\text{개별 주식 } j\text{의 총 시장가치}}{\text{시장 전체 주식의 총 시장가치}} \qquad (3-2)$$

만약 이와 같은 비율대로 구성되지 않으면 특정 주식에 대하여 초과수요나 초과공급이 있음을 의미하게 되며 이때 해당 주식의 가격이 상승하거나 하락하여 시장은 수요와 공급이 일치하는 균형 상태로 복귀하여 결국 시가총액의 비율대로 구성된다. 마찬가지 논리로 시장 포트폴리오는 거래대상의 모든 위험자산(주식)을 포함하게 된다. 만약 포함이 안 되는 주식이 있다면 이러한 주식은 수요가 없음을 의미하므로 가격이 하락하게 될 것이다. 가격이 상당한 수준으로 하락하게 되면 다시 수요가 있게 되므로 투자대상으로 포함되게 된다. 따라서 시장 포트폴리오는 모든 위험자산을 포함하는 완전 분산 투자된 효율적 포트폴리오인 것이다.

셋째, 시장 포트폴리오의 특성을 가장 잘 나타내는 현실적인 대용치로서 종합주가지수를 들 수 있다. 시장 포트폴리오는 모든 위험자산을 포함해야 하며, 여기에는 부동산, 비상장주식, 금, 구리, 석유 등과 같은 상품도 포함된다. 따라서, 엄격한 의미에서는 종합주가지수는 시장 포트폴리오가 아니다. 그럼에도 불구하고, 종합주가지수는 시장 포트폴리오의 변화 양상을 비교적 가깝게 나타내 주고 줄 것이기 때문에 흔히 이를 대용치(proxy)로 사용하고 있다. 종합주가지수를 대용치로 사용하는 경우, 시장 포트폴리오의 수익률은 식 (3-3)과 같이 측정된다.

$$R_{mt} = \frac{I_{t+1} - I_t}{I_t} + D_{mt} \qquad\qquad (3-3)$$

단, R_{mt} : t기간의 시장 포트폴리오 수익률

I_t : 기초의 종합주가지수

I_{t+1} : 기말의 종합주가지수

D_{mt} : t기간의 주식들의 평균 배당수익률

시장 포트폴리오의 기대수익률 $E(R_m)$와 분산 σ_m^2은 여러 기간에 걸친 종합주가지수 시계열 자료로부터 식 (3-3)에 의해서 계산되어진 수익률의 평균과 분산을 구하여 사용하고 있다.

section 03 증권시장선

자본시장선(CML)은 효율적 포트폴리오의 기대수익률과 위험(표준편차)과의 선형적 관계를 나타낸 반면 증권시장선(Securities Market Line : SML)은 개별 증권의 기대수익과 위험의 관계를 나타낸 것이다. CAPM의 핵심이 되는 증권시장선을 도출하기 위해서 먼저 개별 증권의 위험이 어떻게 평가되는지를 살펴보기로 하자.

1 개별 증권의 위험과 균형 기대수익률

개별 투자자의 궁극적인 관심은 최종적인 효율적 포트폴리오의 구성에 있으므로 개별 증권의 위험을 평가할 때는 투자자의 투자대상이 되는 효율적 포트폴리오의 분산에 대한 개별 증권의 기여도에 근거하여야 할 것이다. 포트폴리오에 투자하는 투자자에게 의미 있는 것은 개별 증권의 위험이 아니라 전체 포트폴리오의 위험이며 이 포트폴리오의 위험이 위험 보상률(risk premium)을 결정한다. 모든 투자자들은 앞에서 설명한 것처럼 효율적 포트폴리오를 구성할 때 위험자산으로는 시장 포트폴리오에만 투자할 것이므로, 개별 주식의 위험은 그 주식이

시장 포트폴리오의 위험에 미치는 영향의 정도로 측정하는 것이 타당하다고 하겠다. 개별 주식이 시장 포트폴리오의 위험에 미치는 영향은 〈그림 3-2〉를 통하여 잘 이해될 수 있다.

다음 그림에서 개별 주식, 이를테면 주식(1)이 시장 포트폴리오의 위험에 영향을 미치는 부분은 〈그림 3-2〉의 제일 윗줄에 해당하는 $w_1\sigma_{1m}$이다. 일반적으로 시장 포트폴리오의 분산에 대하여 개별 주식 j의 영향(기여도)은 식 (3-4)와 같다.

$$
\begin{aligned}
\omega_j(\omega_1\sigma_{j1}&+\omega_2\sigma_{j2}+\cdots+\omega_i\sigma_{ji}+\cdots+\omega_n\sigma_{jn}) \\
&=\omega_j\cdot Cov(R_j,\ \sum_{i=1}^{n}\omega_i R_i) \\
&=\omega_j\cdot Cov(R_j,\ R_m) \\
&=w_j\sigma_{jm}
\end{aligned}
\tag{3-4}
$$

즉 개별 주식 j의 기여도는 (개별 주식 j에의 투자비율)×(개별 주식 j와 시장 포트폴리오의 공분산)로 표시된다.

그리고 총 시장위험인 시장 포트폴리오의 분산 σ_m^2은 〈그림 3-2〉에 나타난 모든 부분의 합으로 식 (3-5)와 같이 표시된다.

$$
\sigma_m^2=\sum_{i=1}^{n}\sum_{j=1}^{n}w_i w_j \sigma_{ij}
\tag{3-5}
$$

그리고 시장 포트폴리오의 위험 보상률(risk premium)은 다음 식 (3-6)과 같이 표시할 수 있다.

$$
\begin{aligned}
E(R_m)-R_f&=\omega_1[E(R_1)-R_f]+\cdots+\omega_j[E(R_j)-R_f] \\
&\quad+\cdots+\omega_n[E(R_n)-R_f]
\end{aligned}
\tag{3-6}
$$

위 식에서 시장 포트폴리오의 위험 보상률에 대한 주식 j의 기여분은 우변의 j번째 항으로 $\omega_j[E(R_j)-R_f]$이 된다. 식 (3-4)와 식 (3-6)에서 주식 j의 시장 포트폴리오에 대한 위험 대비 위험 보상률의 상대적 기여도는 다음 식 (3-7)과 같이 표시할 수 있다.

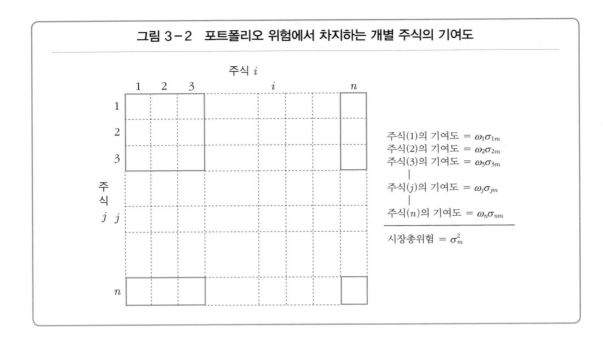

그림 3-2 포트폴리오 위험에서 차지하는 개별 주식의 기여도

주식(1)의 기여도 = $\omega_1 \sigma_{1m}$
주식(2)의 기여도 = $\omega_2 \sigma_{2m}$
주식(3)의 기여도 = $\omega_3 \sigma_{3m}$
|
주식(j)의 기여도 = $\omega_j \sigma_{jm}$
|
주식(n)의 기여도 = $\omega_n \sigma_{nm}$
———————————————
시장총위험 = σ_m^2

$$\frac{E(R_j) - R_f}{\sigma_{jm}} \tag{3-7}$$

　같은 논리로 투자자들이 시장 포트폴리오를 보유함으로써 얻게 되는 위험 대비 위험 보상률의 상대적 비율은 다음과 같다.

$$\frac{E(R_m) - R_f}{\sigma_m^2} \tag{3-8}$$

　그리고 균형 상태에서는 모든 위험자산에 대하여 위의 식 (3-7)과 식 (3-8)에 대하여 다음의 관계가 성립되어야 한다.

$$\frac{E(R_j) - R_f}{\sigma_{jm}} = \frac{E(R_m) - R_f}{\sigma_m^2} \tag{3-9}$$

균형 상태에서는 투자자들이 어떤 위험자산 또는 위험자산 포트폴리오를 보유하여 추가적 위험을 부담할 때 이에 대한 보상(위험 보상률)이 모든 자산에 대하여 동일하여야 한다는 것이다. 만일 그렇지 않다면 상대적으로 유리한 자산 또는 포트폴리오로 수요가 몰릴 것이며 이는 가격상승을 야기할 것이다(수요와 공급의 불일치 → 불균형 상태). 그러면 가격조정을 통하여 위의 관계가 회복될 것이고 이때 다시 균형 상태에 이르게 되므로, 식 (3-9)의 관계는 균형 상태에서는 반드시 성립된다고 말할 수 있다.

이제 식 (3-9)를 자산 j의 기대수익률에 대하여 정리하면 다음의 식을 얻게 되는데 이를 증권시장선(Securities Market Line : SML) 식이라고 부르며 자본자산 가격결정 모형(CAPM)이 제시하는 개별 자산의 기대수익률과 베타와의 관계를 나타내는 식이다.

$$E(R_j) = R_f + [E(R_m) - R_f]\frac{\sigma_{jm}}{\sigma_m^2}$$

또는, $E(R_j) = R_f + [E(R_m) - R_f]\beta_j$

단, $E(R_j)$: 주식 j의 기대수익률

R_f : 무위험자산의 수익률

$E(R_m)$: 시장 포트폴리오의 기대수익률

β_j : 주식 j의 베타계수($=\sigma_{jm}/\sigma_m^2$)

(3-10)

이 식에서 σ_{jm}/σ_m^2, 베타(β)계수로 불리는 부분은 시장 포트폴리오의 전체 수익률 변동에 대한 개별 주식 수익률 변동의 민감도를 표시한 것으로 개별 주식의 위험이 시장 포트폴리오 위험에 미치는 영향을 측정하는 위험척도가 된다. 식 (3-10)이 제시하는 바는 CAPM의 가장 중요한 결론으로 균형 하에서 자산 j의 위험 보상률(risk premium) $[E(R_j) - R_f]$은 그 자신의 베타계수에만 비례한다는 것이다. 다시 말하면 투자자들이 충분히 많은 수의 자본자산(증권)에 분산투자를 한다면 투자자들은 체계적 위험(시장위험)만을 부담할 것이므로 균형 상태에서 투자자들이 요구하는 개별 증권에 대한 위험 보상률은 개별 증권의 체계적 위험을 표시하는 베타계수에 비례한다는 것이다.

CAPM을 가격결정 모형이라고 부르는 이유는 증권시장선식을 균형 조건하에서 주식의 가치평가에 적용할 수 있기 때문이다. 즉 주식의 가격을 이용하여 정의되는 수익률을 증권시장선식과 결합하면 주식의 균형 가격을 식 (3−11)과 같이 제시할 수 있다.

$$E(R_j) = \frac{E(P_1) - P_0}{P_0} = R_f + [E(R_m) - R_f]\beta_j$$

$$P_0 : \text{기초 시장 가격}, \ P_1 : \text{기말 시장 가격}$$

이 식을 P_0에 대하여 정리하면 다음의 식이 얻어진다.

$$P_0 = \frac{E(P_1)}{1 + R_f + [E(R_m) - R_f]\beta_j} = \frac{E(P_1)}{1 + E(R_j)} \tag{3-11}$$

식 (3−11)은 위험조정 할인율을 이용한 주식의 균형 가치평가 공식이 된다.

3   증권시장선의 그래프

식 (3−10)을 그래프로 그리면 베타와 기대수익률 사이에는 〈그림 3−3〉과 같이 완전한 선형관계가 성립하는데 이 직선을 증권시장선이라고 한다.

증권시장선이 의미하는 바는 균형 자본시장에서 자본자산의 기대수익률을 결정짓는 위험은 β계수로 대표되는 체계적 위험이고 이 체계적 위험이 높으면 기대수익률도 높고, 체계적 위험이 낮으면 기대수익률도 낮다는 것이다. 증권시장선은 투자자산의 위험 보상률이 어떻게 결정되어야 하는지를 나타내고 있는데, 기본적으로 투자자산의 균형 수익률은 무위험자산 수익률(R_f)에 적절한 위험 보상률을 합하여 결정된다. 이를 식 (3−12)와 같이 초과수익률의 형태로 표시하면 위험 보상의 크기가 어떻게 구성되는지 잘 알 수 있다.

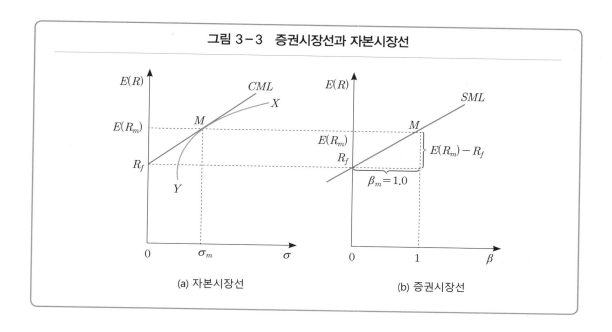

그림 3-3 증권시장선과 자본시장선

(a) 자본시장선

(b) 증권시장선

$$E(R_j) - R_f = [E(R_m) - R_f]\beta_j \qquad\qquad (3-12)$$

이 식에서 위험 보상률(risk premium)은 두 가지 부분으로 구성되고 있는데, 먼저 $[E(R_m) - R_f]$ 는 시장 포트폴리오, 즉 시장 전체에 대한 평균적인 위험 보상률(market risk premium)이며 증권시장선의 기울기이다. 위험 보상률을 결정짓는 또 한 가지는 특정 증권의 체계적 위험을 나타내는 β계수이다. 그래서 특정 증권의 위험 보상률(securities risk premium)은 평균적인 시장위험 보상률에 개별 증권의 체계적 위험을 곱하여 구해진다.

4 CML과 SML의 관계

표면적으로 볼 때 시장 균형 모형으로서 CML은 $E(R)$, σ공간에 표시되고 SML은 $E(R)$, β 공간에 표시된다는 점에서 먼저 차이가 있다. 〈그림 3-3〉의 CML은 위험자산의 포트폴리오에서 가장 효율적인 시장 포트폴리오 M과 무위험자산의 결합으로 이루어지는 새로운 효율적 투자선이다. CML은 기대수익률 $E(R)$와 표준편차 σ의 공간에서 양자의 선형적 관계를 표시하고 있다. 이 직선은 R_f에서 위험자산만으로 구성되는 최소분산 포트폴리오에 그은 접선이었는데, 절편은 R_f이고 기울기는 $[E(R_m)-R_f]/\sigma_m$이었다. 그래서 이 CML상에 오는 것은 완전 분산 투자된 효율적 포트폴리오뿐이다. 반면에 증권시장선(SML)상에 오는 것은 효율적이든 비효율적이든 모든 포트폴리오뿐만 아니라 개별 주식들도 표시된다는 점에서 차이가 있다. 또한 SML은 기대수익률 $E(R)$와 베타계수 β의 공간에서 직선으로 표시되는데, 이때의 절편은 무위험자산의 β가 영이므로 R_f가 될 것이고, 기울기는 시장 포트폴리오의 β가 1이고, 높이는 $[E(R_m)-R_f]$가 될 것이므로 $[E(R_m)-R_f]/1.0$, 즉 $E(R_m)-R_f$가 된다.

개별 투자자들이 자본시장에서 무위험이자율로 차입이나 대출을 받고 동시에 시장 포트폴리오에 투자함으로써 얻게 되는 최상의 효율적 포트폴리오만이 CML상에 오게 되고 개별 증권은 CML선상의 오른쪽 아래에 위치하게 된다. 왜냐하면 개별 증권은 비체계적 위험을 지니고 있기 때문이다. 반면에 이러한 개별 증권은 CML선상에 위치하지는 않지만 SML선상에는 위치한다. 왜냐하면 SML은 개별 증권의 체계적 위험만을 고려하기 때문이다.

<table>
<tr><td>**5**</td><td>**균형 가격의 형성과 SML의 투자 결정에의 이용**</td></tr>
</table>

1) CAPM에서의 균형 가격의 형성

균형 가격은 시장에서 수요·공급이 일치되어 증권 가격의 상승을 가져오는 사고자 하는 압력이나 하락을 가져오는 팔고자 하는 압력이 없는 상태에서 결정된다. 만일 어느 증권의 기대수익률이 너무 높거나 낮아 가격 형성이 잘못되어 있으면 사거나 팔고자 하는 압력이 즉시에 작용하여 가격은 균형 상태 수준으로 돌아오게 된다. 시장에서의 불균형 가격이 어떻게 균형 가격으로 복원되는지를 보기 위해서 먼저 증권의 시장 가격과 기대수익률과의 관계를 표시하면 식 (3−13)과 같다.

$$E(R) = \frac{E(P_1) + E(D)}{P_0} - 1 \qquad\qquad (3-13)$$

단, $E(R)$: 기대수익률

P_0 : 기초 시장 가격

이와 같은 균형 가격의 형성 과정을 〈그림 3−4〉의 SML에서 보기로 하자. 시장이 균형 상태에 있으면 자산의 기대수익률은 체계적 위험에 선형적으로 비례하므로 정확히 SML상에 있도록 결정된다. 만약 시장이 불균형 상태여서 〈그림 3−4〉에서의 U와 같은 주식이 존재한다면 이 상태는 오래 계속되지 못한다. 왜냐하면 주식 U의 체계적 위험(β_u)수준에서는 U' 수준의 기대수익률이 적절한데 이보다 높은 수익률을 기대할 수 있으므로 이성적인 투자자라면 이와 같은 과소평가(under−priced)된 주식을 매입하려고 할 것이기 때문이다. 매입하고자 하는 압력이 높게 작용하면 가격은 상승하고 기대수익률은 하락하여 U' 수준이 될 것이다.

반대로 주식 O와 같이 그 체계적 위험(β_O)수준에서의 기대수익률보다도 낮은 수익률이 예상되는 주식이 존재한다면 이는 과대평가(over−priced)된 주식이므로 이러한 주식은 팔려고 할 것이다. 매각하고자 하는 압력이 높게 작용하면 가격은 하락하고 기대수익률은 O' 수준으로 상승 회복하게 될 것이다.

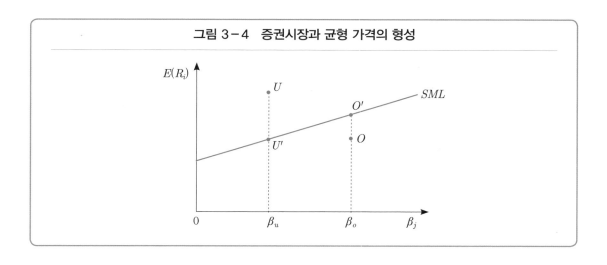

그림 3−4 증권시장과 균형 가격의 형성

2) CAPM의 투자 결정에의 이용

이상에서 설명한 것처럼 균형 상태의 시장에서는 투자자산의 기대수익률이 체계적 위험의 척도인 β에 따라 선형적으로 결정되어 SML상에 오게 된다. 결국 SML상의 기대수익률은 균형 상태에서 투자위험을 감안한 적정수익률이므로 주식과 같은 위험 투자자산에 대한 투자 결정 문제에 활용될 수 있다. 구체적으로는 특정 증권의 요구수익률 추정과 증권의 평가, 자기자본 비용의 추정, 자본예산, 공공요금의 산정, 비상장주식의 평가, 투자성과평가 등에 이용되고 있다.

(1) 요구수익률의 추정과 증권의 과대·과소 여부 평가

증권시장선(SML)은 투자위험 가운데 체계적 위험만이 위험 보상에 반영되어야 하고 균형 시장에서의 투자자산의 기대수익률은 이 체계적 위험척도인 β의 크기에 따라 선형적으로 결정된다는 것을 나타낸 것이다. 따라서 위험 증권에 대한 요구수익률(Required Rate of Return : RRR_j)을 추정할 때 SML식으로부터 계산되는 기대수익률을 이용할 수 있다.

$$k_j = RRR_j = R_f + \beta_j \cdot [E(R_m) - R_f] \qquad\qquad (3-14)$$
$$\text{단, } k_j(RRR_j) : \text{주식 } j\text{에 대한 요구수익률}$$

또한 SML상의 기대수익률은 체계적 위험을 감안한 적정 균형 수익률이라는 의미가 있으므로 특정 증권이 과소평가되었는지 아니면 과대평가되었는지를 판단할 때 기준으로 쓰일 수 있다. 이를테면 다음 식에서 표시된 것처럼 SML상의 적정 균형 수익률을 요구수익률(k)로 대용하고, 기대수익률($E(R_j)$)은 해당 주식에 대한 증권분석이나 과거 시계열 자료의 분석에서 추정하여 구한 다음 양자의 차이(α)를 구하면 과소평가 혹은 과대평가 여부를 판단할 수 있다. 이 α가 양이면 과소평가, 음이면 과대평가된 증권일 것이다.

$$\alpha = E(R_j) - k_j \qquad\qquad (3-15)$$
$$\text{단, } \alpha : \text{과소평가}(+), \text{과대평가}(-)\text{의 크기}$$
$$E(R_j) : \text{증권분석이나 시계열 분석 결과 추정된 기대수익률}$$
$$k_j : \text{SML상에서 추정된 요구수익률}(RRR_j)$$

앞의 〈그림 3-4〉에 표시된 주식들을 예로 들면 주식 U는 체계적 위험을 감안할 때 적정 균형 수익률 이상의 수익률이 예상되는 주식이므로 과소평가된 투자대상이다. 반면에 주식 O는 체계적 위험을 β_O을 감안할 때 적정 균형 수익률(O') 이하의 수익률이 예상되므로 과대평가되었다고 할 수 있다. 이제 다음의 예제를 통하여 SML을 도출한 다음 특정 주식에 대한 요구수익률을 추정하고, 그 주식이 과대평가되었는지, 과소평가되었는지를 판단하는 데 이용하는 예를 보기로 한다.

> ! **예시**

다음은 증권분석의 결과 얻은 주식회사 J의 수익률(R_j)과 시장수익률(R_m)에 대한 예상자료이다. 한편 무위험이자율(R_f)은 6%이다.

상 황	확 률	R_m	R_j
I	0.2	0.20	0.50
II	0.3	0.05	0.00
III	0.4	0.15	0.20
IV	0.1	-0.15	-0.30

이 자료로부터 ① 증권시장선(SML)을 도출하고 ② J주식에 대한 기대수익률과 요구수익률(RRR)을 구하라. 또 ③ 주식 J가 과소평가 되었는지, 과대평가되었는지를 평가하라.

(풀이)

① 증권시장선의 도출 : $E(R_j) = R_f + [E(R_m) - R_f] \cdot \beta_j$

R_m자료로부터

$$E(R_m) = 0.20(0.2) + 0.05(0.3) + 0.15(0.4) + (-0.15)(0.1) = 0.10$$
$$\therefore \ E(R_j) = 0.06 + [0.10 - 0.06]\beta_j = 0.06 + 0.04\beta_j$$

② ㉠ J주식의 기대수익률

$$E(R_j) = 0.50(0.2) + 0.00(0.3) + 0.20(0.4) - 0.30(0.1) = 0.15$$

㉡ J주식에 대한 요구수익률

$$k(= RRR) = 0.06 + 0.04\beta_j \quad \left(\beta_j = \frac{\sigma_{jm}}{\sigma_m^2} \right)$$

β를 구하기 위해서 σ_{jm}와 σ_m^2을 추정하면,

$$\sigma_{jm} = (0.20 - 0.10)(0.50 - 0.15)0.2 + (0.05 - 0.10)$$
$$(0.00 - 0.15)0.3 + (0.15 - 0.10)(0.20 - 0.15)0.4$$
$$+ (-0.15 - 0.10)(-0.30 - 0.15)0.1 = 0.0215$$

$$\sigma_m^2 = (0.20 - 0.10)^2 0.2 + (0.05 - 0.10)^2 0.3$$
$$+ (0.15 - 0.10)^2 0.4 + (-0.15 - 0.10)^2 0.1 = 0.01$$

$$\therefore \beta_j = \frac{\sigma_{jm}}{\sigma_m^2} = \frac{0.0215}{0.01} = 2.15$$

③ $\alpha = E(R_j) - k_j = 0.15 - 0.146 = 0.004$

요구수익률이 14.6%로서 기대수익률 15%보다 낮으므로 과소평가

> **! 예시**

다음 자료는 B사 주식의 수익률과 시장수익률에 관한 과거 일정기간의 자료이다(무위험이자율 $R_f = 6.6\%$). 미래 투자기간의 예상수익률도 과거 추세와 같을 것으로 판단하고 있다.

월	시장수익률(R_{mt})	B사 수익률(R_{Bt})
1	0.12	0.05
2	−0.03	−0.05
3	0.27	0.25
4	0.12	0.15
5	−0.03	−0.10
6	0.27	0.30

이 자료로부터 ① 증권시장선, ② B주식에 대한 요구수익률, ③ 과소 또는 과대평가되었는지를 평가하라.

(풀이)

① 증권시장선의 도출

$$E(R_m) = \frac{1}{6}\sum R_{mt} = 0.12$$
$$\therefore E(R) = 0.066 + [0.12 - 0.066]\beta = 0.066 + 0.054\beta$$

② ㉠ B주식에 대한 기대수익률

$$E(R_B) = \frac{1}{6}\sum R_{Bt} = 0.10$$

㉡ B주식 요구수익률의 추정 $k_B = 0.066 + 0.054\beta_B$

$$\sigma_{Bm} = \sum \frac{[(R_B - E(R_B))(R_m - E(R_m))]}{6-1} = \frac{0.105}{5} = 0.021$$

$$\sigma_m^2 = \sum \frac{[R_m - E(R_m)]^2}{6-1} = \frac{0.09}{5} = 0.018$$

$$\therefore \beta_B = \frac{\sigma_{Bm}}{\sigma_m^2} = \frac{0.021}{0.018} = 1.1667$$

$$\therefore k_B = 0.066 + 0.054(1.1667) = 0.129$$

③ $\alpha = E(R_B) - k_B = 0.10 - 0.129 = -0.029$

요구수익률이 12.9%인데 평균적 기대수익률은 10%이므로 과대평가

(2) 자기자본비용과 주식의 내재가치 추정

SML상에서 β에 선형적으로 표시되는 특정 주식의 요구수익률은 한편으로 균형시장에서 주주의 기회 투자수익률(기회 자본비용)을 의미한다. 따라서 SML식을 자기자본비용의 추정에 다음과 같이 이용할 수 있다.

$$k_e = E(R_j) = R_f + \beta_j[E(R_m) - R_f]$$

앞의 j기업에 관한 예제에서 j주식의 자기자본비용은 14.6%가 된다. 이처럼 SML상에 표시되는 요구수익률을 자기자본비용 내지 주주들의 기회 투자수익률(k_e)로 이용할 수 있으며 이를 주식의 내재적 가치를 구하는 데 활용할 수 있다. 이익ㆍ배당흐름이 매년 g%만큼 계속적으로 성장할 경우 주식의 이론적 가치는 다음 식(배당성향 성장모형)과 같이 표시되므로, 이 식의 분모 할인율에 SML식으로 추정된 자기자본비용(주주의 기회 투자수익률)을 대입하여 주식가치를 추정한다.

$$V_o = \frac{d_1}{k_e - g}$$

단, V_o : 주식의 내재적 가치 d_1 : 차기의 주당 배당금

k_e : 주주의 기회 투자수익률(자기자본비용)

g : 이익 · 배당의 성장률(매년 일정하다고 가정)

! 예시

A주식의 차기 배당금(d_1)이 ₩2,000, 연간 성장률이 10%로 일정하리라고 예상되고 있다. 한편 무위험 이자율(R_f)은 8%, 시장 포트폴리오의 기대수익률과 분산은 각각 18%, 0.02, A주식과 시장 포트폴리오와의 공분산(σ_{Am})은 0.03이다. A주식의 요구수익률과 내재가치는?

(풀이)

① A주식의 요구수익률

$$k_e = 0.08 + (0.18 - 0.08)\frac{0.03}{0.02} = 0.23$$

② A주식의 내재가치

$$V_0 = \frac{d_1}{k_2 - g} = \frac{2,000}{0.23 - 0.10} = 15,385$$

(3) 자본예산 결정

SML식은 기업의 재무담당자가 불확실성하에서 시설투자와 같은 자본적 지출의 경제적 타당성을 검토할 때 평가기준(준거율, 기준율 : hurdle rate)으로 사용되기도 한다. 왜냐하면 SML상의 기대수익률과 β와의 관계는 투자사업의 체계적 위험(β)에 상응하는 요구수익률이 얼마인지를 나타내기 때문이다. 따라서 이 요구수익률(k)을 투자사업의 예상수익률(IRR)과 비교하여 투자사업의 경제적 타당성을 평가할 수 있게 된다.

! 예시

무위험 이자율(R_f)이 8%이고, 시장 포트폴리오의 기대수익률 $E(R_m)$이 16%이다. 지금 A기업이 베타가 1.3이고 예상 IRR이 19%인 투자사업의 착수를 검토하고 있다. 이 투자사업에 대한 요구수익

률은 얼마이며, 이 투자사업은 채택해야 하는가?

(풀이)

① 이 투자사업의 요구수익률(준거율)

$$k = R_f + [E(R_m) - R_f] \cdot \beta = 0.08 + (0.16 - 0.08) \times 1.3 = 0.184$$

② 이 투자사업의 예상 IRR 19%는 요구수익률(준거율) 18.4%보다 높으므로 경제적 타당성을 지닌다.

(4) 공공요금의 결정

정부투자기관과 같은 공공기관에서의 요율결정은 경제에 미치는 영향이 적지 않으므로 중요한 사안이 되고 있다. 전기료, 통신료, 고속도로 통행료 수준을 결정할 때 중요한 것은 공공성을 고려하여 최소한의 요율을 결정하는 것이다. CAPM에서 최소한의 요구수익률을 추정할 수 있으므로 CAPM은 공공요금 결정(utility rate-making case)에 활용되기도 한다.

예를 들어 어느 정부투자기관에서 1,000억 원을 투자하여 베타가 0.6인 사업을 벌인다고 가정하자. 무위험 이자율이 6%, 시장위험 보상률이 8%라고 하면 이 기관이 투자사업을 통하여 벌어들여야 하는 최소한의 요구수익률은 0.06 + 0.08(0.6) = 0.108이 된다. 따라서 1,000억 원의 투자에 대하여 10.8%가 되는 108억 원이 공정 이익이 된다. 이 정도의 이익이 나도록 요율을 결정하는 것이 타당한 것이다.

(5) 투자성과평가(performance evaluation)

투자자 자신이나 펀드매니저들에 대한 투자성과를 평가하는 것은 포트폴리오 관리 활동의 중요한 부분이다. 투자성과를 평가할 때는 부담하였던 위험 수준을 반드시 감안하여야 하는데, CML이나 SML은 포트폴리오 위험 수준에 상응하는 적정수익률을 나타내므로 이들은 투자성과평가의 기준이 된다.

chapter 04

단일 지표 모형

단일 지표 모형

마코위츠의 완전 공분산 모형의 핵심은 일정한 포트폴리오 기대수익률에서 투자위험을 최소화시키는 효율적 분산투자에 관한 것이었다. 마코위츠 모형에서 적절한 위험 측정치로 사용되는 것은 분산 혹은 표준편차였는데, 구체적으로 n종목으로 구성되는 포트폴리오 위험을 식 (4−1)과 같이 측정하였다.

$$Var(R_P) = \sum_{i=1}^{n} \sum_{j=1}^{n} w_i w_j \sigma_{ij} \qquad (4-1)$$

그러나 이 마코위츠 모형을 현실적으로 포트폴리오 투자 결정에 사용하는 데는 투입정보의 계산량이 방대하다는 문제점이 있다. 마코위츠 모형에 의하면 n종목으로 포트폴리오를 구성할 때, 계산에 필요한 정보량은 다음과 같다.

개별 주식의 기대수익률 : n개   개별 주식의 분산 : n개
개별 주식 간의 공분산 : $n(n-1)/2$개

예를 들어, 우리나라 증권시장에 존재하는 약 700종목으로 구성되는 포트폴리오 위험을 구하기 위해서는 700개의 분산과 $(700 \times 699)/2 = 244{,}650$개의 공분산 계산이 필요하다. 한편, 10년간 월별 자료로 분산과 공분산을 계산한다면, 자료수는 $700 \times 10 \times 12 = 84{,}000$개이다. 이는 마치 1개의 자료로 2개의 평균과 분산을 계산하는 것과 마찬가지로 불가능하다. 따라서 마코위츠 모형은 이론적으로는 공분산 행렬만 정확히 추정된다면 효율적 투자선을 찾아내는 가장 완벽한 방법이지만, 현실적으로 적용하기에는 어려운 기술적 문제점을 지니고 있다. 마코위츠 모형의 기술적 문제점을 해결하고자 한 것이 바로 샤프의 단일 지표 모형이다. 단일 지표 모형(single index model)은 n 종목의 개별 주식들 간의 모든 공분산을 고려하는 대신에 어느 특정 개별 주식과 시장 전체의 움직임을 나타내는 단일시장지표와의 공분산만을 고려한 단순화된 모형이다. 이러한 의미에서 단순 시장 모형(simplified market model) 또는 시장 모형(market model)이라고도 부른다. 이하에서 이 모형의 가정과 의미를 자세히 살펴보기로 한다.

section 02 증권특성선

마코위츠 모형에 의한 포트폴리오 구성방법이 지니는 기술적 문제점을 극복하고 현실적으로 유용성이 높은 포트폴리오 구성방법을 마련하기 위해서 단일 지표 모형에서는 증권수익률의 움직임에 대한 몇 가지 가정을 하고 있다.

1 투자수익률 변동의 두 원천

포트폴리오 위험을 보다 간단히 구하기 위해서 단일 지표 모형에서는 증권투자수익의 변동성이 기본적으로 두 가지 원천에 의해서 초래된다는 것을 전제로 하고 있다. 그 하나는 시장 전체 공통요인(common factor)의 변동에 연관된 부분이고 다른 하나는 시장 전체와 연관되지 않고 개별 기업 고유 요인(company specific factor)에 의해서 발생되는 부분이라는 것이다. 즉,

> 개별 증권 가격 변동＝시장 전체(공통요인)에 연관된 가격 변동
> ＋개별 기업 고유 요인에 연관된 가격 변동

이 가정은 일정기간에 있어서 어느 개별 증권의 투자수익률에 영향을 주는 사건에는 두 가지 유형이 있음을 뜻한다.

첫째, 거시적 사건(macro event)으로서, 예를 들면 기대하지 못했던 인플레이션, 공금리의 변화, 정국의 불안정, 석유와 같은 주요 원자재 가격의 변화 등을 들 수 있다. 이와 같은 유형의 사건은 그 영향력이 광범위하여 정도의 차이만 있을 뿐이지 거의 모든 증권에 영향을 미친다. 결과적으로 주가의 전반적인 수준에 변동을 초래하여 시장 전체의 수익률에 대한 변동을 가져온다. 개별 증권의 가격 변동은 이와 같은 시장 전체의 공통적인 요인에 대하여 민감도(sensitivity)의 차이가 있을 뿐 시장공통요인으로부터 영향을 받는다.

둘째, 특정 종목에만 영향을 주는 특정 기업의 미시적 사건(micro event)이다. 예를 들어 특정 기업의 신제품개발, 제품의 갑작스런 진부화, 노사분규, 공장의 화재와 조업중단, 핵심인물의 이직이나 변고 등의 사건을 말한다. 이와 같은 미시적 사건은 다른 종목들의 가격에는 영향을 주지 않고 특정 종목에만 영향을 미치는 사건이므로 시장 전체 수익률에는 영향을 미치지 않고 그 특정 개별 종목의 투자수익률의 변동에만 영향을 끼친다.

이처럼 증권수익률의 변동을 이분법적으로 구분할 수 있고, 전자인 시장공통요인은 종합주가지수와 같은 시장지표(market index)로 나타낼 수 있다고 가정하여 이 개념을 직선 관계식으로 표시한 것이 단일 지표 모형, 즉 시장 모형인 것이다.

2 　 증권특성선

단일 지표 모형은 일반적으로 식 (4−2)와 같이 표시되는데 증권 j의 수익률을 단 하나의 공통요인인 시장수익률과 선형적인 관계를 갖는 것으로 표시한다.

$$R_{jt} = \alpha_j + \beta_j \cdot R_{mt} + \varepsilon_{jt} \qquad (4-2)$$
단, R_{jt} : t시점에서의 증권 j의 수익률(확률변수), ε_{jt} : 잔차항
R_{mt} : t시점에서의 시장지표의 수익률(확률변수)
α_j : t회귀계수 절편, β_j : 회귀계수 기울기

단일 지표 모형에서는 $Cov(R_m, \varepsilon_j) = 0$과 $Cov(\varepsilon_j, \varepsilon_k) = 0$을 가정한다. 또한 잔차의 기대값은 영($E(\varepsilon_j) = 0$)이다. 단일 지표 모형을 그림으로 나타내면 〈그림 4-1〉과 같다. 이 그림의 각 점들은 수직축에 어느 개별 주식 j의 수익률(R_j)을 종속변수로 그리고 수평축에 시장 전체 수익률을 대표하는 시장지표(종합주가지수)의 수익률(R_m)을 독립변수로 하여 대응시킨 것이다.

여기서 R_j를 R_m에 관하여 회귀분석(regression)하면 〈그림 4-1〉에서 보는 것처럼 양자 사이의 관계를 나타내는 다음과 같은 회귀식을 구할 수 있다.

$$\hat{R_j} = \hat{\alpha_j} + \hat{\beta_j} R_m \tag{4-3}$$
단, ^는 회귀계수 추정치

이 회귀분석에서 추정되는 회귀계수들은 증권의 수익률과 위험에 관한 특성을 나타내므로 식 (4-3)을 증권특성선(Securities Characteristic Line : SCL)이라고 부른다. 식 (4-2)로 표시되는 단일지표의 가정은 〈그림 4-1〉에서의 회귀분석에서 보다 잘 이해될 수 있다.

특정 주식 j의 특정 시점 t에서의 수익률 R_{jt}의 한 부분은 시장수익률의 움직임에 따라 변동하는 $\beta_j R_{mt}$로 구성되어 있다. 여기서 중요한 것은 기울기 β_j로서 이는 시장수익률의 변동에 대한 증권 j의 수익률의 민감도(sensitivity to market movement)를 나타낸다. 즉, 시장 전체의 수익률에 영향을 주는 거시적 사건이 발생했을 때 특정 주식이 이에 대하여 얼마나 민감하게 반응

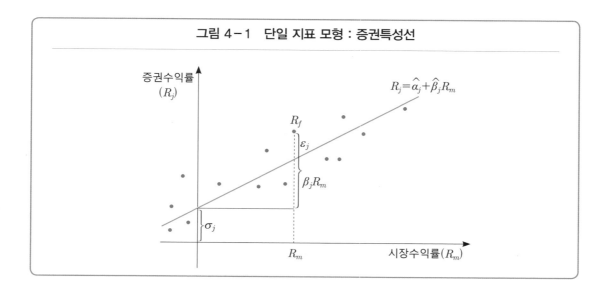

그림 4-1 단일 지표 모형 : 증권특성선

하는가 하는 것은 기업마다 다른데, 이를 계량적으로 측정한 것이 β계수이다.

또한 이 β계수는 CAPM의 β계수와 수학적으로 정의가 같다. 기울기 베타(β_j)의 특성을 보다 명료하게 이해하기 위해 〈그림 4-2〉에 표시되어 있는 증권 C와 증권 D의 예를 보기로 하자. 여기서 증권 C의 증권특성선의 기울기는 1.5이다. 반면에 증권 D의 증권특성선의 기울기는 0.5이다. 이제 시장수익률 R_m이 일정한 폭으로 변동할 때 각 증권수익률이 서로 다르게 변동함을 볼 수 있다. 만약 시장수익률 R_m이 10%만큼 증감하면 증권 C의 수익률은 평균적으로 15%만큼 증감하게 된다.

한편 증권 D의 수익률은 시장수익률이 10% 증감이 있을 때 5%만큼 증감하게 된다. 기울기 베타계수(β_j)는 시장수익률의 변동분에 대한 특정 증권수익률의 변동분의 비율을 표시한 것이다. 베타계수가 큰 증권일수록 시장수익률의 변동(거시적 사건의 발생)에 보다 민감하게 반응함을 볼 수 있다.

특정 주식의 수익률 R_{jt}를 구성하는 다른 한 부분은 〈그림 4-1〉과 〈그림 4-2〉에서 주식 j 수익률의 증권특성선으로부터의 수직적 거리로 측정되는 잔차 부분 $\varepsilon_{jt}(\varepsilon_C, \varepsilon_D)$이다. 잔차항 ε_{jt}는 t기간 중 주식 j의 실제 수익률 R_{jt}과 t기간 중 시장수익률 R_{mt}과 증권특성선에 기초하여 구해지는 추정 기대수익률과의 차를 의미한다.

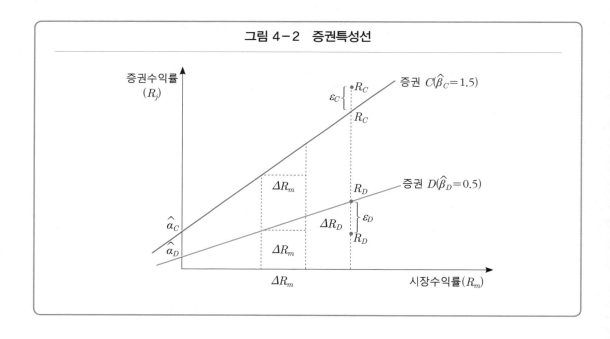

그림 4-2 증권특성선

$$\varepsilon_{jt} = R_{jt} - \widehat{R}_{jt}$$

$$= R_{jt} - (\widehat{\alpha}_j + \widehat{\beta}_j R_{mt}) \qquad\qquad (4-4)$$

단, ε_{jt} : 주식 j의 t시점에서의 잔차

R_{jt} : 주식 j의 t시점에서의 실제 수익률

$\widehat{\alpha}$: 증권특성선의 절편 추정치

$\widehat{\beta}$: 증권특성선의 기울기 추정치

R_{mt} : 시장수익률의 t시점에서의 실제 수익률

여기서 추정 기대수익률은 R_{jt} 중에서 시장 전체의 변동에 의하여 설명될 수 있는 부분이고, 잔차 ε_{jt}는 시장 변동에 기인하지 않는 증권수익률의 변동을 나타낸다. 즉, 잔차 ε_{jt}는 시장 전체의 변동과는 관계없이 특정 기업의 고유한 미시적 사건에 의해서 영향을 받는 증권수익률의 변동을 측정한 것이다.

단일 지표 모형을 이용할 때 주의할 점이 있는데 다음의 몇 가지 가정이 충족되어야 한다는 점이다. 가장 중요한 것은 어느 두 주식(j와 k)의 잔차 수익률 사이의 공분산이 영이라는 가정이다.

즉, $Cov(\varepsilon_j, \varepsilon_k) = 0$이다. 즉 어느 특정 j주식에 영향을 주는 미시적 사건은 다른 k주식에는 영향을 주지 않는다는 가정이다. 그러면 두 주식 모두에 영향을 미치는 요인은 시장요인 밖에 없으므로 개별 주식 j와 k와의 공분산 $Cov(R_j, R_k)$은 시장요인과의 관계에서 설명될 수 있는데, 구체적으로 시장수익률의 분산에 각각의 베타를 곱하여 구해진다.

$$Cov(R_j, R_k) = \beta_j \beta_k \sigma^2(R_m) \qquad\qquad (4-5)$$

3 베타계수의 추정

〈그림 4-1〉에서 주식 j의 수익률(R_j)과 시장수익률(R_m)을 대응시킬 때 이들 양자의 관계를 가장 잘 대표하는 직선(best fitted line), 즉 증권특성선은 그림의 모든 점들로부터의 거리(잔차)의 합을 최소로 하는 최소자승법(Ordinary Least Square : OLS)을 이용하여 기울기(β)와 절편(α)

을 다음과 같이 추정함으로써 구해진다.

$$\hat{\beta}_j = \frac{\sum [R_{jt} - E(R_j)][R_{mt} - E(R_m)]}{\sum [R_{mt} - E(R_m)]^2} = \frac{Cov(R_j, R_m)}{\sigma^2(R_m)} \qquad (4-6)$$

$$\hat{\alpha}_j = \overline{R}_j - \hat{\beta}_j \overline{R}_m, \quad \overline{R}_j \text{는 } R_j \text{의 평균}, \overline{R}_m \text{는 } R_m \text{의 평균} \qquad (4-7)$$

여기서 구해지는 단일 지표 모형의 β는 CAPM의 베타계수와 본질적으로 같으며 다만 차이점은 CAPM의 이론적 시장 포트폴리오(market portfolio) 대신 단일 지표 모형에서는 실제 관찰이 가능한 시장지표(종합주가지수)를 사용한다는 점이다.

section 03 | 단일 지표 모형에 의한 포트폴리오 선택

단일 지표 모형에서 증권의 특성이라고 제시되는 베타(β)계수가 어떻게 포트폴리오 선택의 새로운 기준이 될 수 있으며, 왜 베타에 의해서 위험이 측정되고 이를 포트폴리오 선택 기준으로 삼으면 마코위츠 모형과 비교하여 훨씬 계산량과 시간이 절약되는 실용적인 포트폴리오 투자 결정을 할 수 있는가를 알아보자.

1 단일 지표 모형에 의한 포트폴리오 분산 측정

(1) 체계적 위험과 비체계적 위험

증권투자수익률이 시장 전체의 공통요인과 개별 기업 고유 요인 두 가지 원천에 의하여 영향을 받는 것을 가정하면 앞서 제시한 대로 단일 지표 모형과 증권특성선은 다음과 같다.

$$R_{jt} = \alpha_j + \beta_j R_{mt} + \varepsilon_{jt} \qquad (4-2)$$

$$E(R_j) = \alpha_j + \beta_j E(R_m) \qquad (4-8)$$

이제 단일 지표 모형에서 수익률의 변동성을 나타내는 분산을 구하기 위해서 본래의 분산을 측정하는 식 (4−9)에 식 (4−2)와 식 (4−8)을 대입하여 보면 식 (4−10)의 관계식을 얻게 된다.

$$\sigma^2(R_j) = E[R_j - E(R_j)^2] \qquad (4-9)$$

$$\sigma^2(R_j) = \beta_j^2 \sigma^2(R_m) + \sigma^2(\varepsilon_j) \qquad (4-10)$$

단, $\sigma^2(R_j)$: 증권수익률의 분산

β_j : 시장 모형에서 추정되는 기울기 베타계수

$\sigma^2(\varepsilon_j)$: 잔차항의 분산

이 식은 증권수익률의 분산을 베타와의 관계에서 표현한 것으로, 우변 첫째 항 $\beta_j^2 \sigma^2(R_m)$은 투자의 체계적 위험(systematic risk)이 되며 수많은 주식에 분산투자된 시장지수 포트폴리오의 분산(위험)에 연동된 특정 주식의 변동성을 나타낸다. 즉, 개별 주식의 위험 중에서 시장 전체와 연동된 위험의 크기를 나타낸 것으로서 개별 주식 수익률의 총 변동성 중에서 증권특성선상을 따라 움직이는 수익률 변동부분인 것이다. 식 (4−10)의 우변 둘째 항 $\sigma^2(\varepsilon_j)$은 잔차 분산 혹은 비체계적 위험(residual variance, unsystematic risk)이라고 부른다. 잔차 분산 $\sigma^2(\varepsilon_j)$은 시장 전체 변동성에 관련되지 않는 주식 j의 고유한 특성에서 야기되는 위험으로서 개별 주식 수익률의 총 변동성 중에서 증권특성선으로부터의 편차의 크기로 측정되는 수익률의 변동 부분이다.

(2) 포트폴리오 분산과 베타와의 관계

단일 지표 모형에 의할 때 개별 증권의 분산(위험)이 체계적 위험과 비체계적 위험으로 나뉘

어 측정되고, 베타와 관련하여 측정될 수 있음을 보았다. 이 같은 관계는 개별 증권뿐 아니라 포트폴리오의 경우에도 그대로 성립하므로 식 (4−11)과 같이 포트폴리오 분산을 표시할 수 있게 된다.

$$\sigma^2(R_P) = \beta_P^2 \sigma^2(R_m) + \sigma^2(\varepsilon_P) \qquad (4-11)$$

우변의 첫째 항은 시장공통요인에 연동된 포트폴리오의 체계적 위험이고, 둘째 항은 비체계적 위험이다. 포트폴리오의 베타(β_p)와 잔차 분산($\sigma^2(\varepsilon_p)$)이 개별 증권의 특성치의 함수로 표시될 수 있다면 이렇게 표시된 β_p와 $\sigma^2(\varepsilon_p)$을 이 식에 대입해 봄으로써 포트폴리오 분산(위험) 측정이 간단해질 수 있다.

❶ 포트폴리오 베타 : 포트폴리오 베타(β_p)는 특정 포트폴리오 수익률(R_p)과 시장수익률(R_m)과의 공분산을 시장수익률의 분산($\sigma^2(R_m)$)으로 나눈 것이다.

$$\beta_P = \frac{Cov(R_p,\ R_m)}{\sigma^2(R_m)} \qquad (4-12)$$

한편 $Cov(R_P,\ R_m) = \sum_{j=1}^{n} w_j\, Cov(R_j,\ R_m)$이므로 이 식의 양변을 $\sigma^2(R_m)$으로 나누면 다음의 포트폴리오 베타(β_p)를 구하는 관계식을 얻게 된다.

$$\beta_P = \sum_{j=1}^{n} w_j \beta_j \qquad (4-13)$$

이 식에서 보면 포트폴리오 베타(β_p)는 포트폴리오를 구성하는 개별 주식의 베타계수(β_j)를 그 주식에 대한 투자비율에 따라 가중평균한 것이다.

❷ 포트폴리오 잔차 분산 : 포트폴리오 잔차 분산은 아래 식 (4−14)처럼 개별 증권의 잔차 분산에 그 증권에 대한 투자비율의 제곱을 곱한 것이 된다.

$$\sigma^2(\varepsilon_P) = \sum_{j=1}^{n} w_j^2 \sigma^2(\varepsilon_j) \qquad\qquad (4-14)$$

2 단일 지표 모형과 포트폴리오 선택

단일 지표 모형의 가정하에서 포트폴리오 분산 $\sigma^2(R_p)$는 식 $(4-11)$과 같이 표시된다. 그런데 포트폴리오 베타 β_p와 포트폴리오 잔차 분산 $\sigma^2(\varepsilon_p)$은 식 $(4-13)$과 식 $(4-14)$로 표시되므로 이들 식을 식 $(4-11)$에 대입하면 단일 지표 모형에 의한 포트폴리오 분산 $\sigma^2(R_p)$을 구하는 식 $(4-15)$가 최종적으로 얻어진다.

$$\sigma^2(R_P) = \beta_P^2 \sigma^2(R_m) + \sigma^2(\varepsilon_P) \qquad\qquad (4-11)$$

$$\beta_P = \sum_{j=1}^{n} w_j \beta_j \qquad\qquad (4-13)$$

$$\sigma^2(\varepsilon_P) = \sum_{j=1}^{n} w_j^2 \sigma^2(\varepsilon_j) \qquad\qquad (4-14)$$

$$\sigma^2(R_P) = (\sum_{j=1}^{n} w_j \beta_j)^2 \sigma^2(R_m) + \sum_{j=1}^{n} w_j^2 \sigma^2(\varepsilon_j) \qquad\qquad (4-15)$$

단일 지표 모형에 의해 포트폴리오 분산(R_p)을 구하는 식 $(4-15)$는 전장에서 설명한 마코위츠 모형과 함께 최소분산 포트폴리오(GMVP)를 찾아낼 때 위험의 측정치로 사용할 수 있는 것이다. 식 $(4-15)$에 의하여 포트폴리오 분산을 측정할 때, 단일 지표 모형을 이용하여 포트폴리오를 구성하는 데 필요한 계산량은 다음과 같다.

| 개별 주식의 기대수익률 : n개 | 개별 주식의 베타계수 : n개 |
| 개별 주식의 잔차 분산   : n개 | 시장수익률의 분산   : 1개 |

그러므로 총 추정치는 $(3n+1)$개가 됨을 보여주고 있다. 이는 마코위츠 모형과 비교하여 볼 때 단일 지표 모형이 훨씬 계산량과 시간이 절약되고 실제 사용이 가능한 유효한 모형이 됨을 알 수 있다. 1절에서 우리나라 증권시장에 존재하는 약 700종목이 존재한다면, 포트폴리오 위험을 구하기 위해서는 700개의 분산과 $(700 \times 699)/2 = 244{,}650$개의 공분산 계산이 필요한 반면, 10년간 월별 자료가 존재한다면, 자료수는 $700 \times 10 \times 12 = 84{,}000$개이기 때문에 계산이 불가능하다는 이야기를 한 바 있다. 단일 지표 모형을 이용하는 경우에는 700개의 기대수익률, 700개의 베타계수, 700개의 잔차 분산, 1개의 시장수익률 분산, 합하여 2,101개의 모수를 추정하면 된다. 따라서, 84,000개의 자료로 2,101개의 모수를 추정하는 것이기 때문에 계산이 가능해진다.

3 | 마코위츠 모형과 단일 지표 모형의 비교

마코위츠 모형이나 샤프의 단일 지표 모형은 모두 투자자가 효율적 분산투자를 할 때 필요로 하는 최소분산 포트폴리오를 찾아내는 데 필요한 모형들이다. 두 모형의 차이는 최소분산 포트폴리오를 찾는 과정에서 포트폴리오 분산을 결정하는 방법에 있다. 먼저 두 모형의 가정상의 차이를 보면 마코위츠 모형은 증권수익률의 형성과정이나 증권들 간의 공분산에 관한 일체의 가정을 필요로 하지 않는다.

따라서 계산의 정확성 면에서 완벽하다. 반면에 단일 지표 모형은 모든 증권들 간의 공분산을 단 하나의 공통요인인 시장요인에 민감한 부분과 그렇지 않은 부분으로 나누는데, 후자의 잔차 분산은 증권 간에 상관성이 없음을 가정하고 있으므로, 이 가정의 현실성 여하에 따라서 단일 지표 모형은 최적 포트폴리오의 선택 모형으로서의 정확성이 좌우된다.

앞에서 설명한 단일 지표 모형은 뮤추얼펀드(mutual fund) 등의 자금운용에 적절히 활용되고 있다. 일반투자자를 대신하여 증권투자를 전문적으로 운용하는 기능을 수행하고 있는 투자신탁이나 뮤추얼펀드 등에서는 과소평가된 증권을 식별하여 초과수익을 크게 하고자 하는 적극적 포트폴리오 관리를 시도하기도 하지만, 부담하는 투자위험에 상응하는 투자수익만을 확보하고자 하는 소극적 포트폴리오 관리를 시도하기도 한다.

소극적 포트폴리오 관리의 한 방법으로는 지수펀드(index fund)를 설정하여 운용하는 것이다. 지수펀드는 종합주가지수에 나타나는 시장 전체의 평균적 수익률 정도만을 얻도록 펀드를 구성하는 것이다.

시장 평균 수익률을 확보하는 원시적인 방법으로는 종합주가지수에 편입되는 종목 그대로 펀드를 구성하는 방법이 있으나, 수많은 종목을 일정기간마다 사고파는 데는 거래비용이나 관리비용이 엄청나게 소요되므로 이는 실제적으로 거의 불가능하다. 뿐만 아니라, 개별 종목 시가총액 구성비율이 수시로 바뀌므로 엄밀한 의미에서 시장 평균 수익률을 확보하는 것이 불가능하다.

따라서 보다 간편한 방법이 요구되는데, 그 한 방법은 종목의 수를 줄이면서 그 포트폴리오의 베타(β_p)가 1이 되도록 하는 것이다. 베타가 1이 되면 시황변동이 있더라도 평균적으로 종합주가지수의 수익률을 추적할 수 있기 때문이다. 그러나 포트폴리오 베타가 1이더라도 포트폴리오 잔차 분산이 크면 시장 평균 수익률은 추적하지 못할 가능성이 높아진다.

따라서 우수한 지수펀드를 만드는 데 더욱 중요한 것은 포트폴리오 잔차 분산($\sigma^2(\varepsilon_p)$)이 가능한 최소가 되도록 하는 것이다. 잔차 분산이 최소화될수록 시장 평균 수익률을 정확히 추적할 수 있는 확률이 높아지기 때문이다.

요약하면 시장펀드의 구성은 다음 식들의 관계를 충족시키는 포트폴리오 투자 결정의 문제가 된다.

$$\text{Min } \sigma^2(\varepsilon_p) = \sum w_j^2 \sigma^2(\varepsilon_j)$$
$$\text{s.t } \quad \beta_p = \sum w_j \beta_j = 1.0$$
$$\sum w_j = 1.0$$

2 베타계수의 예측과 추정 베타의 조정기법

포트폴리오 구성에 있어 원하는 위험도와 수익률을 선택하는 것은 포트폴리오의 베타계수를 선택하는 것과 동일한 문제이다. 베타계수를 추정하는 가장 손쉬운 방법은 단일 지표 모형을 이용하여 과거의 데이터인 일정기간 동안의 증권수익률과 시장수익률의 자료를 회귀시켜 베타를 추정하는 것이다. 이렇게 얻어진 베타를 역사적 베타라고 하며 그 유용성 때문에 현실적으로 투자 결정에 많이 활용되고 있다.

그러나 이 역사적 베타는 현실적으로 시간이 지남에 따라 안정적이지 못하므로 미래의 투자 분석에 사용하기가 곤란한 문제를 안고 있다. Blume(1971)은 개별기업의 베타가 시간의 경과에 따라 시장 전체의 베타인 1에 회귀하는 성향 때문에 불안정적인 것처럼 보인다고 주장하였으며 다른 학자들은 시간이 경과함에 따라 기업의 경영특성과 위험이 변동하기 때문에 베타계수가 달라진다고 주장한다. 그 논리야 어찌 되었던 베타계수가 시기별로 불안정하게 변동한다면 역사적 베타계수를 그대로 이용할 수 없으며 적절한 방법으로 수정할 필요가 있다. 다음은 수정기법의 예이다.

❶ 메릴린치의 조정 베타 : 조정 베타＝역사적 베타$\left(\dfrac{2}{3}\right) + 1\left(\dfrac{1}{3}\right)$
❷ 기업 특성 변수를 고려한 기본적 베타의 추정 : Hamada(1969), BARRA모형

3 다지표 모형(Multi-Index Model)

단일 지표 모형은 공통요인으로서 시장지표 하나만을 포함시키고 있기 때문에 증권수익률의 움직임을 충분히 설명하지 못하는 면이 있다. 잔차항 간의 공분산이 가정과는 달리 '영이

아니다($Cov(\varepsilon_j, \varepsilon_k) \neq 0$)'라는 실증적 증거가 이를 말해준다. 이는 모형에 다른 공통요인을 포함시키는 것이 필요함을 의미한다. 따라서 단일 지표 모형의 단점을 보완하는 한 방법으로 다지표 모형의 이용이 고려될 수 있다.

다지표 모형은 증권수익률의 변동을 두 개 이상의 공통요인(common factor)과의 공분산 관계에서 파악하는 모형이다. 단일 지표 모형에서는 증권수익률의 변동을 유일한 공통요인으로 시장지수라는 단일 지표(single index)와의 선형적 관계에서 설명하고자 하는 모형이었지만, 다지표 모형에서는 증권수익률이 시장지수 이외에도 경제의 산업생산성장률, 물가상승률, 통화증가율, 유가 변화율 등의 공통요인의 변화에 따라 민감하게 변동한다고 본다.

일반적으로 어느 증권 j의 수익률이 k개의 다수공통요인(multi common factor)과의 공분산 관계에서 설명될 수 있다면 다지표 모형은 식 (4-16)과 같이 표시될 수 있다.

$$R_j = \alpha_{j1} + \beta_{j1}F_1 + \beta_{j2}F_2 + \beta_{j3}F_3 + \cdots + \beta_{jk}F_k + \varepsilon_j \qquad (4-16)$$

단, F_k : 공통요인 k(k는 요인의 수)

β_{jk} : 증권 j의 k공통요인에 대한 민감도

α_{j1} : 요인 이외의 요소에 의해 결정되는 수익률

ε_j : 잔차항

이와 같은 다지표 모형이 성립하기 위해서는 앞에서 설명한 단일 지표 모형에서의 가정과 마찬가지로 $Cov(F_j, F_k) = 0$, $Cov(F_k, \varepsilon_j) = 0$ 및 $Cov(\varepsilon_j, \varepsilon_k) = 0$의 가정이 필요하며 $E(\varepsilon_j) = 0$이다.

chapter 05

차익거래 가격결정이론

현재까지의 실증결과에 의하면, CAPM은 현실의 자산가격의 움직임을 충분히 설명하지 못한다는 비판이 제기되기도 한다. 또한 Roll은 진정한 시장 포트폴리오를 알지 못하므로, CAPM의 검증이 불가능하다고 주장하기도 한다. 따라서 자산 가격의 결정을 적절하게 설명해 줄 수 있고 또 실증 검증이 가능한 새로운 이론의 필요성이 대두되었다. 특히 CAPM에서는 투자자들이 평균·분산기준에 의해 의사결정을 하는 것으로 가정하는데 이를 위해서는 효용 함수가 2차 함수거나 수익률이 정규분포를 따른다는 매우 엄격한 가정이 필요하다. S. A. Ross(1976)의 차익거래 가격결정이론(Arbitrage Pricing Theory : APT)은 자본자산 가격결정 이론에 대한 하나의 대안으로서 제시되었다. CAPM은 자산수익률은 하나의 단일 공통요인인 시장 포트폴리오 수익률과 선형관계를 갖는다고 주장한다. APT도 이와 유사한 직관적 통찰에 기초하고 있으나 CAPM보다 일반성을 갖는다. APT는 자산의 수익률이 k개의 '공통요인'의 영향을 받아 변동할 경우, 무위험 차익기회(Arbitrage)가 해소되기 위한 조건이 충족될 때의 가격을 균형 가격으로 설명한다.

차익거래의 의의와 활용

시장에서 동일한 자산이 서로 다른 가격으로 거래될 경우, 높은 가격의 자산을 공매하고 그 수입으로 낮은 가격의 자산을 매입함으로써 투자액과 위험의 추가적 부담이 없이 (+)의 이익을 얻어내는 차익거래(arbitrage)가 가능하다. 현실적으로 이러한 차익거래의 기회가 일시적으로 존재할 수는 있지만 지속적으로 존재할 수는 없다. 한편 균형을 더 이상의 차익거래가 일어나지 않는 상태로 정의한다면, 수요공급 변화에 따른 가격조정을 통해 차익거래 기회가 완전히 해소되었을 때 관찰되는 가격이 균형 가격이다. 이와 같이 차익거래가 해소된 상태가 균형의 조건이라고 생각할 수 있으며, 이를 '차익거래 해소의 조건(no-arbitrage condition)'이라고 한다.

! **예시 1**

가격이 같으나 모든 상태에서 수익이 우월한 경우
동일한 가격을 갖는 세 가지 주식이 있고 동일한 발생확률을 갖는 세 가지의 미래상태가 있다고 가정하자. 이때 이들 주식의 상태별 수익률이 다음과 같다.

주식	불경기	정상경기	호경기
A	15%	20%	25%
B	10%	25%	35%
C	25%	20%	15%
P(=0.5B+0.5C)	17.5%	22.5%	25%
차익	2.5%	2.5%	0%

여기서 개별 주식 간에 우열비교는 곤란하지만 B와 C로 구성한 P는 미래의 어떤 상황에서도 주식 A보다 높은 수익률을 가져다준다. 따라서 다음과 같은 과정을 통하여 차익거래가 가능하다.
① P를 1,000만 원 어치 매입하고 A를 1,000만 원 어치 공매(short sale)할 경우 투자액은 0인 반면 모든 상태에서 양의 차익을 얻을 수 있다(차익거래 기회 존재).
② 물론 이 경우, 주식 A에 대하여 초과공급이 발생 ⇒ 가격 하락 ⇒ 수익률 상승, 포트폴리오 P에 대하여 초과수요 발생 ⇒ 가격 상승 ⇒ 수익률 하락
③ 주식 A와 포트폴리오 P를 구성하는 주식들의 가격은 더 이상의 차익거래를 허용하지 않는 수준으로 조정되면서 균형 회복(차익거래 기회의 해소)

동일한 수익률을 제공하는 두 자산의 가격이 다른 경우

현재 ABC전자의 주가가 1만 원이고, 1년 후 만기가 되는 ABC전자 주식의 선물 주가는 10,500원, 연간 무위험이자율 10%인 경우에는 다음과 같은 차익거래가 가능하다.

① 10,500원에 ABC전자 주식선물(forward) 1주 매입(no cash outflow)

② ABC전자 주식 1주를 공매(1만 원 cash inflow)

③ 은행에 1만 원 저축(cash outflow, 이자율 10%)

⇒ 아무런 투자액 없음. 즉 '부의 변화가 없어야 한다'는 차익거래조건을 만족

1년 후 주가	P > 10,500	P = 10,500	P < 10,500
은행저축	11,000원	11,000원	11,000원
거래손익	(P−10,500)	(P−10,500)	(P−10,500)
현물거래 결제자금	−P	−P	−P
순손익	500원	500원	500원

위와 같은 과정을 통해 1년 후 11,000원을 은행에서 찾아 ABC전자 1주를 10,500원을 내고 산 후 이 주식으로 공매거래로 상계함으로써 무위험 순이익 500원을 얻을 수 있다(추가적 위험부담이 없어야 한다는 차익거래조건 만족). 균형을 위해서는 현재 주가가 10,500/1.1＝9,545.5원이거나 선물 주 가가 11,000원이었어야 한다(과대평가 주식의 매도에 의해 차익거래 가능).

주식을 이미 1주 가지고 있는 경우의 차익거래는?

① 공매할 필요 없이 동 주식을 팔고 나머지 거래를 동일하게 실행

② 1년 후 부는 P+500원. 즉, 1주는 여전히 가지고 있고 어떠한 경우이든 500원의 이익 발생

요인 모형(factor model)

요인 모형이란 자산의 수익률이 어떤 공통요인의 영향을 받아서 변동한다고 보는 수익률 생성 모형이다. 이 모형은 예컨대 GNP 성장률, 이자율, 인플레, 통화량, 유가, 시장 포트폴리오 수익률 등의 몇 가지 중요한 공통요인의 영향으로 수익률이 변동한다고 본다. 우리가 이미 살펴본 CAPM은 시장 포트폴리오의 수익률을 공통요인으로 하는 단일 요인 모형인 셈이다.

1 **단일 요인 모형(single-factor model)**

단일 요인 모형은 요인 모형의 가장 단순한 경우로서 자산수익률에 영향을 미치는 공통요인이 1개인 경우를 말한다. CAPM의 경우도 시장 포트폴리오의 수익률을 공통요인으로 하는 단일 요인 모형의 한 예이다. 다음의 예를 통해 이를 설명해보자. 주식시장의 수익률이 하나의 공통요인인 GNP 성장률의 영향을 받아 움직인다고 하자. 투자자들의 GNP 성장률의 기대치는 7% 정도이며 이 기대치하에서 주식 a의 기대수익률이 $E(R_a)=18\%$라고 가정하자. 그런데 현실적으로 경제는 불확실하며 GNP 역시 불확실하다. 그러므로 실제의 GNP 성장률은 GNP 성장률의 기대치에 기대치 이외의 변동(F)을 고려한 값이 될 것이고 실제 자산 a의 수익률은 기대수익률에 공통요인 변동의 영향과 주식 a의 고유한 오차항을 고려하여 결정되는 값이 될 것이다. 수익률 R_a가 F에 대하여 1.5의 민감도를 갖고 변동할 경우 위의 예는 다음과 같은 식 (5-1)로 표현될 수 있다.

$$R_a = E(R_a) + \beta_a F + \varepsilon_a \qquad (5-1)$$
$$= 0.18 + 1.5F + \varepsilon_a$$

단, R_a : 주식 a의 수익률(확률변수)

$E(R_a)$: 주식 a의 기대수익률

F : GNP 성장률의 기대 밖의 변동을 나타내는 공통요인(확률변수)

β_a : 공통요인 F에 대한 주식 a의 민감도

ε_a : 오차항. 주식 a의 고유 요인의 변동에 기인한 수익률 변동

단일 요인 모형의 일반식은 식 (5-2)와 같이 나타낼 수 있다.

$$R_j = E(R_j) + \beta_j F + \varepsilon_j \qquad (5-2)$$
$\qquad F$: 공통요인. 거시 변수의 기대 밖의 변동
$\qquad \beta_j$: 공통요인 F에 대한 자산 j의 민감도
$\qquad \varepsilon_j$: 오차항. 자산 j의 고유의 요인

위 식에서 공통요인이나 오차항이 아무런 변동성을 보이지 않고 0의 값을 취한다면, 자산 j는 $E(R_j)$의 기대수익률을 확실하게 가져다 줄 것이다. 그러나 공통요인이나 오차항이 확률변수이므로 자산 j의 수익률 또한 기대수익률로부터 편차를 갖게 되며, 따라서 위험을 갖게 된다. 자산 j의 위험의 크기인 분산은 식 (5-3)과 같이 표시된다.

$$\sigma_j^2 = \beta_j^2 \sigma_F^2 + \sigma^2(\varepsilon_j) \qquad (5-3)$$

이 식은 CAPM 모형에서와 마찬가지로 어떤 자산의 총위험(σ_j^2)이 체계적 위험($\beta_j^2 \sigma_F^2$)과 비체계적 위험($\sigma^2(\varepsilon_j)$)으로 이루어져 있음을 보여준다.

2 다요인 모형(multi-factor model)

현실적으로 자산의 수익률은 한 가지 요인이 아니라 여러 가지 거시적 요인의 영향을 받는다. 여러 가지의 공통요인을 고려하는 특수한 경우로서, 자산들의 수익률 변동에 영향을 미치는 요인이 2개라고 하자. 이 경우 자산 j의 수익률은 다음과 같은 2요인 모형에 의해 표현될 수 있다.

$$R_j = E(R_j) + \beta_{j1} F_1 + \beta_{j2} F_2 + \varepsilon_j \qquad (5-4)$$
$\qquad$ 단, β_{j1} 및 β_{j2} : 공통요인 F_1 및 F_2에 대한 민감도

만일 K가지의 요인을 고려하는 경우는 식 (5-5)와 K요인 모형으로 표현될 것이다.

$$R_j = E(R_j) + \beta_{j1}F_1 + \cdots + \beta_{jK}F_K + \varepsilon_j \qquad (5-5)$$

이때 자산 j의 분산은 다음과 같다.

$$\sigma_j^2 = \beta_{j1}^2 \sigma_{F1}^2 + \cdots + \beta_{jK}^2 \sigma_{Fk}^2 + \sigma^2(\varepsilon_j) \qquad (5-6)$$

위 식에서 공통요인이 서로 독립적이라는 것을 가정하여 공통요인 간의 공분산은 0으로 가정하고 있다. 또한 자산 j의 총위험 중 비체계적 위험은 충분한 분산투자에 의해 제거될 수 있다.

차익거래 가격결정이론(APT)의 도출

APT는 CAPM과 같은 엄격한 가정을 필요로 하지 않으며 다만 투자자들이 보다 큰 부를 선호하며 위험회피적이며, 자산의 수익률은 다요인 모형에 따른다는 매우 현실성 있는 가정에 기초하고 있다. 여기서 투자자들이 보다 큰 부를 선호한다는 가정은 차익거래 기회가 존재한다면 투자자들이 차익거래를 통해 보다 큰 부를 얻으려 할 것이라는 것을 의미한다. 그리고 투자자들이 위험회피적이라는 가정은 충분한 분산투자를 통해 체계적 위험만을 부담하게 될 것이라는 것을 의미한다. APT는 차익거래 해소의 조건을 충족하는 균형 상태에서 자산의 기대수익률이 어떻게 결정될 것인지를 설명하는 이론이다. 이를 이행하기 위해 이하에서는 먼저 충분히 분산투자된 포트폴리오를 이용한 차익거래 방법을 설명하고 APT를 도출해 본다.

충분한 분산투자를 통해 포트폴리오를 구성하는 경우에 투자자들은 비체계적 위험은 부담하지 않고 체계적 위험만을 부담할 것이므로 고유 요인(ε_p)은 수익률을 결정하는 모형에서 무시할 수 있을 것이다. 따라서 충분히 분산된 포트폴리오 P의 요인 모형과 위험은 식 (5−7)과 같이 표시할 수 있다.

$$
\begin{aligned}
&\text{요인 모형} : R_P = E(R_P) + \beta_P F \\
&\text{위} \qquad \text{험} : \sigma_P^2 = \beta_P^2 \sigma_F^2
\end{aligned}
\qquad (5-7)
$$

❶ 포트폴리오를 이용한 차익거래 1 : 동일한 베타의 경우

충분히 분산투자된 포트폴리오(well diversified portfolio)는 비체계적 위험이 0이므로 체계적 위험만을 제거함으로써 위험이 없는 차익거래 이윤을 얻을 수 있다. 충분히 분산투자된 두 개의 포트폴리오 A와 B가 있다고 하자. A와 B의 기대수익률은 각각 21%와 19%이고 공통요인에 대한 민감도는 1.5로 동일하다고 하면 요인 모형은 다음과 같이 표시된다.

$$
R_A = E(R_A) + \beta_A F = 0.21 + 1.5F
\qquad (5-8)
$$

$$
R_B = E(R_B) + \beta_B F = 0.19 + 1.5F
\qquad (5-9)
$$

그러나 위의 요인 모형을 비교해 보면 동일한 위험을 갖는 데도 불구하고 서로 다른 기대수익률을 가지고 있음을 알 수 있다. 이때 A가 보다 높은 기대수익률을 제공하므로 다음과 같은 무위험 차익거래가 가능하다.

포트폴리오 A의 매입	$(0.21+1.5F) \times 1$억 원
포트폴리오 B의 공매	$-(0.19+1.5F) \times 1$억 원
차익거래 이윤	$(0.02+0.0F) \times 1$억 원$=200$만 원

물론 이러한 차익거래 기회는 지속적으로 존재할 수 없다. 위와 같은 차익거래가 계속되면 B의 초과공급으로 인해 B의 가격이 하락(기대수익률 상승)하고 A의 초과수요로 A의 가격이 상승(기대수익률 하락)할 것이기 때문이다. 따라서 A와 B의 기대수익률이 같게 되어 차익거래 기회가 해소되고 균형이 성립하게 될 것이다.

❷ 포트폴리오를 이용한 차익거래 2 : 서로 다른 베타의 경우

앞의 예와 달리 체계적 위험이 서로 다른 경우(서로 다른 베타)에도 무위험차익거래가 가능하다. 예를 들어 포트폴리오 P는 21%의 기대수익률과 1.5의 민감도를 가지며 포트폴리오 Q는 17%의 기대수익률과 0.5의 민감도를 가지고 있다고 하자. 또한 무위험이자율은 12%라 가정하자. 이 경우 요인 모형은 다음과 같다.

$$R_P = E(R_P) + \beta_P F = 0.21 + 1.5F \qquad (5-10)$$

$$R_Q = E(R_Q) + \beta_Q F = 0.17 + 0.5F \qquad (5-11)$$

포트폴리오 P의 경우 공통요인 한 단위의 민감도에 대하여 6%($(21-12)/1.5$)의 위험 프리미엄이 주어지며, Q의 경우는 공통요인 한 단위의 민감도에 대하여 10%($(17-12)/0.5$)의 위험 프리미엄이 주어진 셈이다. 무위험 차익거래를 위하여 우선 포트폴리오 P와 무위험자산에 일정 비율을 투자하여 체계적 위험이 포트폴리오 Q와 같도록 조정하는 과정이 필요하다. 이를 위해 이제 $(1/3)P + (2/3)$(무위험자산)로 구성된 포트폴리오 C를 구성해 보자. 이 새로운 포트폴리오 C의 베타값과 기대수익률은 다음과 같다.

$$\beta_C = 1.5(1/3) + 0(2/3) = 0.5 = \beta_Q = 0.5$$
$$E(R_C) = 21\%(1/3) + 12\%(2/3) = 15\% < E(R_Q) = 17\%$$

- 무위험 차익거래 : 포트폴리오 C를 3억 원 공매(P를 1억 원 매도하고, 무위험자산을 2억 원 차입)하고 이 대금으로 Q를 3억 원 매입

포트폴리오 Q의 매입	$(0.17+0.5F) \times 3$억 원
포트폴리오 C의 공매	$\{-(0.21+1.5F) \times 1$억$\} + \{-(0.12+0.0F) \times 2$억$\}$
	$= -(0.15+0.5F) \times 3$억 원
차익거래 이윤	$(0.02+0.0F) \times 3$억 원 $= 600$만 원

이러한 차익거래는 투자액이 0이고 β값이 0이므로 위험이 없는 거래이다(비체계적 위험은 이미 포트폴리오를 구성함으로써 분산된 것으로 가정한다).

2 차익거래 가격결정이론 : 단일 요인의 경우

위의 예에서 Q에 대하여는 초과수요가 일어나 가격이 상승하고 기대수익률이 하락한다. 그리고 C에 대하여는 초과공급이 일어나 가격이 하락하고 기대수익률이 상승하게 된다. 이 결과 두 포트폴리오의 기대수익률이 같아질 때 차익거래 기회가 해소되어 균형이 달성된다. 이러한 균형 상태는 충분히 분산투자된 모든 포트폴리오들에 대하여 1단위의 체계적 위험에 대하여 동일한 크기의 위험 프리미엄($=\lambda$)이 주어질 때 달성된다. 이 경우 무위험 차익거래에 의하여 0의 차익거래 이윤이 얻어지므로 식 (5-12)와 같은 차익거래 해소 조건이 된다.

$$\frac{E(R_P) - R_f}{\beta_P} = \frac{E(R_Q) - R_f}{\beta_Q} = \lambda \qquad (5-12)$$
단, λ : 1단위의 체계적 위험(β)에 대한 위험 프리미엄

위 식으로부터 충분히 분산투자된 포트폴리오 P의 경우 식 (5-13)이 성립함을 알 수 있다.

$$E(R_P) = R_f + \lambda \beta_P \qquad (5-13)$$

즉 포트폴리오 P의 균형 시장에서 얻게 되는 기대수익률은 무위험수익률에 위험 프리미엄에 베타를 곱한 값을 더하여 결정된다. 이는 단일 요인만을 고려하는 경우의 APT이다. 이 단일요인 APT는 CAPM과 유사하나, 베타의 의미가 다르다. CAPM의 경우 베타는 시장 포트폴리오에 대한 민감도를 의미하지만 APT에서 β_P는 어떤 공통요인 F에 대한 민감도를 의미한다. 한편, 위의 단일 요인 APT는 충분히 분산투자된 포트폴리오에 대하여 성립할 뿐만 아니라 개별 자산 j의 경우에도 성립하여야 한다. 즉, $E(R_j) = R_f + \lambda\beta_j$가 성립하여야 한다. 만약 $E(R_j) = R_f + \lambda_j\beta_j$이고 $\lambda_j \geq \lambda$라면 자산 j를 보다 많이 포함한 포트폴리오를 구성하고 이를 활용하여 무위험 차익거래가 가능하기 때문이다.

3 다요인 차익거래 가격결정이론

다요인 모형에 의해 APT를 도출하는 과정은 단일요인 APT를 도출하는 경우와 거의 유사하다. 단, 다요인 APT에서는 여러 가지의 공통요인을 고려하여야 하므로 요인 포트폴리오의 개념을 우선 이해해야 한다.

(1) 요인 포트폴리오(factor portfolio)

요인 포트폴리오란 충분히 분산투자된 포트폴리오로서, 어떤 특정한 공통요인에 대해서는 1의 민감도(베타계수)를 갖고 있고 다른 모든 공통요인에 대해서는 0의 민감도를 갖고 있는 포트폴리오를 말한다. 따라서 공통요인의 수만큼의 요인 포트폴리오가 존재할 수 있다. 2요인 모형의 경우에는 요인 1 포트폴리오와 요인 2 포트폴리오의 두 가지 요인 포트폴리오가 존재할 것이다. 구체적으로 무위험수익률이 12%이고 두 개의 요인 포트폴리오의 요인 모형이 다음과 같이 주어져 있다고 하자.

❶ 요인 1 포트폴리오

$$R_{F1} = E(R_{F1}) + 1 \cdot F_1 = 0.15 + 1 \cdot F_1 \qquad (5-14)$$
$$\text{단, } R_{F1} : \text{요인 1 포트폴리오의 수익률}$$

❷ 요인 2 포트폴리오

$$R_{F2} = E(R_{F2}) + 1 \cdot F_2 = 0.17 + 1 \cdot F_2 \qquad\qquad (5-15)$$
$$\text{단, } R_{F2} : \text{요인 2 포트폴리오의 수익률}$$

위의 두 개의 요인 모형에서 요인 1 포트폴리오의 기대수익률이 15%라는 것은 F_1에 대하여 1의 체계적 위험(베타계수)을 부담함으로써 3%의 위험 프리미엄이 주어진다는 것을 말하며 F_2에 대하여 1의 체계적 위험을 부담함으로써 5%의 위험 프리미엄이 주어진다는 것을 의미한다. 일반적으로, 균형 상태에서 어떤 k번째 공통요인에 대하여 1의 베타계수를 부담함으로써 투자자가 얻는 위험 프리미엄은 식 (5-16)으로 나타낼 수 있다.

$$\lambda_k = \frac{E(R_{Fk}) - R_f}{\beta_{Fk}} = E(R_{Fk}) - R_f \qquad\qquad (5-16)$$
$$\text{단, } E(R_{Fk}) : \text{요인 } k \text{ 포트폴리오의 균형적 기대수익률}$$
$$R_f : \text{무위험수익률}$$

따라서 위의 요인 1 포트폴리오와 요인 2 포트폴리오의 위험 프리미엄을 다음과 같이 계산할 수 있다.

$$\lambda_1 = E(R_{F1}) - R_f = 0.15 - 0.12 = 0.03$$
$$\lambda_2 = E(R_{F2}) - R_f = 0.17 - 0.12 = 0.05$$

(2) 다요인 APT

이제 충분히 분산 투자된 포트폴리오 P가 두 개의 공통요인 F_1과 F_2에 대해 0.8 및 1.4의 베타계수를 갖고 있을 때 이 포트폴리오의 기대수익률이 어느 정도여야 하는가를 알아보자. 우선 이 포트폴리오의 요인 모형은 식 (5-17)과 같다.

$$R_P = E(R_P) + 0.8F_1 + 1.4F_2 \qquad\qquad (5-17)$$

앞의 두 개의 요인 포트폴리오에서 공통요인 F_1과 F_2에 대해 1단위의 체계적 위험을 부담함으로써, 투자자들이 얻는 위험 프리미엄은 각각 3%와 5%였다. 따라서 포트폴리오 P의 경우 적절한 위험 프리미엄의 크기는 다음과 같을 것이다.

$$
\begin{aligned}
&\beta_{P1}\text{에 대한 위험 프리미엄} \quad \lambda_1\beta_{P1}=(0.03)(0.8)=0.024 \\
&\underline{+\beta_{P2}\text{에 대한 위험 프리미엄} \quad \lambda_2\beta_{P2}=(0.05)(1.4)=0.07} \\
&\text{포트폴리오 } P\text{의 위험 프리미엄} \quad \lambda_1\beta_{P1}+\lambda_2\beta_{P2}=0.024+0.07=0.094
\end{aligned}
$$

그리고 균형 상태에서 포트폴리오 P의 기대수익률은 위의 단일 모형의 경우처럼 1단위의 체계적 위험에 대하여 동일한 크기의 위험 프리미엄($=\lambda$)이 주어져야 하므로 식 (5−18)과 같다.

$$
\begin{aligned}
\text{2요인 APT}: E(R_P) &= R_f + [E(R_{F1}) - R_f]\beta_{P1} + [E(R_{F2}) - R_f]\beta_{P2} \\
&= R_f + \lambda_1\beta_{P1} + \lambda_2\beta_{P2}
\end{aligned}
\tag{5−18}
$$

따라서 충분히 분산 투자된 포트폴리오 P의 기대수익률은 다음과 같다.

$$
E(R_P) = 0.12 + (0.03)(0.8) + (0.05)(1.4) = 0.214
$$

그리고 포트폴리오 P의 요인 모형은 다음과 같이 표시된다.

$$
R_P = 0.214 + 0.8F_1 + 1.4F_2
$$

그런데 만약 포트폴리오 P의 기대수익률이 위와 같이 21.4%가 아니라면 차익거래가 가능하다. 예를 들어 포트폴리오 P의 기대수익률이 18%라고 하자. 그러면 포트폴리오 P의 요인 모형은 식 (5−19)와 같이 표시된다.

$$
R_P = 0.18 + 0.8F_1 + 1.4F_2
\tag{5−19}
$$

이 경우 아래와 같은 과정을 통해 무위험 차익거래가 가능할 것이다.

❶ P를 1억 원 공매
❷ 요인 1 및 요인 2 포트폴리오 8천만 원과 1억 4천만 원 매입
❸ 무위험수익률로 1억 2천만 원 차입(2억 2천만 원−1억 원)

포트폴리오 P의 공매	$-[0.180+0.8F_1+1.4F_2] \times$ 1억 원
요인 1 포트폴리오의 매입	$[0.150+1.0F_1+0.0F_2] \times$ 0.8억 원
요인 2 포트폴리오의 매입	$[0.170+0.0F_1+1.0F_2] \times$ 1.4억 원
무위험수익률로 차입	$-[0.120+0.0F_1+0.0F_2] \times$ 1.2억 원
차익거래 이윤	$= 0.034$억 원 $= 340$만 원

즉, 2요인 APT의 경우, $E(R_P)=R_f+\lambda_1\beta_{P1}+\lambda_2\beta_{P2}$의 관계가 성립하지 않으면 위의 예처럼 차익거래 기회가 발생하게 된다.

따라서 K개의 요인을 고려하는 APT의 일반식을 표현하면 다음과 같다.

$$E(R_j) = R_f+\lambda_1\beta_{j1}+\cdots+\lambda_K\beta_{jK} \qquad\qquad (5-20)$$
$$= R_f+[E(R_{F_1})-R_f]\beta_{j1}+\cdots+[E(R_{F_K})-R_f]\beta_{jK}$$

단, $E(R_{F_K})$: k번째 공통요인(F_K)에 대해서만 1의 민감도를 갖고 있고 다른 모든 공통요인에 대해서는 0의 민감도를 갖는 요인 k 포트폴리오가 균형 상태에서 갖는 기대수익률

이미 설명한 바와 같이 현실적으로는 엄격한 의미의 무위험자산이란 존재하지 않는다. 이 경우에는 다음과 같이 모든 공통요인에 대한 민감도(베타계수)가 0인 포트폴리오를 무위험자산 대신 사용할 수 있다.

$$E(R_j) = \lambda_0+\lambda_1\beta_{j1}+\cdots+\lambda_K\beta_{jK} \qquad\qquad (5-21)$$

단, λ_0는 충분히 분산된 포트폴리오로서 모든 공통요인에 대한 민감도 (β_{0k})가 0인 포트폴리오의 기대수익률

chapter 06

포트폴리오 투자전략과 투자성과평가

포트폴리오 투자전략

포트폴리오 투자전략은 초과수익 획득 노력 여부에 따라서 소극적 투자전략과 적극적 투자전략으로 나누어 볼 수 있다. 실제투자에 있어서는 순수한 의미에서의 소극적 투자전략을 사용하는 경우는 드물고, 시황에 따라 주식과 채권에 대한 투자비율을 조정하여 투자성과를 제고시키거나 초과수익이 클 것으로 기대하는 특정 종목, 특정 종목군, 특정 산업에 집중하는 적극적 투자전략을 널리 사용한다.

1 소극적 투자전략

소극적 투자전략(passive investment strategy)은 증권시장이 효율적인 것을 전제로 하여 초과수익을 얻고자 하는 시도 대신에 시장 전체 평균 수준의 투자수익을 얻거나 투자위험을 감수하고자 하는 투자전략이다. 또한 투자결정을 위하여 구체적 종목에 대한 증권분석이나 독자적 판단을 하지 않고 시장 전체의 일반적 예측을 그대로 받아들여 정보비용을 극소화시킬 뿐 아니라 매입 · 매각 결정도 극소화시킴으로써 거래비용도 최소화시키는 투자전략이라는 특징이 있다. 소극적 투자전략으로는 단순한 매입 · 보유 전략, 지수펀드전략, 평균 분할투자전략 등이 있다.

(1) 단순매입 · 보유 전략

단순매입 · 보유 전략(naive buy-and-hold strategy)은 특정 우량증권이나 포트폴리오를 선택하고자 하는 의도적인 노력 없이 단순히 무작위적으로 선택한 증권을 매입하여 보유하는 투자전략이다. 이 전략은 무작위적(random)으로 포트폴리오를 구성하고 분산투자의 종목 수를 증가시키면 증권시장 전체의 평균적인 기대수익률을 얻을 수 있다는 포트폴리오 이론에 근거를 두고 있다. 이때 부담하게 되는 위험은 보유하는 포트폴리오의 구성 종목수에 따라 달라지는데 종목수가 많아지면 시장 전체의 평균적 위험, 즉 체계적 위험만 부담하게 된다.

(2) 지수펀드전략

가장 순수한 의미에서의 소극적 투자전략은 투자신탁회사, 뮤추얼펀드 등이 설정하고 있는 주식시장지수펀드와 자금시장 펀드에 투자하는 것이다. 주식시장지수펀드(stock market index fund)는 주가지수 산정에 포함되는 주식으로 주가지수와 동일한 투자비중으로 구성되므로 투자수익과 투자위험이 주식시장 평균 수준에 머물게 하는 효과적인 방법이 된다. 또한 단기국공채나 CD와 같은 자금시장 상품에 투자하는 자금시장 펀드(money market fund)는 거의 무위험의 투자수익을 얻게 해준다. 이 투자전략의 문제는 주식시장지수펀드와 자금시장 펀드에의 투자비율을 어떻게 정하느냐 하는 것이다. 정보비용과 거래비용을 극소화시키는 방법은 두 펀드에의 투자비율을 고정(예를 들어 주식시장지수펀드 대 자금시장 펀드의 비율을 40 : 60으로 고정)시키는 것인데 투자목표를 달성하는 데 효과적이지 못할 때가 많게 된다. 만약 앞으로의 증권시장 전망에 따라서 주식시장지수펀드의 비중을 높이거나 반대로 자금시장 펀드의 비중을 높이는 운영전략을 사용하게 되면 미래 이자율 동향이나 시장 기대수익률 예측 등을 시도하여야 하므로 정보비용이 증가하게 되고 거래비용도 많아지게 된다.

(3) 평균 분할투자전략

평균 분할투자전략(dollar cost averaging)은 주가의 등락에 관계없이 정기적으로 일정 금액을 주식에 계속 투자하는 방법이다. 주가가 하락하면 상대적으로 많은 수량의 주식을 살 수 있어

평균 매입 주가는 낮아지게 되는데, 이 낮은 가격으로 매입한 주식을 주가 상승기에 매각하면 적지 않은 자본이득을 얻을 수 있다는 것이다. 이상에서 이야기한 소극적 투자전략은 기본적으로 정보비용과 거래비용을 극소화시키지만, 실제의 운용에 있어서는 시황변동에 따른 탄력적인 자산배분을 통하여 수익을 극대화하는 노력을 하게 되므로 점차 적극적 투자관리의 성향을 띠게 된다.

2 적극적 투자전략

적극적 투자전략(active investment strategy)라 함은, 일정한 위험 수준에 상응하는 기대수익 이상의 초과수익을 얻기 위한 투자전략을 행사하는 것을 뜻한다. 이를 보통 'beat the market'전략이라고 한다. 이러한 투자전략은 시장이 비효율적인 것을 전제로 내재가치와 시장 가격 사이에 차이가 있는 증권을 식별하여 과소평가된 증권은 매입하고 과대평가된 증권은 매각하는 방법이다. 적극적 투자전략은 투자자의 독자적인 증권분석과 예측이 시장 전체의 대체적인 견해보다 정확하다는 판단에 근거하여 위험이 동일한 증권 중에서 수익이 높은 증권을 선택하는 방법이다. 수많은 분산투자하는 것보다 초과수익이 가능하다고 보는 특정 종목, 특정 산업에 집중투자 하는 것도 이 방법의 특징이기도 하다. 결과적으로 정보비용과 거래비용이 많이 발생하게 된다는 단점을 지니게 된다.

1) 자산배분 결정

주식, 채권, 현금 등 각 자산군에의 투자비율을 얼마로 하는 것이 투자성과를 가장 좋게 할 것인가? 각 자산군에 대한 적절한 자산배분(asset allocation)을 통하여 초과수익을 얻는 적극적 투자전략으로는 주식시장과 채권시장의 동향을 예측하여 자산배분 시점을 포착하는 시장 투자적기 포착법과 기계적인 배분방법인 포뮬러 플랜을 들 수 있다.

(1) 시장 투자적기 포착법(market timing)

자본자산 가격결정 모형이 성립한다면, 위험자산으로는 시장 포트폴리오를 구성하여 일부자금을 투자하고 나머지 자금은 무위험자산인 단기 국공채, 정기예금에 투자하면 가장 좋은 투자성과가 기대되는 효율적 포트폴리오를 구성할 수 있게 된다. 〈그림 6-1〉은 자본자산 가격결정 모형이 성립하는 경우의 효율적 경계선과 자본시장선(CML), 등 효용 곡선을 그린 것인데 시장 포트폴리오(M)와 무위험자산(R_f)에 투자자금을 나누어 투자하면 $R_f MN$선상의 투자성과를 기대할 수 있게 되어 다른 경우보다도 우월한 투자성과를 얻게 된다.

여기서 양쪽에 대한 투자자금의 비율은 투자자의 위험선호도에 따라 다르게 되는데, 방어적 투자자는 P점으로 투자비율을 결정하고 공격적 투자자는 A점으로 투자비율을 결정할 것이다. 이제 주식시장펀드와 무위험자산펀드에 대한 투자비율을 결정할 때 초과수익을 높이는 방법은 증권시장의 동향을 예측하여 자산배분의 유리한 시점을 포착하는 것이다. 이를테면 주식시장 수익률이 무위험자산수익률을 상회할 것으로 예상되면 주식시장펀드에 대한 투자비율을 높이고, 반대로 하회할 것으로 예상되면 무위험자산펀드에의 투자비율을 높이는 방법이다.

시장 투자적기 포착방법은 이처럼 주식시장과 채권시장 동향에 대한 예측을 근거로 주식시장펀드 혹은 무위험자산펀드에 대한 투자비율(자산배분)을 유리하게 하는 적절한 투자 시점을 포착하는 방법이다. 자산배분을 위한 투자적기를 포착하는 구체적 방법으로는 차트분석 중심의 기술적 분석기법을 활용하거나 경기순환 및 이자율동향, 기타 주요 거시경제변수의 움직임을 복합적으로 고려하는 기본적 분석기법이 있다. 시장동향을 완벽하게 예측하여 자산배분의 시기를 정확하게 포착(이를 perfect market timing이라고 한다)한 경우의 보상은 매우 크게 된다.

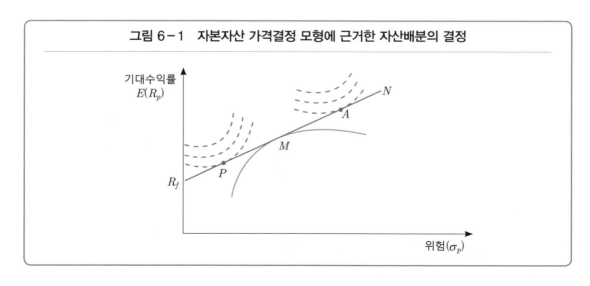

그림 6-1 자본자산 가격결정 모형에 근거한 자산배분의 결정

보디 · 케인 · 마커스(Z. Boodie, A. Kane & A. J. Marcus)의 분석에 의하면 1927년 1월 1일 $1,000을 투자하여 1978년 12월 31일까지 52년간 세 가지의 포트폴리오 구성전략, 즉

❶ 30일 CP(무위험자산펀드)에 계속적으로 재투자

❷ NYSE지수펀드에 중도 배당수입과 함께 계속적으로 재투자

❸ NYSE지수펀드의 수익률과 CP수익률 중에서 높은 것을 사전에 완벽하게 예측하여 자산 배분운용을 한 것을 가정한 경우

세 가지의 투자성과를 비교하였는데, 다음에 보는 것과 같이 ❸의 완전한 시장 투자적기 포착법이 월등한 투자성과를 보이고 있어 기술적 분석이나 기본적 분석과 같은 증권분석을 이용한 적극적 투자관리가 예상대로 성공하면 그 초과수익이 매우 큼을 알 수 있다.

투자전략	투자수익($)	연평균 수익률(%)	표준편차(%)
① 30일 CP(무위험자산펀드)에 재투자	3,600백만	2.49	2.10
② NYSE 지수펀드에 재투자	5,360백만	8.44	22.14
③ 완전한 시장예측에 의한 자산배분(perfect timing)	67,500백만	34.71	

(2) 포뮬러 플랜(formula plan)

포뮬러 플랜 또는 비율계획법(ratio plan)은 일정한 규칙에 따라서 기계적으로 자산배분을 하는 방법이다. 구체적으로 공격적 투자수단인 주식과 방어적 투자수단인 채권 사이를 경기변동에 따라 번갈아 가면서 투자하는 방법인데, 주가가 낮을 때 주식을 매입하고 주가가 높을 때 매각하도록 운용하는 것이다. 최소한의 위험부담으로 경기변동에 탄력성있게 적응하는 데 기본목적이 있는 투자방법이다. 포뮬러 플랜에는 불변금액법, 불변비율법, 변동비율법이 있다.

❶ 불변금액법(constant dollar plan) : 투자자금을 주식과 채권으로 나누어서 주식 가격 변동에 관계없이 주식에 투자한 금액을 언제나 일정하게 유지하는 방법이다. 주가가 상승하면 미리 결정된 일정 금액 이상의 주식을 매각하여 채권을 사들이며, 주가가 하락할 때는 채권을 매각하고 주식을 매입하여 주식에 투자한 금액을 언제나 일정하게 유지하는 방법이다.

❷ 불변비율법(constant ratio plan) : 앞의 방법과 유사한데 다만 채권과 주식에 투자된 금액의 비율을 언제나 일정하게 하는 방법이다. 가령 50 : 50의 비율로 유지한다면 주가나

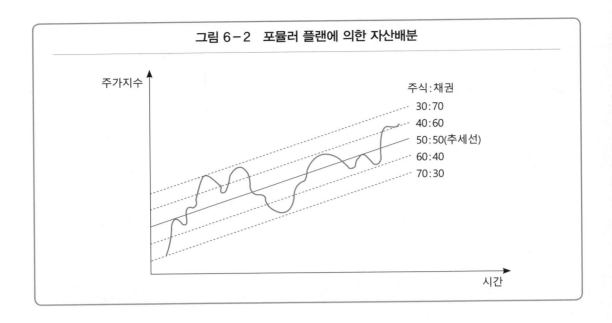

그림 6-2 포뮬러 플랜에 의한 자산배분

채권의 시장 가격 변화에 관계없이 이 비율을 유지하는 방법이다. 그래서 주가가 채권 가격보다 상대적으로 많이 오르게 되면 주식에 대한 투자비율을 50%로 유지하도록 주식을 매각하고 채권을 매입하는 것이다. 이 방법의 단점은 최적비율을 정하는 것이 임의적이고 불변금액법과 마찬가지로 빈번한 거래수수료를 부담하여야 한다는 데 있다.

❸ 변동비율법(variable ratio plan) : 앞의 불변비율법을 약간 수정한 것으로 주식과 채권에 대한 투자비율을 일정하게 두지 않고 주가 변화에 대한 예측에 따라서 적절히 비율을 변동시켜 가면서 투자하는 방법이다. 주가가 높으면 앞으로 하락을 예상할 수 있으므로 주식에 대한 투자비율을 낮추고 주가가 낮으면 앞으로 상승을 예상할 수 있으므로 주식에 대한 투자비율을 높이는 방법이다.

양자 간의 투자비율을 언제 어떻게 변동시킬 것인가를 알기 위해서는 주가지수의 움직임을 예측할 수 있어야 하는데 대체적인 추세선(trend line)을 중심으로 몇 개의 범위를 설정하여 비율을 변동시키는 방법이 일반적이다.

이를테면 주가가 〈그림 6-2〉와 같은 추세선을 보인다면, 주가지수가 추세선의 중앙 수준에 올 경우는 주식 대 채권의 비율을 50 : 50으로 하고, 주가지수가 추세선 위로 한 단계씩 상승하게 되면 40 : 60, 30 : 70의 비율로 주식에 대한 투자비율을 줄이는 것이다. 이 방법 또한 주가가 낮을 때 주식 매입을 늘리고 주가가 높을 때 주식매각을 늘린다는 원리를 활용한 것이다. 변동비율법은 정확한 주가지수의 추세선의 예측이 전제되고 있다. 이 방법의 단점은 추세선을 예측하기 힘들다는 점과 변동비율의 설정이 주관적이라는 점에 있다.

2) 증권 선택

초과수익을 얻고자 하는 적극적 투자관리에서 자산배분 못지않게 중요한 것은 각 자산군 내에서 초과수익의 여지가 높은 특정 개별을 선택(securities selection)하는 일이다.

(1) 내재가치의 추정

개별의 내재가치를 추정하여 시장가격이 잘못 형성된 증권들(mispriced securities)을 선정해내는 기본적 분석방법이 적극적 증권 선택에 가장 많이 이용되고 있다.

(2) 변동성 보상비율의 이용

증권분석에서 얻어진 정보를 이용하여 초과수익의 여지가 큰 특정 종목으로 구성되는 포트폴리오의 기대수익률 $E(R_P)$와 표준편차 σ_P를 추정하여 앞서 설명한 변동성 보상비율($\text{RVAR} = [E(R_P) - R_f]/\sigma_P$)을 크게 하는 포트폴리오를 최종적으로 구성하는 방법이 시도될 수 있다.

(3) β계수의 이용

베타(β)계수의 추정에 근거하여 강세시장이 예상될 때는 β계수가 큰 것을 선택하고, 약세시장이 예상될 때는 β계수가 작은 것을 택하는 것이 적절한 투자시기(market timing)를 이용한 증권 선택의 방법이 된다.

(4) 트레이너 – 블랙모형(Treynor – Black Model)의 이용

증권분석을 하여 가격이 잘못 형성된 소수의 증권들에 투자를 하게 되면 초과수익의 가능성은 높지만 분산투자가 잘 이루어지지 않은 탓으로 투자위험 또한 높게 된다. 따라서 적극적 투자관리의 과제는 적절한 소수종목의 선택으로 초과수익을 획득하면서도 적절한 분산투자로서 분산 가능 위험을 가급적 줄이는 것이다. 즉, 초과수익의 획득과 비체계적 분산 가능 위험의 감소, 양자 간에 적절한 균형 내지 최적화를 이루는 것이다. 트레이너 · 블랙(J. Treynor & F. Black)은 이 양자 간에 최적화를 기할 수 있는 증권선택, 포트폴리오 구성방법을 제시하고 있는데, 이를 요약하면 다음과 같다.

❶ 증권분석을 하여 과소평가 혹은 과대평가된 소수의 주식들을 선별한다.

❷ 소극적 투자관리의 대상이 되는 주식시장지수펀드의 수익률을 최소한의 수익률로 간주하고 시장예측에 근거하여 이 시장지수펀드의 기대수익률 $E(R_m)$과 표준편차 σ_m, 무위험자산수익률 R_f을 추정한다.

❸ ❶에서 선별된 소수의 개별 증권들에 대하여 기대수익률 $E(R_j)$, 베타 β_j, 잔차 분산(비체계적 위험) $\sigma^2(\varepsilon_j)$을 추정한다.

❹ 이들 개별 증권의 초과수익 알파(α_j)는 기대수익률에서 요구수익률을 뺀 그 차이로 추정하는데, 요구수익률은 증권시장선[$k = R_f + \beta_j \cdot (E(R_m) - R_f)$]으로 구한다.

❺ 특정 종목으로 구성되는 포트폴리오의 초과수익(α_P), 베타 β_P, 잔차 분산 $\sigma^2(\varepsilon_P)$을 계산한다.

❻ 초과수익의 가능성과 분산 가능 위험의 감소 간에 균형을 이룰 수 있는 각 증권에 대한 최적 투자비율을 구하는데, 개별 증권 k의 최적 투자비율은 식 (6−1)과 같이 계산된다.

$$\text{최적 투자비율} = \frac{\dfrac{\alpha_k}{\sigma^2(\varepsilon_k)}}{\displaystyle\sum_{j=1}^{n} \dfrac{\alpha_j}{\sigma^2(\varepsilon_j)}} \tag{6-1}$$

즉, 각 증권별 최적 투자비율은 그 증권의 비체계적 위험($\sigma^2(\varepsilon_k)$)에 대한 초과수익(α_k)의 비율에 의하여 결정됨을 알 수 있다. 식 (6−1)의 분모는 각 증권의 비체계적 위험 대비 초과수익 비율의 합으로 가중치의 합이 1이 되기 위한 것이다. 이 식에 의하면 비체계적 위험에 비하여 과소 · 과대평가된 크기(초과수익)가 큰 증권일수록 투자비율이 높게 구성되는 특징을 지닌다.

<table>
<tr><td colspan="4" align="center">! 예시</td></tr>
</table>

ABC투자자문(주)에서는 다각적인 증권분석을 통하여 초과수익의 여지가 있는 세 증권의 초과수익크기, 베타, 비체계적 위험에 대해 다음과 같이 추정하였다.

종 목	초과수익(α)	베타(β)	비체계적 위험($\alpha(\varepsilon)$)
(주) 대맥	7%	1.6	45%
(주) 소맥	−5%	1.0	32%
(주) 지리	3%	0.5	26%

이 세 증권으로 구성되는 포트폴리오의 초과수익률을 크게 하면서 분산가능 비체계적 위험을 작게 하는 최적 투자비율을 구하라. 또 이 포트폴리오의 초과수익률, 베타, 비체계적 위험을 구하라.

(풀이)

① 개별 증권들의 평가비율과 최적 투자비율의 계산

종 목	$\alpha_j/\sigma^2(\varepsilon_j)$	$\dfrac{\alpha_j}{\sigma^2(\varepsilon_j)}\bigg/\sum_{j=1}^{3}\dfrac{\alpha_j}{\sigma^2(\varepsilon_j)}$
(주) 대맥 (주) 소맥 (주) 지리	$0.07/(0.45)^2=0.3457$ $-0.05/(0.32)^2=-0.4883$ $0.03/(0.26)^2=0.4438$	$0.3457/0.3012=1.1477$ $-0.4883/0.3012=-1.6212$ $0.4438/0.3012=1.4735$
합 계	0.3012	1.0000

② 최적 투자비율에 의한 포트폴리오의 초과수익률, 베타, 비체계적 위험

초과수익률 : $\alpha_p=1.1477\times0.07+(-1.6212)\times(-0.05)$
$+1.4735\times0.03=20.56\%$

베타계수 : $\beta_p=1.1477\times1.6+(-1.6212)\times(1.0)$
$+1.4735\times0.5=0.9519$

비체계적 위험 : $\sigma^2(\varepsilon_p)=1.1477^2\times(0.45)^2+(-1.6212)^2\times(0.32)^2$
$+1.4735^2\times(0.26)^2=68.26\%$

③ (주) 소맥과 같이 과대평가(負의 초과수익)된 주식을 공매(short sale)함으로써 전체 포트폴리오의 초과수익률은 증가되고 베타계수는 감소하고 있다.

(5) 시장 이상현상을 이용한 투자전략

여러 가지 형태의 증권정보 혹은 특정 투자전략이 지니는 정보내용은 증권 가격에 신속히

반영되므로 그간 이루어진 대다수의 시장 효율성에 대한 실증적 검증결과가 보여 주듯이 초과수익을 계속적으로 가능케 하는 투자전략을 찾아내는 것은 결코 쉽지 않은 작업이다. 그러나 다음의 예들은 초과수익의 가능성을 암시하는 시장 이상현상(market anomalies)으로 이를 면밀하게 분석하고 민첩한 투자 결정을 함으로써 초과수익을 얻고자 하는 투자전략이 있을 수 있다.

❶ 기업규모 효과(소규모 기업주식으로 포트폴리오 구성)
❷ 저PER 효과
❸ 저PBR 효과
❹ 소외기업 효과
❺ 1월 효과
❻ 주말 효과
❼ 예상외 이익(＝실제이익−기대이익) 발표 효과
❽ 주식분할
❾ 최초 공모주식
❿ 유·무상증자
⓫ 장기수익률의 역전 효과

3   포트폴리오 수정

포트폴리오 수정(portfolio revision)이란 포트폴리오를 구성한 후 미래 투자 상황에 대한 예측이 잘못되었거나, 새로운 상황 전개로 인하여 투자목표를 달성하고자 기존 포트폴리오를 변경 내지 개편하는 것을 말한다. 당초의 예상과 다른 새로운 상황의 전개란 기업이익과 배당에 영향을 주는 영업효율성·재무효율성의 변화, 각종 위험의 변화, 경제외적 여건의 급격한 변화 등을 말한다. 이러한 일이 벌어지면 처음에 예상했던 기대수익과 위험에 변화가 있게 되므로 원하는 기대수익과 위험에 상응하는 포트폴리오로 수정해 나가야 한다. 수정하는 방법에는 리밸런싱과 업그레이딩의 두 가지가 있다.

(1) 포트폴리오 리밸런싱

포트폴리오 리밸런싱(portfolio rebalancing)의 목적은 상황 변화가 있을 경우 포트폴리오가 갖는 원래의 특성을 그대로 유지하고자 하는 것이다. 주로 구성종목의 상대 가격의 변동에 따른 투자비율의 변화를 원래대로의 비율로 환원시키는 방법을 사용한다. 〈표 6−1〉에서는 예시된 주식에 1/4씩 투자한 포트폴리오를 구성하여 포트폴리오의 체계적 위험을 1.10으로 유지하였는데 기업 내·외적 여건변화로 인하여 기말에 상대 가격이 변하였다. 결과적으로 투자비율이 달라지고 포트폴리오의 체계적 위험이 1.16으로 증가하였다.

이 경우 원하는 투자목표(체계적 위험의 유지)를 위하여 투자비율이 높아진 주식을 매각하여 투자비율이 낮아진 주식을 매입하게 되면 원래의 포트폴리오 구성과 같은 투자비율이 된다. 이를 고정목표 수정전략이라 하는데, 자금의 재배분을 통해서 자본이득의 가능성이 사라진 주식에서 앞으로 그 가능성이 큰 주식으로 옮겨가게 되는 이점이 있게 된다.

표 6−1   상대 가격의 변화와 포트폴리오 리밸런싱

주 식	체계적 위험 (β_j)	기초 포트폴리오			기말 변경된 포트폴리오	
		주가(원)	매입 주식수(주)	투자비율	주가(원)	투자비율
주식 A	1.40	15,000	100	0.25	30,000	0.36
주식 B	1.16	7,500	200	0.25	11,250	0.27
주식 C	0.96	5,000	300	0.25	6,000	0.22
주식 D	0.88	3,000	500	0.25	2,400	0.15
포트폴리오 베타$=\omega_j\beta_j$		1.10			1.16	

(2) 포트폴리오 업그레이딩

새로운 상황 전개는 기존 포트폴리오의 기대수익과 위험에 영향을 주므로 증권의 매입·매각을 통해서 업그레이딩을 행하여야 한다. 포트폴리오 업그레이딩(portfolio upgrading)은 위험에 비해 상대적으로 높은 기대수익을 얻고자 하거나, 기대수익에 비해 상대적으로 낮은 위험을 부담하도록 포트폴리오의 구성을 수정하는 것이다. 많은 경우, 성과가 좋은 증권을 찾기보다는 큰 손실을 초래한 증권을 식별하여 그 증권을 포트폴리오에서 제거하는 방법을 사용한다. 〈그림 6−3〉에서 당초 포트폴리오를 구성할 때는 포트폴리오 Z가 최적인 것으로 예상되었다. 그런데 기간이 경과하면서 새로운 정보의 유입에 따라 미래수익과 위험을 다시 예측한 결과

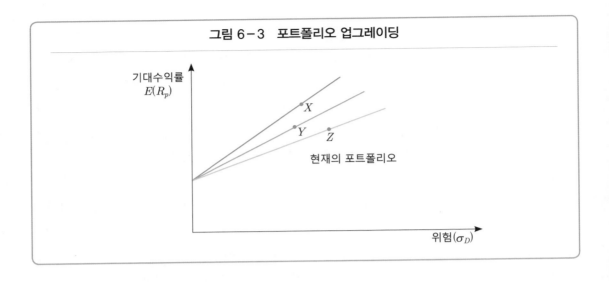

그림 6-3 포트폴리오 업그레이딩

기대수익률
$E(R_p)$

X
Y
Z

현재의 포트폴리오

위험(σ_D)

포트폴리오 X, Y가 발견되었다면 포트폴리오 Z는 더 이상 효율적이지 못하다. 포트폴리오 X에 근접한 기대수익률과 위험을 얻기 위해서는 Z에 대한 투자비율을 줄이고 다른 증권들을 매입함으로써 포트폴리오 업그레이딩을 할 필요가 있는 것이다.

section 02 포트폴리오 투자성과평가

포트폴리오 관리의 마지막 과정은 그간의 투자성과를 평가하는 것이다. 과거 일정기간의 투자성과를 평가하는 것은 하나의 통제과정으로서 앞으로 더 나은 포트폴리오 구성과 투자전략 수립에 도움을 준다. 근래 투자신탁, 뮤추얼펀드나 투자자문회사에 대한 이용도가 높아지고 있는데, 어느 포트폴리오 매니저의 투자성과가 우수한지를 평가하는 것은 차후의 포트폴리오 관리에 도움을 준다. 또한 대규모의 투자자금을 운용하는 기관투자가의 경우 각 자금운용자에 대해 투자성과를 평가하는 것은 기관의 경영관리 차원에서 중요한 과제가 된다. 투자성과를 평가하게 될 때는 여러 가지 사항이 검토되어야 한다. 과거 일정기간 동안의 투자수익률을 어떻게 측정할 것인가, 부담했던 투자위험의 정도는 성과평가에 어떻게 반영시킬 것인가, 좋고 나쁜 성과의 원인은 어디에 있는가 등이 검토될 필요가 있다.

1 **운용 투자수익률의 측정**

투자자금을 운용한 기간이 단일기간(one period)일 때는 투자수익률의 계산이 간단하다. 단일기간의 보유 투자수익률은 단지 총투자 수입을 기초의 투자금액으로 나누어 계산하면 되기 때문이다. 주식투자의 경우는 배당수입과 시세차익이 총투자 수입을 구성할 것이며, 채권투자의 경우는 이자수입과 시세차익이 총투자 수입을 구성하게 된다.

> 단일기간 수익률=총투자 수익/기초 투자액   (6-2)
> =[배당 또는 이자＋시세차익(차손)]/기초 투자액

그러나 투자자금이 다기간(multi-period)에 걸쳐 운용되면, 투자수익률의 계산은 단순하지 않다. 더욱이 중도에 자금 일부의 회수, 추가적인 투자 혹은 재투자 등이 이루어지면 계산이 복잡해진다. 다기간 투자수익률을 계산할 때는 내부수익률, 산술평균 수익률, 기하평균 수익률이 사용되는데 이제 이들 세 가지 투자수익률의 계산방법과 특징을 다음 세 가지 사례에서 살펴보기로 하자.

예시 1

(주)만수의 주식을 첫째 해 초 10,000원에 매입하여 연말에 400원의 배당금을 받았다. 둘째 해 초에 동일 주식을 10,600원에 추가 매입하여 둘째 해 말에 800원의 배당금(한 주당 400원 배당)을 받고 21,600원(한 주당 10,800원)에 매각하였다.

(기간)	0	1	2
	-10,000	+400	+800
		-10,600	+21,600
(단일기간 수익률)		$_0r_1=(400+600)/10,000$	$_1r_2=(400+200)/10,600$
		$=10\%$	$=5.66\%$

여기에서, $_sr_\tau$는 s시점에 투자하여 τ시점에 회수하는 경우의 연간 수익률

(주)강산의 주식에 첫째 해 초 1,000만 원 투자하였는데 1년 후 가격 상승으로 2,000만 원이 되었다가 2년 말에는 다시 하락하여 1,000만 원이 되었다.

(기간)	0	1	2
	1,000만 원	+2,000만 원	+1,000만 원
(단일기간 수익률)		$_0r_1 = 1,000/1,000$	$_1r_2 = -1,000/2,000$
		$= 100\%$	$= -50\%$

(주)만강에 지금 1,000만 원 투자하고 있는데, 앞으로 1년간에 걸친 투자수익률이 100%(금액기준 2,000만 원)가 될 확률이 0.5이고, 투자수익률이 −50%(금액기준 500만 원)가 될 확률이 0.5이다.

(1) 산술평균 수익률(Arithmetic Average rate of Return : ARR)

산술평균 수익률은 기간별 단일기간 수익률을 모두 합한 다음 이를 관찰 수(기간 수)로 나누어 측정한다. 예시 1의 경우 산술평균 수익률은 다음과 같이 계산된다.

$$ARR = (10\% + 5.66\%)/2 = 7.83\%$$

산술평균 수익률은 기간별 투자금액의 크기를 고려하지 않고 단일기간 수익률을 평균하여 계산한다. 즉, 매기간 동일한 투자금액으로 투자할 경우의 1년 수익률이 계산된다.

다음에서 설명할 내부수익률은 기간별 투자금액의 크기와 최종 시점에서의 부의 크기가 고려되는 계산이므로 적절한 투자수익률이 계산이 되지만, 자금운용자가 중도 투자금액이나 회수금액에 대하여 재량권이 없는 경우라면 산술평균 수익률이 더 적절한 투자수익률이 될 수 있다.

(2) 기하평균 수익률(Geometric Average Rate of Return : GRR)

산술평균 수익률은 수익률이 복리로 증식되는 것을 감안하지 않는 반면에 기하평균 수익률은 중도 투자수익이 재투자되어 증식되는 것을 감안한 계산방법이다. 특히 기하평균 수익률은 연간 수익률이 변동하는 경우에도 적용될 수 있는 계산방법으로 다음과 같이 계산된다.

$$GRR = \sqrt[n]{(1 + {_0}r_1)(1 + {_1}r_2) \cdots (1 + {_{n-1}}r_n)} - 1$$

만약 기초의 부(w_0)와 n년 후 기말의 부(w_n)만 알고 있을 경우의 기하평균 수익률은 다음과 같다.

$$GRR = \sqrt[n]{\frac{w_n}{w_0}} - 1$$

따라서 예시 1의 기하평균 수익률은 다음과 같이 계산된다.

$$GRR = \sqrt[2]{(1 + 0.1)(1 + 0.056)} - 1 = 7.81\%$$

기하평균 수익률의 계산은 중도 현금의 재투자가 감안된 계산방법이므로 산술평균 수익률의 계산방법보다 합리적이다. 예시 2에서의 수익률 계산은 이를 잘 보여주고 있다.

$$\text{산술평균 수익률 } ARR = \frac{1}{2}[100\% + (-50\%)] = 25\%$$
$$\text{기하평균 수익률 } GRR = \sqrt[2]{(1 + 1.0)(1 - 0.5)} - 1 = 0.0\%$$

그러나, 기하평균 수익률은 최초 투자 시점 이후 중도 투자금액이나 회수금액에 대해서는 고려하고 있지 않으므로, 산술평균 수익률과 마찬가지로 자금운용자가 투자금액이나 회수금액에 대해 재량권이 없는 경우에 적당하다.

또한 기하평균 수익률의 계산은 과거 일정기간의 투자수익률 계산에는 적절하나, 미래 기대수익률의 계산에는 적절하지 못하다. 미래 기대수익률의 계산에는 산술평균 수익률을 사용하는 것이 합당하다. 예시 3에서의 수익률 계산은 이를 잘 보여주고 있다.

$$\text{기하평균 수익률 } GRR = \sqrt[2]{(1+1.0)(1-0.5)} - 1 = 0.0\%$$
$$\text{산술평균 수익률 } ARR = 100\%(0.5) + (-50\%)(0.5) = 25\%$$

또는

$$r = \left[\frac{2{,}000 \times 0.5 + 500 \times 0.5}{1{,}000} \right] - 1 = \frac{1{,}250}{1{,}000} - 1 = 25\%$$

(3) 내부수익률(Internal Rate of Return : IRR)

내부수익률은 서로 상이한 시점에서 발생하는 현금흐름의 크기와 화폐의 시간적 가치가 고려된 평균 투자수익률 개념으로서 현금유출액의 현재가치와 현금유입액의 현재가치를 일치시켜주는 할인율로 계산된다.

따라서 기간별 투자액이 상이한 예시 1의 경우 내부수익률을 시행착오법에 의해서 계산하면 다음과 같다.

$$10{,}000 + \frac{10{,}600}{(1+r)} = \frac{400}{(1+r)} + \frac{800 + 21{,}600}{(1+r)^2}$$
$$r = 7.12\%$$

내부수익률의 계산은 기간별 상이한 투자금액의 크기에 가중치가 주어져 수익률이 계산되므로 금액가중평균 수익률(amount-weighted rate of return)이라고도 한다. 예시 1의 경우는 수익률이 저조한 기간 2에 투자금액이 많으므로 평균 투자수익률이 낮다.

2 성과평가를 위한 투자위험의 조정

투자성과를 평가하는 데 일정기간 동안에 걸친 투자수익률만을 단순히 비교하여 우열을 가리는 것은 적절한 평가방법이 되지를 못한다. 왜냐하면 투자기간 동안 부담한 위험도 고려하여야 하기 때문이다.

이를테면 갑은 우량 안정주식들로 운용하여 20%의 투자수익률을 거두었고, 을은 관리대상 종목이나 주가 변동이 매우 큰 투기종목들로 운용하여 25%의 투자수익률을 올렸다면 을의 운용성과가 좋은 것이 아닐 수도 있다.

성과평가 시에는 위험이 조정된 성과척도(risk-adjusted performance measures)를 이용하여야 한다. 위험이 조정된 성과척도로는 아래에 상술하는 샤프지수, 트레이너지수, 젠센지수, 평가비율 등이 있다. 이들은 투자위험 중에서 어떤 성격의 위험을 기준으로 투자성과를 평가하느냐에 따라서 차이가 있다.

! 예시

다음은 12개월간에 걸쳐 자금운용자 갑과 병이 운용한 포트폴리오와 시장 포트폴리오의 운용성과를, 무위험자산수익률을 차감한 초과수익률($\overline{R_p} - \overline{R_f}$)로 표시한 것이다. 위험이 조정된 성과척도를 이용하여 운용성과를 평가하라.

월	갑의 포트폴리오	병의 포트폴리오	시장 포트폴리오
1	11.13%	37.09%	14.41%
2	8.78	12.88	7.71
3	9.38	39.08	14.36
4	−3.66	−8.84	−6.15
5	5.56	0.83	2.74
6	3.58	2.81	2.20
7	−4.91	−1.15	−8.41
8	6.51	2.53	3.27
9	0.78	−1.77	1.41
10	−4.01	−5.68	−3.13
11	7.76	12.09	6.49
12	−7.72	0.85	−15.27
월간 평균초과수익률	2.76	7.56	1.63
표준편차 σ_p	6.17	14.89	8.48
베타 β_p	0.69	1.40	1.00
잔차분산 $\sigma^2(\varepsilon_p)$	$(1.95)^2$	$(8.98)^2$	0.00
알파(α_p)	1.63	5.28	0.00
결정계수 R^2	0.91	0.64	1.00

샤프지수는 총위험을 기준으로 자본시장선(CML)을 이용하여 평가하는 것이며, 트레이너지수와 젠센지수는 체계적 위험을 기준으로 증권시장선(SML)을 이용하여 평가하는 것이다. 또 평가비율은 비체계적 위험에 대한 초과수익의 정도를 기준으로 평가하는 것이다.

(1) 샤프지수(Sharpe's measure)

샤프(W. F. Sharpe)는 자본시장선(식 (6–3))의 사후적 기울기 공식을 이용하여 포트폴리오 운용성과를 평가하는 방법을 제시하고 있다.

$$\overline{R_P} = \overline{R_f} + \frac{(\overline{R_m} - \overline{R_f})}{\sigma_m} \cdot \sigma_p \qquad (6-3)$$
$$\text{단, } \overline{R_P} : \text{포트폴리오 } P\text{의 실현수익률}$$
$$\overline{R_m} : \text{시장 포트폴리오의 실현수익률}$$
$$\overline{R_f} : \text{무위험이자율의 평균}$$

$$\text{샤프지수}(RVAR) = \frac{\overline{R_P} - \overline{R_f}}{\sigma_P} \qquad (6-4)$$

샤프지수는 자본시장선의 사후적 기울기는 무위험자산과 시장 포트폴리오를 연결하는 직선의 기울기로 시장 포트폴리오의 총위험 한 단위당 초과수익률을 나타낸다. 마찬가지로 무위험자산과 개별 포트폴리오를 연결하는 직선의 기울기를 다음 공식과 같이 측정할 수 있다.

앞의 예시의 자료를 샤프지수로 평가하면 다음과 같다.

$$\text{갑} \quad : 2.76/6.17 = 0.45$$
$$\text{병} \quad : 7.56/14.89 = 0.51$$
$$\text{시장} : 1.63/8.48 = 0.19$$

갑과 병 모두 기준 포트폴리오(시장 포트폴리오)의 운용성과보다도 양호하지만 병이 갑보다도 총위험 한 단위당 초과수익률을 얻는 정도가 많다.

(2) 트레이너지수(Treynor's measure)

트레이너(J. Treynor)는 위험의 측정치로서 샤프가 이용한 표준편차가 아닌 베타계수를 이용하여 성과를 측정하는 지수를 제시하고 있다. 충분히 분산투자된 포트폴리오의 경우 비체계적 위험은 대부분 제거되므로, 가격결정에 있어 의미 있는 것은 체계적 위험이기 때문에 포트폴리오의 성과를 측정하는 데 있어서도 총위험보다는 체계적 위험을 적용하는 것이 보다 타당하다. 그래서 트레이너는 증권시장선(식 (6-5))의 사후적 기울기 공식을 이용하여 포트폴리오 운용성과를 평가하는 방법을 제시하고 있다.

$$\overline{R_P} = \overline{R_f} + [\overline{R_m} - \overline{R_f}]\beta_p$$

단, $\overline{R_P}$: 증권 또는 포트폴리오 P의 실현수익률

$\overline{R_f}$: 무위험이자율의 평균

$\overline{R_m}$: 시장 포트폴리오의 실현수익률

β_p : 증권 또는 포트폴리오 P의 베타계수

(6-5)

증권시장선의 사후적 기울기 $\dfrac{R_m - R_f}{1}$ 은 무위험자산과 시장 포트폴리오를 연결하는 직선의 기울기(시장 포트폴리오의 베타=1)로 시장 포트폴리오의 베타 위험 한 단위당 초과수익률을 나타낸다. 마찬가지로 무위험자산과 개별 포트폴리오를 연결하는 직선의 기울기를 다음 공식과 같이 측정할 수 있다.

$$\text{트레이너지수} = \frac{(\overline{R_P} - \overline{R_f})}{\beta_p}$$

(6-6)

한편 앞의 예시의 자료를 트레이너지수로 평가하면 다음과 같다.

갑 : 2.76/0.69 = 4.00

병 : 7.56/1.40 = 5.4

시장 : 1.63/1.00 = 1.63

체계적 위험에 바탕을 둔 트레이너지수로 운용성과를 평가할 때도 갑과 병 모두 기준 포트

폴리오(시장 포트폴리오)의 운용성과보다도 양호하지만 병이 갑보다도 베타위험 한 단위당 초과
수익률을 얻는 정도가 많다.

(3) 젠센지수(Jensen's measure)

젠센(M. Jensen)도 트레이너처럼 증권시장선을 이용한 포트폴리오 평가척도를 제시하였다.
그는 임의의 체계적 위험수준이 주어졌을 경우 증권시장선을 이용하여 계산한 요구수익률과
실제의 실현수익률의 차이로서 포트폴리오의 성과를 측정하고 있다. 식 (6−7)과 같이 실제로
실현된 초과수익률과 포트폴리오 베타, 즉 체계적 위험에 기초하여 요구수익률과의 차이를
알파(α_p) 또는 젠센지수라고 부른다.

$$\alpha_P = \overline{R_P} - [\overline{R_f} - \beta_P(\overline{R_m} - \overline{R_f})$$
$$= [\overline{R_P} - \overline{R_f}] - \beta_P[\overline{R_m} - \overline{R_f}]$$
단, α_P : 젠센지수(알파)
$\overline{R_P}$: 포트폴리오 P의 실현수익률

$$(6-7)$$

앞의 예시에서의 자료에 대하여 젠센지수로 운용성과를 평가하면 다음에서 보는 것처럼 병
이 갑보다 양호하게 나타난다.

$$\text{갑} : 2.76 - 0.69*1.63 = 1.63$$
$$\text{병} : 7.56 - 1.40*1.63 = 5.28$$

(4) 평가비율(appraisal ratio)

트레이너−블랙 모형에서 설명한 것처럼 초과수익의 가능성이 높은 소수의 증권들에 집중
투자하게 되면 분산투자가 잘 이루어지지 않은 탓으로 투자위험(비체계적 위험)이 높게 되므로
양자 간에 균형을 이룰 필요가 있다. 즉, 초과수익의 증가와 비체계적 분산가능위험의 감소
사이에 적절한 균형을 이루어야 운용성과가 양호하게 된다. 평가비율은 초과수익률 α_p를 비체
계적 위험의 측정치인 잔차의 표준편차 $\sigma(\varepsilon_P)$로 나눈 비율인데, 이 비율이 높을수록 비체계적
위험을 감수하는 것에 대한 대가로 얻는 초과수익의 정도가 높음을 의미하게 된다. 즉, 상반
되는 양자 간에 균형이 이루어지는 정도가 양호함을 뜻한다.

$$평가비율 = \frac{\alpha_P}{\sigma(\varepsilon_P)} \tag{6-8}$$

　이 평가비율은 무위험자산과 소수의 주식으로 구성된 포트폴리오에 분산투자하고 있는 경우의 운용성과 측정에 적절하다. 앞의 예시에 평가비율을 적용하여 보면 갑이 병보다 양호하게 나타나고 있다. 병이 분산투자가 덜 된 대신에 얻는 초과수익의 정도가 갑보다도 불량함을 암시한다.

갑 : 1.63/1.95 = 0.84
병 : 5.28/8.98 = 0.33

01 다음 중 분산투자이론에 대한 설명으로 적절하지 않는 것은?
① 두 자산의 상관계수가 증가함에 따라 분산투자효과는 증대된다.
② 두 자산의 상관계수가 1인 경우, 분산투자효과는 존재하지 않는다.
③ 두 자산의 상관계수가 −1인 경우, 두 자산을 결합하여 무위험자산을 창출할 수 있다.
④ 두 자산의 상관계수가 0인 경우에도 체계적 위험은 존재한다.

02 다음 중 자산배분(asset allocation) 결정에 대한 설명으로 옳은 것은?
① 주식, 채권, 현금 등 넓은 범위로 정의된 각 자산에 대한 투자비율 결정
② 주식, 채권, 현금 등 넓은 범위로 정의된 각 자산의 수익성 결정
③ 각 투자자산의 산업별 비율 결정
④ 각 투자자산의 상관계수 분석

03 다음 중 CAPM 식에 의해 계산되는 수익률이 갖는 특성이 아닌 것은?
① 분산투자 상태에서의 개별 자산 수익률
② 개별 자산에 대한 정상 수익률
③ 개별 자산에 대한 균형 수익률
④ 개별 자산의 총위험 수준에 요구되는 수익률

04 다음 중 증권특성선(Securities Characteristic Line:SCL)에 대한 설명으로 옳은 것은?
① 효율적 포트폴리오들의 집합을 표현한 선
② 베타와 개별 자산 균형 수익률 간의 관계를 나타내는 선
③ 시장수익률과 특정 자산수익률 간의 선형관계를 나타내는 선
④ 총위험에 대한 요구수익률을 표시하는 선

해설

01 ① 두 자산의 상관계수가 감소함에 따라 분산투자 효과는 증대된다.
02 ① 주식, 채권 등 자산군별 기대수익과 위험에 따라 투자비중을 결정
03 ④ 체계적 위험에 대한 요구수익률
04 ③ CAPM에서 체계적 위험의 척도는 베타

05 단일 요인 APT가 성립한다고 가정하자. 포트폴리오 A의 베타는 1.4이고, 기대수익률은 22%이다. 포트폴리오 B의 베타는 0.7이고, 기대수익률은 17%이다. 무위험수익률은 8%이다. 이 경우 적절한 차익거래 방법은?

	주식 A	주식 B	무위험자산
①	1억 원 매수	2억 원 매도	1억 원 대출
②	1억 원 매도	2억 원 매수	1억 원 차입
③	2억 원 매도	1억 원 매수	1억 원 대출
④	2억 원 매도	2억 원 매수	

06 단일 지표 모형이 성립한다고 가정하자. 주식 A의 베타는 1.5이고, 주식 B의 베타는 0.9이다. 당신이 주식 A에 6백만 원, 그리고 주식 B에 4백만 원을 투자한다면 그 포트폴리오의 베타는?

① 1.14　　　　　　　　　　　② 1.20

③ 1.26　　　　　　　　　　　④ 1.32

07 다음 중 CAPM의 이론에서 개별 자산인 주식 A의 체계적 위험의 크기를 가장 잘 나타내고 있는 것은?

① SML(증권시장선)의 기울기

② 주식 A 수익률의 경제성장률 변동에 대한 민감도

③ 주가지수 수익률의 분산

④ 주식 A가 시장 포트폴리오의 위험에 기여하는 정도

해설

05 ② 두 자산의 위험 1단위당 프리미엄을 비교해 보면, 주식 A:(22−8)/1.4<주식 B:(17−8)/0.7이다. 그러므로 주식 A 매도, 주식 B 매수, 주식 A의 체계적 위험이 B의 두 배이므로 거래단위는 주식 B가 A의 두 배, 부족자금은 무위험수익률로 차입

06 ③ (0.6)(1.5)+(0.4)(0.9)=1.26

07 ④ CAPM에서는 개별 자산의 체계적 위험은 베타에 반영되어 있고, 개별 자산의 베타는 그 개별 자산이 시장 포트폴리오의 위험에 기여하는 정도를 측정함. ②는 factor model에서 체계적 위험이 될 수 있음.

08 베타가 1.2인 어떤 주식이 오늘 주당 10,000원에 거래된다. 또한 이 주식은 연말에 주당 500원을 배당할 계획이라고 한다. 연간 시장위험 프리미엄이 10%이고, 무위험 수익률이 5%라고 가정했을 때, 투자자들은 1년 후 이 주식이 얼마에 팔릴 것이라고 예상할 수 있는가?

① 10,000원   ② 11,000원

③ 11,200원   ④ 11,500원

09 다음 중 증권시장선(SML)이 나타내는 관계를 옳게 표현한 것은?

① 시장 포트폴리오와 무위험 자산과의 조합들에 대한 균형 수익률

② 최적 포트폴리오로서의 시장 포트폴리오의 균형 수익률

③ 증권의 수익률과 시장 포트폴리오 수익률과의 관계

④ 체계적 위험의 함수로서의 개별 증권의 요구수익률

10 자본자산 가격결정 모형(CAPM)의 틀에서 다음을 가정하라.

> ㉠ 시장 위험프리미엄 = 10%
> ㉡ 무위험 이자율 = 5%
> ㉢ XYZ 증권의 베타 = 1.5

XYZ 주식은 현 주가 수준에서 17%의 수익률이 기대되고 있다. 다음 중에서 옳은 것은?

① XYZ는 고평가되어 있다.

② XYZ는 적정가격에 거래되고 있다.

③ XYZ의 체계적 위험은 시장 포트폴리오보다 작다.

④ XYZ의 주가는 상승해야 한다.

해설

08 ③ CAPM 균형 수익률 = 1.2(10%) + 5% = 17%   17% = (X − 10,000 + 500)/10,000 에서 X = 11,200 원

09 ④ 개별증권의 기대수익과 위험의 관계

10 ① CAPM 균형 수익률 = 1.5(10) + 5 = 20% > 17%

11 주식 A와 주식 B의 증권특성선은 다음과 같이 추정되었다.

> ㉠ RA = 3% + 0.7RM
> ㉡ RB = −2% + 1.2RM
> ㉢ σM = 20%

단일 지표 모형의 가정하에서 주식 A와 B의 공분산은?

① 0.311　　　　② 0.112　　　　③ 0.054　　　　④ 0.034

12 다음 중 분산투자이론이나 CAPM의 측면에서 잘못 서술된 내용은?

① 두 주식 수익률의 동조성이 높을수록 포트폴리오의 위험분산 효과가 낮아진다.
② 투자자들은 자신의 위험성향과 관계없이 모두 동일한 위험자산 포트폴리오를 선택하게 된다.
③ 두 자산의 수익률의 상관계수가 낮을수록 그 두 자산을 포함하는 포트폴리오의 기대수익률은 상승한다.
④ 두 자산 간의 수익률의 상관계수가 양(+)인 경우에도 분산투자를 통한 위험감소 효과가 존재한다.

13 다음 중 이론적 측면에서 보수적 투자자가 선택하는 효율적 포트폴리오의 현실적 대용물 (예)에 가장 가까운 포트폴리오는?

① 인덱스펀드　　　　　　　　　　② 주가지수
③ 가치주 ETF와 CD　　　　　　④ 지수 ETF와 정기예금

해설

11　④ $(0.7)(1.2)(0.2)^2 = 0.034$
12　③ 포트폴리오의 기대수익률은 자산 간의 상관계수와는 무관하다.
13　④ 효율적 포트폴리오 : 시장 포트폴리오와 무위험자산의 결합

정답 01 ① | 02 ① | 03 ④ | 04 ③ | 05 ② | 06 ③ | 07 ④ | 08 ③ | 09 ④ | 10 ① | 11 ④ | 12 ③ | 13 ④

14 ㈜○○수산은 매년 12월 31일 ₩400의 배당금을 계속적으로 지급하고 있다. 이 회사의 주식을 2년 전 1월 1일에 한 주에 ₩10,000씩 10주를 매입하였다. 1년이 경과한 작년 1월 1일에 한 주에 ₩11,000씩 5주를, 2년이 지난 현재 시점에서 나머지 5주를 ₩9,500에 매각하였다. 2년에 걸친 이 투자에 대하여 산술평균 수익률과 금액가중평균 수익률을 구하고, 어느 수익률이 더 합리적인지를 설명하라.

15 다음 지난 1년간에 걸친 자금운용자 갑의 운영실적자료와 시장지수 관련 자료이다(단, 무위험자산수익률:6%).

	평균 투자수익률	베타	표준편차	비체계적 위험 $\sigma(\varepsilon)$
甲 포트폴리오	35%	1.20	42%	18%
시장지수	28%	1.00	30%	0%

갑 포트폴리오와 시장지수에 대하여 샤프지수, 트레이너지수, 젠센지수, 평가비율을 구하고 어느 평가척도에 의한 것이 자금운용자 갑의 성과가 시장지수보다도 우월한가?

정답

14 • 산술평균 수익률
　　 − 기간별 투자수익률

　　 1년차 : $_0r_1 = \dfrac{\text{배당}(4,000) + \text{시세차익}(5,000)}{100,000} = 9\%$

　　 2년차 : $_1r_2 = \dfrac{\text{배당}(2,000) + \text{시세차익}(-7,500)}{5\text{주} \times 11,000} = -10\%$

　　 − 산술평균 수익률 $= \dfrac{1}{2}(9\% - 10\%) = -0.5\%$

• 금액가중평균 수익률 = 내부수익률 (IRR)

　　 $100,000 = \dfrac{4,000 + 55,000}{(1+r)} + \dfrac{2,000 + 47,500}{(1+r)^2}$

　　 $\therefore r \fallingdotseq 5.8\%$

• 투자자가 직접 매입 및 매도 의사결정을 하므로 후자의 계산이 합리적이다.

15 • 샤프지수 $= (\overline{R_p} - \overline{R_f})/\sigma_p$
　　 갑 : $(35 - 6)/42 = 0.69$
　　 시장 : $(28 - 6)/30 = 0.733$

• 젠센지수 $= (\overline{R_p} - \overline{R_f}) - \beta_p(\overline{R_m} - \overline{R_f})$
　　 갑 : $(35 - 6) - (1.2)(28 - 6) = 2.6$
　　 • 시장 : $(28 - 6) - (1)(28 - 6) = 0$

• 트레이너지수 $= (\overline{R_p} - \overline{R_f})/\beta$
　　 갑 : $(35 - 6)/1.2 = 24.2$
　　 시장 : $(28 - 6)/1.0 = 22.0$

• 평가비율 $=$ 젠센지수 $/\sigma(\varepsilon_p)$
　　 갑 : $2.6/18 = 0.144$
　　 시장 : 0

16 투자기회로서 다음과 같은 수익률의 확률분포를 가지는 증권 1, 2, 3이 있다.

시장여건	확률	증권 1	증권 2	증권 3
양 호	1/4	16%	4%	20%
평 균	1/2	12%	6%	14%
불 량	1/4	8%	8%	8%

① 개별적으로 한 종목씩 투자할 경우의 기대수익률과 위험(표준편차)은?

② 두 증권으로 포트폴리오를 구성할 경우의 공분산(σ_{12}, σ_{23}, σ_{13})과 상관계수(ρ_{12}, ρ_{23}, ρ_{13})는?

③ 각 증권에 대한 투자금액의 비율을 다음과 같이 조정할 때의 포트폴리오 기대수익률과 위험(분산)은?

ⓐ 1/2(증권 1) + 1/2(증권 2)

ⓑ 1/2(증권 1) + 1/2(증권 3)

ⓒ 1/2(증권 2) + 1/2(증권 3)

ⓓ 1/3(증권 1) + 1/3(증권 2) + 1/3(증권 3)

정답

16 ① $E(R_1) = 1/4(0.16) + 1/2(0.12) + 1/4(0.08) = 0.12$; $E(R_2) = 0.06$; $E(R_3) = 0.14$

$\sigma(R_1) = [1/4(0.16 - 0.12)^2 + 1/2(0.12 - 0.12)^2 + 1/4(0.08 - 0.12)^2]^{\frac{1}{2}} = (0.0008)^{\frac{1}{2}} = 0.0283$

$\sigma(R_2) = (0.0002)^{\frac{1}{2}} = 0.0141$, $\sigma(R_3) = (0.0018)^{\frac{1}{2}} = 0.0424$

② $\sigma_{12} = (0.16 - 0.12)(0.04 - 0.06)1/4 + (0.12 - 0.12)(0.06 - 0.06)1/2 + (0.08 - 0.12)(0.08 - 0.06)1/4 = -0.0004$

$\sigma_{13} = 0.0012$, $\sigma_{23} = -0.0006$

$\rho_{12} = \dfrac{-0.0004}{0.0283 \times 0.0141} = -1$, $\rho_{23} = -1$, $\rho_{13} = +1$

③ ⓐ $E(R_A) = 1/2(0.12) + 1/2(0.06) = 0.09$

$\sigma^2(R_A) = (1/2)^2(0.0008) + (1/2)^2(0.0002) + 2(1/2)(1/2)(-0.0004) = 0.00005$

ⓑ $E(R_B) = 0.13$, $\sigma^2(R_B) = 0.00125$

ⓒ $E(R_C) = 0.10$, $\sigma^2(R_C) = 0.0002$

ⓓ $E(R_D) = 1/3(0.12) + 1/3(0.06) + 1/3(0.14) = 0.10667$

$\sigma^2(R_D) = (1/3)^2(0.0008) + (1/3)^2(0.0002) + (1/3)^2(0.0018) + 2(1/3)(1/3)(-0.0004) + 2(1/3)(1/3)(0.0012)$

$+ 2(1/3)(1/3)(-0.0006) = 0.00036$

17 투자기회로서 다음과 같은 특징을 지닌 주식 A, B가 있다. 또한 이외에도 5% 무위험이자율로 차입하여 투자할 수도 있다. 주식 A를 1,000만 원, 주식 B를 500만 원 매입하고, 투자금액 중 500만 원은 차입하여 포트폴리오를 구성하고자 한다. 이 포트폴리오의 기대수익률과 분산은?

	주식 A	주식 B
$E(R)$	0.10	0.16
σ^2	0.25	0.49
상관계수	$\rho_{AB} = 0.7$	

18 ㈜○○실업의 기대수익률은 12%, 베타계수는 1.0이다. 반면에 ㈜지하의 기대수익률은 13%, 베타계수는 1.5이다. 시장지수의 기대수익률이 11%이고 무위험이자율이 5%일 때 CAPM에 따르면 두 주식 중 어느 주식이 더 좋은 매입대상인가? 기대되는 초과수익의 정도를 근거로 하여 답하라.

정답

17 원래의 투자자금 1,000만 원 대비 각각의 투자 가중치는 다음과 같다.
주식 A : 1,000만 /1,000만 = 1, 주식 B : 500만 /1,000만 = 0.5
무위험자산 : - 500만 /1,000만 = - 0.5
$E(R_p) = 1(0.10) + (0.5)(0.16) + (-0.5)(0.05) = 0.155$
무위험자산의 표준편차는 영이므로
$\sigma^2(R_p) = (1)^2(0.25) + (0.5)^2(0.49) + 0` + 2(1)(0.5)(0.7)(0.5)(0.7) + 0 + 0 = 0.6175$

18 CAPM에 의하여 추정되는 기대수익률을 초과하는 정도(초과수익률 a)에 의해서 평가한다.
$a = E(R) - [R_f + \beta E(R_m - R_f)]$
$a($실업$) = 0.12 - [0.05 + 1.0(0.11 - 0.05)] = 0.01 = 1\%$
$a($지하$) = 0.13 - [0.05 + 1.5(0.11 - 0.05)] = - 0.01 = - 1\%$

19   아래에 주어진 자료에 근거하여 물음에 답하라.

주식 j	주식 j와 M과의 상관계수(ρ_{jm})	j 수익률의 표준편차(σ_j)
1	0.3	0.4
2	0.8	0.3

시장기대수익률 $E(R_m)=0.11$

무위험이자율 $R_f=0.06$

시장수익률의 분산 $\sigma_m^2=0.25$

① 주식 1과 주식 2의 베타(β_j)는?

② 주식 1에 60%, 주식 2에 40% 투자하여 구성되는 포트폴리오의 베타(β_p)는?

③ CAPM에 의하면 주식 1과 주식 2의 균형 기대수익률은?

④ ②에서 구성된 포트폴리오의 균형 기대수익률은?

19 ① $\beta 1 = \dfrac{(0.3)(0.4)}{0.5} = 0.24$, $\beta 2 = \dfrac{(0.8)(0.3)}{0.5} = 0.48$

  ② $\beta_p = 0.6(0.24) + 0.4(0.48) = 0.336$

  ③ $E(R_1) = 0.06 + 0.24(0.11 - 0.06) = 0.072$

    $E(R_2) = 0.06 + 0.48(0.11 - 0.06) = 0.084$

  ④ $E(R_p) = 0.06 + 0.336(0.11 - 0.06) = 0.0768$

20 단일 지표 모형의 가정하에서 답하시오. 시장지수의 표준편차는 26%이다.

주 식	기대수익률(%)	베타	잔차분산
A	14	0.6	$(0.32)^2$
B	25	1.3	$(0.37)^2$

① 주식 A와 B의 표준편차는?

② 다음과 같은 투자비율로 포트폴리오를 구성하려고 한다.

　주식 A:0.33　　　주식 B:0.38　　　국공채:0.29($R_f=9$%)

　이 포트폴리오의 기대수익률, 베타, 비체계적 위험 및 분산은?

21 다음 자료에 답하시오.

주 식	시장(M)과의 상관계수	표준편차	가중치
A	0	0.1	0.4
B	0.5	0.2	0.6

주식 A와 B의 상관계수는 0.5이고, 시장(M)지수의 표준편차는 0.1이다.

정답

20 ① 개별 증권의 표준편차를 구하면 다음과 같다.

$\sigma_j = (\beta_j^2 \sigma_m^2 + \sigma_{\varepsilon_j}^2)^{\frac{1}{2}}$

$\beta_A = 0.6$, $\beta_B = 1.3$, $\sigma(\varepsilon_A) = 0.32$, $\sigma(\varepsilon_B) = 0.37$, $\sigma_m = 0.26$

$\therefore \sigma_A = (0.6^2 \cdot 0.26^2 + 0.32^2)^{\frac{1}{2}} = 0.356$

$\sigma_B = (1.3^2 \cdot 0.26^2 + 0.37^2)^{\frac{1}{2}} = 0.5011$

② $E(R_p) = w_A \cdot E(R_A) + w_B \cdot E(R_B) + w_{R_f} \cdot R_f$
$= (0.33)(0.14) + (0.38)(0.25) + (0.29)(0.09) = 0.1673$

$\beta_p = w_A \cdot \beta_A + w_B \cdot \beta_B + w_{R_f} \cdot \beta_{R_f}$
$= (0.33)(0.6) + (0.38)(1.3) + (0.29)(0) = 0.692$

$\sigma_p^2 = \beta_p^2 \cdot \sigma_m^2 + \sigma_{\varepsilon_p}^2$, 여기서 $\sigma_{\varepsilon_p}^2$: 비체계적 위험

그런데 $\sigma_{\varepsilon_p}^2 = w_A^2 \cdot \sigma_{\varepsilon_A}^2 + w_B^2 \cdot \sigma_{\varepsilon_B}^2 + w_{R_f}^2 \cdot \sigma_{\varepsilon_f}^2$
$= 0.33^2 \cdot 0.32^2 + 0.38^2 \cdot 0.37^2 + 0 = 0.0309$

$\therefore \sigma_p^2 = 0.692^2 \cdot 0.26^2 + 0.0309 = 0.0633$

21 ① $\beta_A = \dfrac{0(0.1)(0.1)}{(0.1)^2} = 0$,　$\beta_B = \dfrac{(0.5)(0.2)(0.1)}{(0.1)^2} = 1$

② $\sigma_{AB} = \beta_A \beta_B \sigma_m^2 = (0)(1)(0.1)^2 = 0$

③ $\sigma_p^2 = \beta_p^2 \sigma_m^2 + w_A^2 \sigma_{\varepsilon_A}^2 + w_B^2 \sigma_{\varepsilon_B}^2$, 그런데 $\sigma_i^2 = \beta_i^2 \sigma_m^2 + \sigma_{\varepsilon_i}^2$

$\therefore \sigma_{\varepsilon_A}^2 = \sigma_A^2 - \beta_A^2 \sigma_m^2 = (0.1)^2 - (0)^2 (0.1)^2 = 0.01$

$\sigma_{\varepsilon_B}^2 = \sigma_B^2 - \beta_B^2 \sigma_m^2 = (0.2)^2 - (1)^2 (0.1)^2 = 0.03$

그리고 $\beta_p = (0.4)(0) + (0.6)(1) = 0.6$

$\therefore \sigma_p^2 = (0.6)^2 (0.1)^2 + (0.4)^2 (0.01) + (0.6)^2 (0.03) = 0.016$

① 주식 A와 B의 베타는?

② 단일 지표 모형 가정하에서 A와 B의 공분산은?

③ 단일 지표 모형하에서 포트폴리오의 위험(분산)은?

22 다음 자료에 나타난 증권 A와 B에 1/2씩 투자하여 포트폴리오를 구성하였다.

증 권	β_i	잔차분산	분 산
A	0.5	0.04	0.0625
B	1.5	0.08	0.2825

① 포트폴리오 베타(β_p)는?

② 단일 지표 모형의 가정하에서 포트폴리오의 잔차 분산은?

③ 단일 지표 모형의 가정하에서 포트폴리오의 분산은?

④ 시장수익률의 분산이 0.0016이라고 가정하고 다음 표의 공란(베타, 체계적 위험, 비체계적 위험)을 완성하라.

증권 i	분산 (σ_i^2)	증권 i와 시장수익률과의 상관계수(ρ_{im})	베타 (β_i)	체계적 위험	비체계적 위험
$i=1$	0.006	0.9			
$i=2$	0.006	0.3			
$i=3$	0.006	0.0			

22 ① $\beta_p = 1/2(0.5) + 1/2(1.5) = 1.0$

② $\sigma_{(\varepsilon)}^2 = (1/2)^2(0.04) + (1/2)^2(0.08) = 0.03$

③ 증권 A에서 $0.0625 = (0.5)^2 \sigma(R_m)^2 + 0.04$

(또는 증권 B에서 $0.2825 = (1.5)^2 \sigma(R_m)^2 + 0.08$이므로 $\sigma(R_m)^2 = 0.09$)

∴ $\sigma(R_p)^2 = (1.0)^2(0.09) + 0.03 = 0.12$

④ 증권 1, $\beta_1 = \dfrac{\rho_{1m}\sigma(R_1)}{\sigma(R_m)} = \dfrac{(0.9)(0.077)}{0.04} = 1.73$

체계적 위험 $= \beta_1^2 \sigma(R_m)^2 = (1.73)^2(0.0016) = 0.0048$

비체계적 위험 $= \sigma(R_1)^2 - \beta_1^2 \sigma(R_m)^2 = 0.006 - 0.0048 = 0.0012$

증권 2. $\beta_2 = 0.581$ 체계적 위험 $= 0.0005$ 비체계적 위험 $= 0.0055$

증권 3. $\beta_3 = 0.000$ 체계적 위험 $= 0.0000$ 비체계적 위험 $= 0.0060$

23 GDP 요인과 이자율 요인이 존재하고, 두 요인 APT가 성립하는 세상을 가정하자. GDP 요인 포트폴리오의 균형 수익률은 15%이고, 이자율 요인 포트폴리오의 균형 수익률은 17%이다. 포트폴리오 P의 GDP 요인에 대한 베타는 0.6이고, 이자율 요인에 대한 베타는 1.2이다. 무위험수익률은 8%이다. 만약 포트폴리오 P의 기대수익률이 20%인 경우 차익거래를 설계하시오.

23 GDP factor (F_1) portfolio의 위험프리미엄 = 0.15 − 0.08
    Interest Rate factor (F_2) portfolio의 위험프리미엄 = 0.17 − 0.08
    $\beta_{p1} = 0.6$ and $\beta_{p2} = 1.2$
    risk free rate = 0.08
    포트폴리오 P의 APT 균형 수익률 = 0.08 + 0.6 × (0.15 − 0.08) + 1.2 × (0.17 − 0.08) = 0.23
    기대수익률이 20%밖에 되지 않으므로 P를 매도하고 factor portfolio를 매수하여 arbitrage가 가능함을 보이면 됨
    이 경우 position의 체계적 위험이 0이 되게끔 금액조정을 하면 됨

매매	금액	수익률	생성과정에 따른 수익
P 매도	1억 원	− $[0.2 + 0.6F_1 + 1.2F_2]$	×1억 원
F_1 매수	0.6억 원	$[0.15 + F_1]$	×0.6억 원
F_2 매수	1.2억 원	$[0.17 + F_2]$	×1.2억 원
차입(rf 매도)	0.8억 원	− $[0.08]$	×0.8억 원
합계	0	0.03 억 원	

투자자산운용사 5

금융투자전문인력 표준교재
투자자산운용사 5

2024년판 발행 2024년 1월 31일

편저	금융투자교육원
발행처	한국금융투자협회
	서울시 영등포구 의사당대로 143 전화(02)2003-9000 FAX(02)780-3483
발행인	서유석
제작 및 총판대행	(주)박영사
	서울특별시 금천구 가산디지털2로 53, 210호(가산동, 한라시그마밸리) 전화(02)733-6771 FAX(02)736-4818
등록	1959. 3. 11. 제300-1959-1호(倫)
홈페이지	한국금융투자협회 자격시험접수센터(https://license.kofia.or.kr)

정가 10,000원

ISBN 978-89-6050-737-1 14320
      978-89-6050-732-6(세트)